멈춰 선 여성해방

150년간 여성과 남성의 삶에 일어난 변화와 여전한 차별

멈춰 선 여성해방

150년간 여성과 남성의 삶에 일어난 변화와 여전한 차별

책갈피

Material Girls: Women, Men and Work — Lindsey German
First published October 2007
© Bookmarks Publications Ltd
Korean translation edition ⓒ 2021 by Chaekgalpi Publishing Co.
Bookmarks와의 협약에 따라 이 책의 한국어 판권은 책갈피 출판사에 있습니다.

멈춰 선 여성해방

150년간 여성과 남성의 삶에 일어난 변화와 여전한 차별

지은이 | 린지 저먼
옮긴이 | 이장원

펴낸이 | 김태훈
편집 | 이진화
본문 디자인 | 고은이
펴낸곳 | 도서출판 책갈피
등록 | 1992년 2월 14일(제2014-000019호)
주소 | 서울 성동구 무학봉15길 12 2층
전화 | 02) 2265-6354   팩스 | 02) 2265-6395
이메일 | bookmarx@naver.com
홈페이지 | chaekgalpi.com
페이스북 | facebook.com/chaekgalpi
인스타그램 | instagram.com/chaekgalpi_books

첫 번째 찍은 날 2021년 11월 5일

값 17,000원

ISBN 978-89-7966-216-0

잘못된 책은 바꿔 드립니다.

차례

차례

일러두기

1. 인명과 지명 등의 외래어는 최대한 외래어 표기법에 맞춰 표기했다.

2. 《 》부호는 책과 잡지를 나타내고, 〈 〉부호는 신문, 주간지, 노래, 영화, 텔레비전 프로그램을 나타낸다. 논문은 " "로 나타냈다.

3. 본문에서 [ ]는 옮긴이나 편집자가 독자의 이해를 돕거나 문맥을 매끄럽게 하려고 덧붙인 것이다. 인용문에서 지은이가 덧붙인 것은 [─ 지은이]로 표기했다.

4. 본문의 각주는 옮긴이나 편집자가 넣은 것이다.

5. 원문에서 이탤릭체로 강조한 부분은 고딕체로 나타냈다.

1장

들어가며: 정체된 혁명

21세기 여성은 여러 이미지로 표상된다. 첫째, 커리어 우먼이다. 여느 남성 못지않게 성공을 위해 벼려진 그들은 남성들만큼 유능하거나 심지어 더 우월함을 증명해 내며, 성차별의 장벽을 넘어 최고의 자리까지 올라서기도 한다. 둘째, 슈퍼모델이다. 여리여리하고 고귀한 그들은 여성의 아름다움을 비현실적인 수준으로 보여 주는데, 그 모습을 보는 수많은 십 대 소녀들은 기를 쓰고 다이어트를 한다. 셋째, 여장부다. 그들은 진탕 먹고 마시며 성생활도 활발히 즐기고 남자들처럼 신나게 놀면서 산다. 넷째, 비혼 여성이다. 그들은 결혼과 일부종사—夫從事와 출산을 거부하며, 평생 결혼을 하지 않거나 최소한 가임기의 대부분을 비혼 상태로 지낸다.

이 여성들은 이 모든 일을 남성의 세계 속에서 해내고 있다. 이런 이미지들을 보면 아무 문제도 없는 듯하다. 빈곤도, 시궁창 같은 불행도, 학업 실패도, 실업도, 강간도, 거식증도 여성들을 가로막지 못할 것처럼 보인다. 간혹 이런 현실적 문제들이 이 이미지들에 영향을 끼치는 것 같기는 하지만, 결코 오래가지는 못한다.

이런 이미지들은 여성들이 과거에는 불평등한 대우를 받았지만 이제는 아니라는 가정을 깔고 있고, 이런 시각은 때로 포스트페미니즘이라고 묘사된다. 여성들은 어떤 일이든 할 수 있고, 학교 성적이 남성들보다 좋을 수도 있으며, 자신의 섹슈얼리티를 당당하게 표현할 수도 있고, 출산을 할지 말지 결정할 수도 있다는 것이다. 불안감이든 자신감 부족이든 고루한 관습이든 베티 프리던이 "이름 붙일 수 없는 문제들"이라고[1] 표현한 것이든, 여성들은 이제 그런 것들 탓에 움츠러들 필요가 없다고 한다.

이런 이미지들에 들어맞지 않는 수백만 수천만 명의 여성은 얼른 노력해서 따라와야 한단다. 어느 텔레비전 프로그램은 여성들에게 10년 어리게 보이라고 충고하고, 어느 프로그램은 자기 남자를 간수하고 동료들에게 잘 보이려면 옷을 잘 차려입으라고 말하며, 어느 프로그램은 남자처럼 강인한 관리자의 역량을 갖췄다는 것을 보여 주라고 주문한다.

이것은 성공을 위해 변화하지 못하면 그 결과는 스스로 감당하라는 자력구제의 철학이다. 성공과 실패는 자기 노력에 달린 것이지 사회적 책임이 아니라는 것이 당연시된다. 아무리 노력하더라도 이런 롤 모델의 까다로운 잣대에 부합하는 것에는 다수가 실패할 것임을 세상은 말해 주지 않는다. 왜냐하면 성공이라는 것은 그 정의상 대다수가 달성할 수는 없는 것이며, 더구나 우리는 거의 항상 현실적 제약에 매여 있기 때문이다. 특히 여성 차별과 불평등은 과거의 일이 아니며 여전히 큰 문제다. 그러나 위와 같은 이미지들이 완전히 허구인 것도 아니다. 그것은 정체된 혁명의 왜곡된 모습으로, 여성의 삶에서 실제로 변화가 벌어져 해방의 가능성을 열어 젖혔지만 그 가능성을 실현하지는 못하고 있는 상황을 담고 있다.

1980년대부터 소수의 여성들이 '대박'을 터뜨렸지만, 대다수는 현상 유지를 위해 힘겹게 발버둥 치고 있으며, 일부는 더 아래로 추락하기도 했다. 정부와 의회에서, 런던 금융가에서, 사법부와 대기업에서 "최고위직"은 여전히 남성의 전유물이다. 기회균등위원회에 따르면, 현재 속도대로라면 런던 증권거래소에 상장된 100대 기업에서 남녀 이사의 수가 같아지는 데 60년이 걸리고, 남녀 의원 수가 같아지는 데 40회의 총선을 더 치러야 한다.[2]

그러나 고위직 여성의 수가 적다는 사실은 사회에 만연한 여성차별을 뚜렷이 드러내 주기는 하지만, 수많은 여성들을 사회 밑바닥으로 내모는 구조적 불평등에 관해서는 그다지 설명하지 못한다. 심지어 전일제 노동자들도 남성은 5파운드를 버는 동안 여성은 4파운드를 번다. 시간제 일자리에서도 여성들의 평균 급여는 남성의 3분의 2에 불과하다.[3] 여성의 고용구조를 보면 "여성 노동"은 흔히 저임금 노동과 같은 말이다. 이런 직군 중 다수에는 최하위 급여를 받는 여성들이 가장 많다. 1990년대에 기혼 여성, 특히 아이가 있는 여성은 더 많이 일하라는 압박을 훨씬 더 많이 받게 됐다. 그와 동시에, 아이가 있는 여성 노동자들이 자신의 노동시간에 매우 만족한다고 대답한 비율은 1992년에는 50퍼센트를 넘었다가 2001년에는 29퍼센트로 떨어졌다.[4]

직장 내 성차별은 수십 년 전에 제정된 성차별 금지법으로 불법이 됐다지만 여전히 여성들이 겪는 불평등의 일부다. 여성을 비하하는 묘사가 넘쳐나고, 한 세대 전에는 상상도 못 할 심각한 수준의 성 상품화가 다양한 분야에서 벌어지며, 인터넷을 비롯한 매체들에서는 포르노와 성적인 이미지가 광범하게 유포된다. 이 탓에, 여성의 섹슈얼리티는 사고 파는 품목으로 여겨지고 여성은 성적 도구로 취급받는 분위기가 만들어졌다. 강간에 대한 유죄 선고율은 현재 역대 최저로, 도저히 받아들일 수 없을 정도로 낮다. 이는 여성이 섹슈얼리티를 훨씬 더 개방적으로 표출하도록 용인된다면서도, 여성들이 옷차림이나 행실에 관계 없이 성폭행을 당하지 않을 권리를 주장하면 분위기가 싹 바뀌는 현실을 보여 준다.

이런 불평등한 현실이 앞서 언급한 이미지들 뒤에 놓여 있다. 여성의 삶은 힘들다. 전 세계에서 그렇다. 수많은 여성이 자녀와 가족을 떠나 다른 사람의 아이를 돌보러 이 나라 저 나라로 이주하는 일이 일상적으로 일어나고 있다.[5] 필리핀 같은 나라의 여성들은 다른 나라로 이주하지 않으면 공장에 고용돼 장시간 노동, 저임금, 열악한 노동조건, 심한 성희롱을 감내해야 한다. 여성은 바깥일과 집안일 모두 과중하게 떠맡으며 세계적으로 무보수 노동의 대부분을 담당하고 있다.

어디에서나 여성은 고되다. 영국에서도 여성의 직장 일은 마찬가지로 힘들다. 여성들은 장시간·초과 노동을 하고, 제2차세계대전 이후 유례없이 큰 규모로 교대 근무를 하며, 장거리를 출퇴근하고, 공장 노동자뿐 아니라 사무직과 전문직도 전자 기기를 이용한 관리·감독과 시간의 압박 속에서 일한다. 2007년 발표된 이퀄리티스리뷰의 보고서에 따르면 직장에서 가장 심한 차별을 받는 사람은 어린 자녀를 둔 여성들이다. 11세 이하의 자녀를 둔 싱글맘은 채용될 확률이 배우자가 있는 남성보다 45퍼센트 낮으며, 배우자와 함께 자녀

를 기르는 여성은 채용될 확률이 배우자가 있는 남성보다 40퍼센트 낮다.[6]

21세기 여성에 관한 중요한 질문은, 지난 반세기 동안 그렇게 많은 것이 변화했는데도 왜 여전히 여성이 사회의 최하층에 머물러 있냐는 것이다. 여성의 고통에 공감하는 많은 사람들은 이에 대해 한마디로 대답할 것이다. 바로 [체계적] 차별 때문이다. 여성은 바로 여성이기 때문에 고통을 당한다는 것이다. 그런데 이 대답은 더 많은 질문을 낳는다. 왜 여성은 차별받고, 왜 여성의 삶에 생긴 변화들로도 차별이 극복되지 않은 것일까? 그냥 예전부터 그랬듯이 세상이 남성의 것이기 때문일까?

이 같은 시각은 매우 대중적인 세계관이며 수많은 사람들이 그것을 "상식"이라고 말한다. 그러나 이런 설명은 매우 불충분하다. 이것은 남녀 관계가 고정돼 있다고 보는 관점으로, 사회 전체뿐 아니라 개별 남녀의 삶도 꽤 근본적으로 변화했음을 고려하지 않는다(물론 그런 변화에도 불구하고 남성이 여전히 최고위층을 차지하고 있지만 말이다). 지난 수천 년 동안과는 달리 여성이 생물학적 제약에 얽매이는 것은 더는 숙명이 아니다. 오늘날 여성은 결혼할지 말지 출산할지 말지 선택할 수 있다. 또한 여성은 자녀 돌봄을 다른 사람에게 맡기고 의사로 일하거나, 트럭 운전을 하거나, 산악인이 될 수도 있다. 여성은 새로운 영역에 진출해 왔으며 이 과정에서 남성과 여성은 자의 반 타의 반 변화해 왔다.

이런 변화를 없는 셈 치거나 남녀 차이를 생물학이나 유전의 영향으로 환원하려는 것은 이로울 게 없다. 남자들이 바비큐 파티에서

고기 굽기를 좋아하는 것이 석기시대부터 이어져 내려온 잠재된 기억 때문일까? 아니면 그것을 현대의 성별 분업과 관련지어 설명해야 할까? 많은 여성이 '돌봄' 노동에 종사하는 것은 여성이 아동과 노인을 특별히 사랑하기 때문일까? 아니면 이런 일이 여성의 가정 내 성 역할과 맞아떨어지고, 저임금과 낮은 지위 때문에 아직도 "여성의 일"로 여겨지기 때문일까? 여성 차별의 근원에 대한 단순한 대답은 흥미롭게 들리기는 한다. "남자는 화성에서, 여자는 금성에서 왔다"거나 "남자들은 어쩔 수 없다" 하는 식의 대답들 말이다. 그러나 이것은 여성들과 일부 남성들이 의존성에서 탈피하려고 싸우며 그토록 반대해 온 전통적 성별 고정관념을 뒤집어 놓은 시각일 뿐 그것과 근본적으로 다르지는 않다. "여자들은 어쩔 수 없다"는 말이 여성을 온순하고 얌전한 장식품으로 대하는 태도를 압축해서 보여 주며 여성에 대한 성별 고정관념을 강화했던 반세기 전의 흔한 현실에 견주면, "남자들은 어쩔 수 없다"고 말하는 것이 일종의 진보일지도 모른다.[7] 그러나 이것은 "어쩔 수 없는 남자들"의 낡은 행동 방식을 변화시키고 여성해방으로 나아가기 위한 전략은 전혀 제시하지 못한다.

그러므로 왜 특정 사회에서 특정 행동 유형이 나타나는지, 그리고 왜 현재 사회에서 여성들에게 어느 정도 기회가 열리기는 했지만 해방이 이뤄지지는 못했는지를 이해하려 애써야 한다. 불평등은 계급사회의 전형적인 특징이다. 불평등이 나타나는 것은 자원의 자연적 부족 때문이 아니라, 사회의 부가 불평등하게 생산되고 소유되고 지배되기 때문이다. 19세기에 프리드리히 엥겔스는《가족, 사유재산,

국가의 기원》에서 사회적 잉여, 즉 사람들의 즉각적 필요를 충족시키고도 남는 부가 생산되자, 소수가 이것을 틀어쥐면서 사유재산으로 삼았음을 밝혔다. 이 소수가 자신의 지배를 유지하기 위해 가족제도를 비롯한 제도들을 확립했다. 엥겔스는 계급사회의 등장을 "여성의 세계사적 패배"로 여겼다.[8]

오늘날의 자본주의 사회에서도 가족제도는 여전히 중요하다. 정치인들은 때때로 가족을 화두로 논쟁을 벌이고, 어린이와 청소년이 엇나가면 가족이 비난받기도 한다. 그러나 가족을 불변의 제도로 보거나, 가족 내 여성의 위치를 고정되고 수동적인 것으로 보는 관점은 틀렸다. 오히려 가족은 불과 수십 년 사이에도 큰 변화를 겪었다. 그리고 훨씬 더 분명한 것은 여성의 삶이 50년 전의 상황과 매우 다르며 지금도 변화하고 있다는 사실이다.

이 책의 목표는 그동안 얼마나 심대한 변화가 있었는지를 보여 주는 것이다. 성과 섹슈얼리티를 대하는 태도가 혁명적으로 바뀌어서, 오늘날 젊은이들은 할아버지·할머니 세대의 태도가 어땠는지 상상하기도 어려울 정도다. 1970년대 중반까지 존재했던 스페인과 포르투갈의 억압적 독재 정권은 성적 이미지의 사용을 금지했다. 스페인의 프랑코 정권은 해변에서 비키니를 입지 못하게 금지했다. 1960년대 이전 영국에서는 낙태가 불법이었으며, 성인 간에 합의한 관계라 하더라도 동성 성관계는 불법이었고, 이혼에도 큰 비용과 제약이 따랐다. 《채털리 부인의 사랑》과 〈브루클린으로 가는 마지막 비상구〉 같은 서적과 영화는 검열을 받았다. 해방을 향한 작은 발걸음을 겨우 떼기 시작한 것은 1960년대에 들어서였다. 여성의 노동도 크게 변화했다. 여성들은 더 오랜 시간 일하고 더 많은 교육을 받고 더 많은 자격 조건을 갖추고 새로운 업계와 직업에 뛰어들며, 가정 밖에서도 사회생활을 하고 있다.

기존의 가족은 이런 변화 속에서 도저히 유지될 수 없었기 때문에 마찬가지로 중대한 변화를 겪었다. 혼인율이 기록적으로 낮고, 많은 여성이 아이를 갖지 않기로 결심하고 있으며, 이혼율이 매우 높은데도, 가족은 전업주부 대신 워킹맘을 중심으로 재편됐다. 비록 여기저기 멍들고 망가진 모습이지만 말이다. 그러나 그런 변화의 상당 부분은 더 안 좋은 방향으로 이뤄졌다. 여성들을 가정 밖에서 일하게 만들고 가족 관계와 개인적 인간관계를 변화시킨 조건은 자녀들의 삶에도 영향을 끼쳤다. 아동 구호 기관인 유니세프UNICEF가 다방면에 걸쳐 연구한 보고서에 따르면, 영국은 아동복지 면에서 21개 산업국 중 꼴찌를 기록했다. 아동의 상대적 빈곤율은 스페인, 포르투갈, 이탈리아 같은 남유럽 나라들뿐 아니라 아일랜드, 미국, 영국에서도 15퍼센트를 상회하는 것으로 나타났다.[9] 세계적으로 부유한 나라들의 아동복지가 이렇게 끔찍한 평가를 받는다는 사실은 지난 수십 년 동안의 정부 정책과 전 세계에서 불평등을 양산한 신자유주의 정책의 문제점을 적나라하게 보여 준다.

남성과 여성과 자녀의 관계 또한 심대하게 변했다. 이를 보며 어떤 사람들은 여성이 남성을 "따라잡고" 있으므로 남녀가 더 평등해질 것이라고 믿기도 하지만, 남성이 역차별을 받는다고 여기는 사람도 있다.

그러나 이런 엄청난 변화에도, 여성들은 개인적 삶과 사회적 위치 면에서 실질적 평등을 누리지는 못한다. 이 책은 도대체 왜 그런 가 하는 질문에 답하려는 시도이기도 하다. 평등을 이룰 전망은 분명히 있었다. 20세기 동안 자본주의의 변화는 여성의 삶을 엄청나게 바꿔 놨다. 양차 세계대전은 여성의 노동 방식, 노동을 바라보는 여성의 인식을 깊이 변화시켰다. 복지국가의 탄생으로 아동의 건강·교육·행복을 보장하기 위해서는 여성과 그 가족의 삶에 정부와 국가가 개입해야 한다는 인식이 생겨났다. 20세기 내내 주택과 학교를 개선하고, 보건 서비스를 증진시키며, 국공립 시설들을 확충하고, 공중 보건 수준을 높이기 위한 운동이 벌어지고 실제로 개선이 있었다. 제2차세계대전 종전 직후인 1945년에 집권하고 복지 자본주의를 핵심 포부로 삼은 노동당 정부 때 그런 운동과 개선이 최고점을 찍었다.

영국의 지배자들 중 좀 더 선견지명이 있는 자들은 복지에 투자할 가치가 있다는 점을 이해했다. 생산성이 좋고 불만이 비교적 적은 노동력을 유지하려면, 노동자에게 적절한 주거와 건강을 보장하고, 기초적 문해력과 산술 능력을 갖추도록 교육을 제공하는 데 돈을 쓸 필요가 있음을 이해한 것이다. 그래서 국가는 가족, 특히 어린이의 생활을 개선하는 자원들을 제공했다. 1945년 노동당 정부는 국가보건서비스NHS 제도를 도입한 것으로 가장 유명하지만, 아동에게 우유와 오렌지 주스를 무상 제공하고, 중등교육을 확대하고, 주택 공급을 대폭 확대하는 정책 등도 시행했다. 영국에서는 1909년 이래로 공공 임대주택, 건강보험 제도, 노령연금, 자녀 양육에 드는 높은 비용을 보조해 주기 위한 가족수당 등이 도입돼 시행되고 있었는데, 이에 더해서 위의 정책들이 추가된 것이었다.

여성은 복지국가의 확대로 여러 면에서 혜택을 받았다. 여성들은 공공 부문 노동인구에서 점점 더 큰 비중을 차지하게 됐는데, 특히 의료와 교육 분야에서 그랬다. 주로 카리브해나 남아시아에서 온 이주 노동자들과 더불어 (물론 그중 많은 수가 여성이었다) 여성은 새로운 노동자층을 형성했는데, 처음에는 흔히 시간제로 일했다. 여성의 생활 조건도 전반적으로 개선됐다. 20세기 내내 출산율이 하락했고, 의료 서비스가 개선돼 출산 중 산모의 사망률과 영아 사망률이 떨어졌다. 피임법은 이용하기가 점차 쉬워지다가, 1960년대와 1970년대의 개혁으로 아주 크게 개선됐고, 그 덕에 의학적·사회적 이유로 인한 낙태가 합법화되고 피임 도구가 대거 무상으로 보급됐다.

교육 또한 여성의 해방을 위한 중요한 원천이었다. 20세기 초에만 해도 고등교육기관에서 여성은 희귀했다. 여성들은 사실상 부유층만이 대학에 진학할 수 있게 만드는 경제적 제약을 극복한다 하더라도 흔히 ['여자가 뭐하러 대학을 가냐'는] 사회와 가족의 편견과 압박에 맞서 싸워야 했다. 이런 상황은 1950년대에 변화하기 시작했는데, 그때부터 여성들은 무상교육 덕택에 교사, 간호사, 강사, 공무원으로 일할 능력을 갖출 수 있었으며, 이런 직업들은 1960년대부터 급속하게 증가했다.

주요한 사회적 요인들 또한 모두 여성의 삶을 변화시키는 데 기여했다. 전쟁, 여성에게 취업과 교육의 기회를 열어 준 제2차세계대전 이후의 대호황, 전통적 가족이 해체되고 개별 가족 구성원들이 세계 여러 곳으로 흩어지게 한 대규모 이주가 그것이다. 이렇게 환경이 변화함에 따라 여성들의 인식도 변했고 여성들은 자신과 세계에 대해 이전과는 다르게 생각하기 시작했다.

그 결과 여성들은 경제활동 참가 보장, 재정적·법적 차별 금지, 여성 노동자의 모성 보호 등 더 많은 권리를 쟁취하기 위한 운동으로 나아갔다. 미디어와 사회의 상당 부분이 한때는 무모하고 과격하다고 여겨지던 시각들을 받아들이기 시작했다. 즉, 여성도 고위직에 오를 수 있고, 결혼을 하지 않을 수도 있고, 또한 섹슈얼리티를 대하는 태도가 개방적이어도 교육과 취업에 지장이 없다는 시각이 널리 받아들여졌다.

그래서 여성해방운동의 요구 중 일부는 성취될 수 있었지만, 단지 어느 정도까지만이었다. 여성해방운동의 요구를 제기하는 사람들은 거듭 계급사회의 한계에 맞닥뜨렸다. 그 근원에는 무상 보육이나 동일 임금 같은 평등 요구와, 그런 요구들을 진지하게 받아들이지 않으려는 사용자와 정부 사이의 충돌이 있었다. 사용자와 정부는 그를 위한 비용 지출이 이윤을 잠식해서 경쟁 기업·국가보다 경쟁력이 떨어질까 봐 두려워했다. 1960년대와 1970년대에 운동에 나섰던 많은 사람들은 평등 요구가 복지국가의 연장선에 있다고 봤다. 즉, 가족수당 지급에 예산을 쓰고 있으니 보육에도 예산을 쓰는 게 타당하다는 것이었다. 그러나 사용자와 정부가 단지 경쟁력 저하만을 우려한 것은 아니었다. 그들은 여성이 가정에서 무보수 노동을 해야 직장에서도 여성의 처우를 개선하지 않아도 된다는 점을 잘 알았다. 수많은 여성들이 무보수로 아이를 돌보고 있기 때문에, 굳이 돈을 들여서 보육을 제공하지 않고도 버티기가 쉬웠다. 또한 남성 부양자가 있기 때문에 여성의 임금은 더 낮게 책정돼도 된다는 암묵적 가정도 존재했다. 성 착취를 종식시키는 것은 여전히 꿈 같은 얘기다. "섹스 산업"이 번창하고 있는데, 깡마른 몸매의 모델이 필수인 이 업계에서 성은 온갖 상품을 판매해 무엇보다 이윤을 얻는 수단으로 이용되고 있다.

그래서 여성해방은 지금까지 어느 정도 진전돼 왔지만, 더 나아가지는 못하고 있다. 소수의 여성은 대다수 남성보다도 성공할 수 있다. 훨씬 더 많은 여성들은 그들의 할머니보다는 나은 삶을 살 수 있다. 그러나 노동할 권리는 곧 남성과 똑같이 착취당할 권리가 돼 버렸다. 게다가 여성은 돈도 더 적게 받는다. 성적 자유를 누릴 권리는 곧 랩댄스 클럽이나 잡지 표지 등을 통해 여성의 몸을 판매할 권리가 돼 버렸다. 개별 남성들의 행동을 바꾸는 것만으로는 이 상황을 해결할 수 없다. 오히려 일부 남성들은 미디어 등 사회제도로부터 영향을 받아 더 나쁜 행동을 하게 되기도 한다. 우리는 전쟁과 무기에 막대한 돈을 쓰고, 빈부 격차를 심화하며, 보육은 값싼 노동이나 무보수 노동에 의존하고, 여성은 남성보다 더 적은 돈을 받고 일하게 만드는 사회를 변혁해야 한다.

여성해방운동이 1960년대 후반에 시작했을 때는 세계를 변혁하겠다는 포부가 있었지만, 결국 성공하지는 못했다. 당시의 여성해방운동은 초기 국면에 이론적 기여를 했는지는 몰라도, 우리 사회에서 가장 고통받는 노동계급 여성 대다수의 실질적 참여를 이끌어 내지는 못했다. 그 결과 여성해방운동 지지자들은 점차 운동을 떠나 정계나 학계에서 한자리 차지해서 페미니즘 사상을 발전시킨다는 방향으로 이끌렸다. 이것은 곧 여성 차별을 만들어 내는 계급사회의 구조에 맞서 싸우는 것에 실패했음을 의미한다. 이런 실패의 원인은 여성운동이 더 넓은 사회 세력들, 특히 계급사회가 만든 불평등과 싸울 조직과 잠재력과 필요가 있는 노동계급의 운동과 함께 하지 못했기 때문이라고 본다.

그 결과, 성공하겠다는 야심이라도 가져 볼 수 있는 여성과, 그나마 호황 동안에 얻은 작은 성과마저도 긴축과 민영화와 불안정 고용 탓에 잠식당하고 있는 대다수 여성의 격차는 더욱 벌어졌다.

우리는 이윤 추구 동기가 왕처럼 군림하고 남성과 여성과 어린이의 삶이 이윤에 복속되는 사회에서 해방이 가지는 한계를 보고 있다. 이런 상황을 바꾸기 위해 사람들은 수백 년 동안 이런저런 방식으로 분투했다. 이 책의 목표는 그 성공과 실패를 설명하고 지금의 상황에서 우리의 목표 지점으로 가기 위해서는 어떤 방향으로 나아가야 할지를 제시하는 것이다.

2장

섹스: 영국의 특이성

오늘날 영국에서는 성에 관한 이미지를 보거나 그에 관한 이야기를 나누는 것을 피하기 어렵다. 디지털 시대에 사는 우리는, 한때는 음침한 뒷골목에서나 구할 수 있던 사진이나 영상을 마음만 먹으면 언제든 컴퓨터 화면에 띄울 수 있다. 불법 포르노를 취급하는 몇몇 조직폭력배나 유통업자들은 성을 팔아 큰돈을 벌곤 했다. 그러나 이제는 대기업들이 큰돈을 벌고 있고, 성은 거의 누구나 즐길 수 있는 재밋거리로 재포장됐다. 토크쇼에는 저속한 춤을 추는 댄서들이 나오고, 여배우의 생일 파티에서 스트리퍼가 공연을 하고, 대도시 상업 지구에는 랩댄스 클럽이 우후죽순 생겨나 남녀가 비싼 돈을 주고 밤을 즐긴다. [영국의] 前 총리 토니 블레어의 부인인 셰리 블레어는 남편과 보통 하룻밤에 다섯 번의 성관계를 즐긴다고 공개적으로 말한다. 미디어와 광고업자들이 선포한 이런 성 혁명에 동참하지 않는 사람은 구닥다리나 내숭쟁이로 여겨질 뿐이다.

　언제나 이랬던 것은 아니다. 불과 두 세대 만에 성과 섹슈얼리티를 대하는 태도가 놀라울 정도로 바뀌었다. 그래서 오늘날 영국의 중년층만 하더라도 지금과는 매우 다른 도덕규범과 가족관이 일반적이던 시대를 살았던 기억이 있다. 21세기 초에 영국이 결혼, 도덕규범, 섹슈얼리티를 대하는 태도가 이렇게 개방적인 나라가 될 줄 그때는 거의 아무도 예상하지 못했을 것이다. 그러나 그런 일이 실제로 일어났다.

가장 두드러진 차이 하나는 부모가 모두 있는 전통적 모습의 가정이 불과 30년 전과 비교해도 훨씬 적다는 사실이다. 2005년 봄, 한부모 가정의 어린이가 전체 어린이의 약 4분의 1(24퍼센트)을 차지했는데, 1972년에만 해도 단지 7퍼센트에 불과했다.[1] 1980년대 중반까지만 해도 많은 싱글맘이 결혼을 했다가 이혼을 한 경우였는데, 오늘날에는 아예 결혼을 한 적 없는 싱글맘이 크게 증가했다.[2] 마찬가지로 결혼을 하지 않은 채로 연인과 함께 사는(동거) 여성도 크게 증가해, 60세 미만 여성 중 동거를 하고 있는 여성의 비율은 1986년 13퍼센트에서 2005년 24퍼센트로 거의 두 배가 됐다.[3] 그러니, 2005년 영국에서 태어난 신생아 10명 중 4명이 혼외 자녀라는 사실은 그다지 놀랄 일이 아닌데, 이것은 1974년보다 무려 4배 이상인 수치다.[4] 양차 세계대전 와중과 각각의 전쟁 직후를 제외하고 20세기 대부분의 시기에 신생아는 거의 모두 혼인한 부부 사이에서 태어났음을 생각하면 현재의 상황은 근본적으로 달라진 것이다. 영국은 이제 성 행동과 관련해 몇 가지 아주 극단적인 수치를 기록하는 것으로 유명하다. 영국의 이혼율은 다른 유럽연합EU 나라들의 두 배고,[5] 십 대 임신율은 유럽에서 가장 높은데, 독일의 두 배, 프랑스의 세 배, 네덜란드의 여섯 배다.[6]

이 엄청난 변화를 어떻게 설명할 수 있을까? 왜 특이할 만큼 많은 영국 여성이 이혼하고, 결혼하지 않은 채로 동거하고, 싱글맘으로서 혼자 아이를 기르는 것일까? 그 답은 지난 반세기 이상 동안 일어난 더 넓은 사회 변화와 관련 있다.

순결하신 대영제국

선구적인 산부인과 의사였던 헬레나 라이트가 1930년대에 병원을 찾은 노동계급 여성들에게 사랑을 나누면서 어떤 기분이었냐고 물었을 때, 대다수는 무슨 말인지 모르겠다는 표정으로 눈을 껌뻑거릴 뿐이었다. 섹스는 남성이 원하는 것이었고 여성은 고통스럽게 견뎌야 할 일이었다. 많은 여성, 특히 노동계급 여성은 임신에 대해 잘 알지 못하며 공포를 느꼈기 때문에, 섹스할 때 즐거움을 거의 느끼지 못할 정도였다. 헬레나 라이트는 오늘날에는 "옛날과 대단히 차이가 크다"고 말한다. "같은 질문을 하면 젊은 여성들은 밝게 웃으며 '아이참, 선생님도. 너무 좋죠' 하고 대답합니다."[7] 1950년대 초까지만 해도, 영국인들의 사고방식을 조사한 결과를 담은 책의 저자는 다음과 같이 썼다. "다른 나라 도시 사람들을 연구해도 이 정도로 순결과 정조를 중시하는 태도를 발견할 수 있을지 심히 의심스럽다." 그는 당시에도 그 결과를 놀랍다고 봤는데,[8] 지난 50년 동안 벌어진 성적 태도의 변화에 비춰 되돌아보면 더더욱 그렇다.

지금은 당연시되는 많은 것들이 존재하지 않거나 존재하더라도 인정받지 못하던 세계를 상상하는 것은 어려운 일이다. '오르가즘' 등 성 행동을 묘사하는 단어가 대다수 사람들의 머릿속에 존재하지도 않던 시대, 임신을 피하는 약이라고는 위험하고 조악한 낙태 유도제밖에 없던 시대, '사생아'를 낳는 것이 자신뿐 아니라 가족 전체에 끔찍한 수치이자 최악의 불행으로 여기는 것이 노동계급의 도덕관념이던 시대를 상상하기 어렵다. 그러나 20세기의 대부분 동안에 노동계급 대다수는 바로 그런 세상에서 살았다.

스티브 험프리스는 뛰어난 연구서인 《섹스라는 은밀한 세계》에서 영국에서는 빅토리아 시대부터 1950년대까지 혼전 성관계가 철저하게 금기시됐다고 말한다. 국가와 교회에서 가족제도 자체에 이르기까지, 사회를 이루는 모든 제도가 '문란함'을 강력하게 반대했다. 이런 엄격한 제약을 피할 수 있는 사람은 뭐든 맘대로 할 수 있는 초부유층이나 부르주아적 체면과는 거리가 먼 극빈층뿐이었다.[9] 혼외 성관계 금지가 완전히 지켜진 적은 결코 없으며 20세기 말로 갈수록 훨씬 더 약화했지만, 그런 금기들은 무엇이 허용되는 행위이고 무엇이 금지된 행위인지를 확고하게 규정했다. 당시에는 성적 절제에 대한 강요와 성에 대한 죄의식이 심각했으며, 남녀가 결혼하기까지 오랜 기간 동안 연애 관계나 약혼 관계를 맺는 격식을 차려야 했고, 혼전 성관계와 만혼은 강력한 사회적 반감의 대상이었다. 에드워드 시대에* 결혼하는 사람들의 평균 연령은 남성 27세 여성 26세였는데, 이것도 당시에는 역대 가장 높은 연령이었다. 사회에서는 나이든 어른들이 젊은이들을 매우 강력하게 통제했다.[10] 순결한 신부를 상징하는 하얀 웨딩드레스를 입는 결혼식이 널리 퍼지게 된 것도 이 시기였는데, 이것은 원래 19세기 후반 상류계급의 풍습이었다가 사

---

* 에드워드 시대 영국의 20세기 초, 제1차세계대전 이전 시기를 뜻한다.

회에 널리 확대됐다.[11]

그러나 험프리스가 지적하듯이, 이와 같이 극도의 성적 보수성이 지배하던 시기는 영원불변하다고 여겨지는 "전통적" 도덕과 성 규범에 의해 만들어진 것이 결코 아니었으며, 비교적 짧은 시간 동안만 존속했고, 생긴 지도 얼마 안 되는 것이었다. 영국 노동계급과 대다수 중간계급이 성적 편협함을 보이며 내숭을 떨고 엄격한 규범을 받아들인 것은 대영제국의 전성기인 1880년대에서 제2차세계대전 직후까지의 특징이리 할 수 있다. 실제로 오늘날 성적 관습은 19세기 말이나 20세기 초보다는 17~18세기나 19세기 초와 더 닮았다고 할 수 있다. 현대 초기의 많은 시간 동안, 즉 산업화 이전의 영국인들은 결혼과 출산을 대하는 태도가 20세기 전반기의 영국인들보다 훨씬 더 자유 방임적이고 자유 지상주의적이었다고 볼 근거가 있다. 예를 들어, 18세기에서 19세기 초까지 영국의 일부 지역에서는 "빗자루를 뛰어서 넘는" 결혼식이 열렸는데, 이것은 종교적 의식과 공인 없이도 당사자들이 서로 결혼에 동의하는 것만으로 충분했다는 뜻이다. 악수만 하고 사실혼 관계를 유지하는 경우도 흔했다.[12] 이혼도 결혼과 마찬가지로 매우 간단한 일이었다. 결혼한 지 1년 이내에 남자나 여자가 결혼 때와는 반대 방향으로 빗자루를 뛰어넘기만 하면 혼인 관계는 해소됐다.[13] 스코틀랜드에서는 아무나 증인으로 두고 결혼식을 올릴 수 있었는데, 그래서 국경도시인 그레트나그린에서는 대장장이가 집전하는 결혼식이 흔했다. 물론 이런 방식의 결혼을 없애고 빈민층의 성적 관계와 혼인 관계를 규제하려는 시도도 있었다. 1753년에 제정된 혼인법은 하드위크 경이 발의해 대다수 사람들에게 영국

국교회 회당에서 결혼식을 하라고 요구했다. "1754년 이후, 영국 국
교회, 퀘이커교 모임, 또는 유대교 회당 외에서 행해진 결혼식은 결
혼으로서의 법적 효력이 없었다."[14]

그러나 실질적인 전환점이 된 것은 산업혁명이었다. 이제 성적 즐
거움은 직업 윤리에 종속됐으며, 결혼과 여러 법으로 섹슈얼리티를
규제하려는 법적·사회적 변화 시도들이 점차 성공했다. 19세기 중반
혼외 자녀 출생이 감소했는데, 이는 "1960년대가 돼서야 19세기 초
의 수준을 회복했다."[15] "부부가 합법적인 결혼식을 치르려는 확고한
경향"이 있었으며, "[20 — 지은이]세기 초에 접어들면서 성직자들은
사람들이 교회로 되돌아오는 것을 보며 자축했다."[16]

공장에서의 착취를 기반으로 한 새로운 산업 시스템은 협소하고
보수적이며 일부종사를 강조하는 섹슈얼리티에 의해 점점 더 뒷받
침됐다. 가족은 성적 실험의 장소라기보다는 사회적 통제의 중심지
로, 사회를 지탱하는 한 축이 돼 갔다. 공장이 출현해 근무일이 규
칙적이게 되고 시간을 칼같이 지키는 규율이 자리를 잡았는데, 이것
은 이전 농업 노동의 패턴과는 크게 달랐다. 또한 노동자의 성적 관
습을 더 강하게 규율할 필요성도 생겨났다. 지배적 종교, 새로 발전
하는 국가 교육 제도, 강제 노역소를 통한 빈민층 규율 등의 근저에
는 모두 성적 '방종'이 잘못된 것이고 노동이 중요한 윤리가 돼야 한
다는 원칙이 있었다. 자본주의 국가는, 점점 더 강력해지며 그 권력
이 이전에는 사적 영역으로 간주되던 곳으로까지 뻗어 나갔고, 결혼
과 출산을 공식적으로 관할하는 새로운 구실도 떠맡게 됐다. 이 모
든 변화는 새로 탄생한 산업 자본주의에 딱 맞았다. 이탈리아의 마

르크스주의자 안토니오 그람시는 1930년대 미국 자동차 기업의 부호였던 헨리 포드에 대해 썼는데, 그의 말은 빅토리아 시대의 영국에도 적용될 수 있다.

(특히 포드 같은) 산업 자본가들이 직원들의 성생활과 가족 구성 일반에 대해 관심을 뒀던 것에 주목할 필요가 있다. 금주법의 경우처럼 겉으로는 "청교도적인" 것처럼 보이는 그들의 모습에 속아서는 안 된다. 생산과 노동의 합리화에 발맞춰, 성적 본능이 적절하게 규제되고 마찬가지로 합리화된 새로운 종류의 인간이 필요해졌다는 것이 진실이다.[17]

다음 장에서 더 자세히 살펴보겠지만, 새롭게 등장한 이 편협한 성 규범은 새로 출현한 가족 구조에 기초해 있었다. 새로운 가족 구조에서는 직장과 가정이 분리됐고 성별 간 노동 분업이 이뤄져 적어도 이론적으로는 남성이 일을 해서 가족을 부양할 만큼의 임금을 벌고, 여성과 아동, 최소한 어린 아동은 노동시장에서 벗어났다.

물론 성적 활동이 결혼과 가정 안에서만 일어난 것은 아니다. 성매매가 빅토리아 시대의 영국에 만연했다. 성매매가 없었다면 점잖은 체하고 편협한 부르주아 결혼 생활은 존재할 수조차 없었을 것이다.[18] 아동 학대가 끔찍한 수준으로 벌어졌는데, 인구가 과밀한 슬럼가에서는 근친상간이 흔했고, 아동 성매매도 드문 일이 아니었다. 특히 빈민층 여성들은 고용주의 성적 학대에 시달렸다. 무엇보다도 수많은 평범한 사람들은 '부정한' 성관계를 지속했다. 즉, 부부 간 성관계뿐 아니라 혼외정사와 동성 간 성관계도 이뤄졌다. 그러나 이중 잣대로 가득 찬 세상에서는 그런 행동을 대놓고 했다가는 사회적 따돌림을 받고 가족과 직장을 잃을 수도 있었다. 이런 현실은 그 시대의 도덕이 성을 옥죘음을 보여 준다. 그리고 이것은 "역사에서 숨겨진" 여성의 경험 중 일부다.

지금의 현실과 당시의 여성들에 대해 알게 된 지식에 비춰 볼 때, 흔히 묘사되는 것과는 달리 당시의 많은 여성들이 단지 남성의 정욕에 수동적으로 당하기만 한 게 아니라 성관계를 정말로 즐기기도 했다고 이제는 추정할 수 있다. 그러나 여성들이 자신의 섹슈얼리티를 표출하거나 성에 대해 이야기를 나누거나 글을 읽는 것은 매우 어려운 일이었다. 사회 전체가 그런 경험을 공공연히 드러내거나 일반화하지 못하게 했다. 오히려 온 힘을 다해 숨기고 누르며 부부 간 성관계라는 협소한 규범 바깥에서 이뤄지는 성적 행동을 하는 사람들에게 수치심을 주고 그들을 따돌리려 했다. 〈뉴스 오브 더 월드〉 같은 신문들은 다른 매체들에서는 널리 다뤄지지 않는, 유흥가의 외설스러운 이야기, 이혼 스캔들, 유명인의 사생활 따위를 보도해서 유명해지고 판매 부수를 크게 늘릴 수 있었다.

물론, 성에 관한 이중 잣대로 직격탄을 맞은 것은 여성이었다. 구세군 같은 단체들은 사악한 남성의 "꼬드김에 넘어간" 여성들에게 선심 쓰듯 자선을 베풀기도 했다. 그러나 성관계를 즐기거나 여러 남자와 잔다고 여겨지는 여성들은 훨씬 더 끔찍한 대접을 받았다. 그들은 난잡하다고 여겨지거나 심지어 "아마추어"라고 불리기도 했는데, 이것은 아마추어 매춘부라는 의미였다. 그런 여성이 나이가 어리다면 보호시설에 수용되기도 했는데, 많은 경우 감옥이나 강제 노역소에 갇힌 것과 다름없었다. 1920년대와 1930년대에 임신한 [미혼] 여성들이 정신병원에 보내져서 수십 년 동안 갇혀 지냈다는 끔찍한 이야기가 최근 몇 년 사이에 밝혀졌는데, 다행히도 이런 일은 상당히 드물었다. 그렇다 해도, 그런 사례들은 자신을 도와줄 친구나 가족이 없는 여성이 사회적 규범을 어겼을 때 얼마나 끔찍한 일을 당했는지는 충분히 보여 준다.

토요일 밤과 일요일 아침

그러나 영국 사회에도 상당한 변화들이 일어나, 일부종사와 성적 자기 절제라는 숨 막히게 편협한 사회규범을 잠식하기 시작했다. 새로운 생활 방식이 나타남에 따라 가족·자녀·섹슈얼리티를 대하는 새로운 태도가 생겨났다. 그러나 많은 사람들에게 이런 새로운 태도는 영향력이 여전히 강력하던 낡은 태도나 제약과 공존했다. 그 결과 수많은 사람들의 삶에 긴장과 갈등이 발생했다.

하나의 변화는 결혼 전에 성관계를 하기 시작하는 젊은 남녀가 크게 늘었다는 것이다. 예를 들어, [영국의 정신과 의사이자 저술가] 유스터스 체서가 여성의 성 행동에 관해 제시한 증거를 보면, 완전한 성교에 이르지 않은 성관계, 즉 "애무" 형태의 비삽입 성관계가 증가했다. 1904년 이전에 출생한 여성과 그 이후 10년간(1904~1914년) 출생한 여성을 비교해 보니, 젊은 여성들 사이에 혼전 비삽입 성관계가 크게 늘어나 그 비율이 7퍼센트에서 22퍼센트로 증가했고 그 이후 10년간(1914~1924년) 출생한 여성 사이에서는 더 증가해 29퍼센트에 이르렀다는 조사 결과가 있다. 혼전 삽입 성관계를 하는 비율도 마찬가지로 증가했는데, 각각의 연령 집단에서 그 비율은 9퍼센트(1904년 이전 출생), 36퍼센트(1904~1914년 출생), 39퍼센트(1914~1924년 출생)였다.[19]

이와 유사한 극적인 변화가 동시대의 미국에서도 나타났는데, 중간계급 가정의 여성 대학생을 설문한 결과가 이를 잘 보여 준다. 그 결과를 보면, 1890년보다 전에 출생한 여성은 응답자의 거의 90퍼센트가 혼전 성관계를 하지 않은 반면, 그 후 10년간[1890~1899년] 출생한 여성은 그 비율이 74퍼센트였다. 그러나 1900~1910년에 출생한 여성은 단지 51퍼센트만이, 1910년보다 뒤에 출생한 여성은 단지 32퍼센트만이 혼전 성관계를 하지 않았다.[20]

이런 수치들을 보면, 성 행동에 대한 기존 도덕규범이 제1차세계대전을 즈음한 시기에 꽤 급속도로 약화했고 1920년대에는 혼전 성관계가 훨씬 더 급격하게 증가했음을 알 수 있다. 이런 변화가 일어난 이유는 영국 노동자들의 성을 억누르던 규범이 종교적 신념에 기초하기보다는, 광범한 정치적·사회적 격변 없이 안정된 상태를 유지해 온 영국 사회의 강력한 세속적 관습에 기반했다는 사실과 관련 있다.

제1차세계대전 이전에는 노동계급 여성들이 가정과 고용주에 매우 강하게 얽매인 경우가 많았다. 가족이 자녀들의 연애를 통제했고, 부모가 자녀들의 배우자 선택에 관여하는 것은 당연시됐다. 노동계급 가정에는 구성원이 무척 많았고 지역사회는 조밀해서 직장생활과 가정생활과 사회생활의 지리적 공간이 거의 분리되지 않았기 때문에, 성관계를 할 기회가 거의 없었다. 당시 노동계급 여성이 집 밖으로 나갈 주된 기회는 다른 집에 가사 일을 하러 가는 경우였는데, 이때가 아마도 성관계를 할 주된 기회이기도 했을 것이다. 실제로 1911년 영국에서 태어난 혼외 자녀의 거의 절반이 가사 노동자 여성이 낳은 아이였다.[21] 그중 일부는 주인집 남성이 강요한 원치 않는 관계의 결과이기도 했지만, 다수는 다른 하인과 관계를 맺은 결과였다.

그러나 1920년대와 1930년내에 섬점 더 많은 미혼 여성이 당시 팽창하고 있던 경공업 부문에 고용돼 소비재 생산을 담당하게 됐고, 그와 함께 화이트칼라 일자리도 증가했다.[22] 그 결과, 사람들의 관계를 규제하는 데서 중요한 구실을 하던 이데올로기의 구속력이 약화했고, 특히 젊은이들이 전보다 더 높은 수준의 독립성을 획득하면서 그런 구속력이 더 약화했다.

노동계급의 생활조건에 벌어진 다른 변화들도 마찬가지 구실을 했다. 이미 20세기 초에 대중 신문들은 남녀의 모습들, 그리고 더 나아가 생활 전반에 관한 다양한 모습들을 다수의 독자에게 알리고 있었다. 영화 산업의 발전은 더 중요했다. 전 세계 수많은 노동자들은 영화와 영화배우들의 삶을 통해 전에 없던 새로운 풍경을 보게 됐다. 여성의 구실에 대한 기대도 바뀌어 제1차세계대전 이전에 여성참정권 투쟁이 부상했고, 1918년에 여성에게 제한적 참정권이 보장됐다.

생활수준과 조건이 전반적으로 나아지며 개인들이 자기 인생에거는 기대가 높아졌다. 각 가정에 깨끗한 물이 공급되고 위생 관리가 가능해지는 등 물리적 조건이 개선돼 사람들은 더 쉽게 청결한 환경에서 생활할 수 있게 됐다. 양차 대전 사이에 대다수 가정에 전기가 공급됐는데, 이 또한 청결한 생활환경을 만들고, 가사 노동을 절감할 가전제품을 보급하고, 더 안락한 생활을 누리는 데 기여했다. 빠르고 대중적인 교통 수단이 발전하며 더 많은 남녀가 집에서 멀리 떨어진 곳으로 일하러 갈 수 있게 됐다. 이에 따라 많은 사람들이 대도시 외곽에 가서 살게 됐는데, 그곳에는 더 넓고 관리하기 쉬운 신축 주택들이 많았다.

여성의 사회적 구실에 대한 당시의 지배적 관념은 다른 방식으로도 허물어지기 시작했다. 비록 극소수이고 대부분 상류층 출신이었지만 여성들이 몇몇 대학에 입학한 것의 영향이었다. 여성의 구실이랄 것이 노동계급으로서 단조롭고 고된 노동을 하거나 상류층으로서 우아하게 한가로움을 즐기는 것뿐이던 사회에서 여성의 대학 진학은 단지 고등교육의 혜택을 받게 된 극소수 여성에게만 영향을 미친 것이 아니었다. 전문적으로 일할 포부가 있으며 이제는 자신이 할 수 있는 일에 대해 이전과는 매우 다른 시각을 가지게 된 그 아래 층위 여성들도 인식의 지평을 넓힐 수 있었다.

이 모든 것이 많은 사람들의 관계에 영향을 끼쳤다. 양차 대전 사이에, 부부 관계는 동반자 관계여야 하고, 부부간 성적 요소들은 단지 의무에 그칠 게 아니라 즐거움의 원천이어야 한다는 기대가 전보다 훨씬 커졌다. 이에 앞서 미국에서는 부부간 성관계의 기능에 대한 기대가 무척 커졌고, 더 능동적이며 만족스러운 성생활을 하기 위한 조언을 주려는 성생활 안내서의 출판이 증가했다.[23] 1930년대

영국에서도 결혼 생활의 성적 즐거움과 섹슈얼리티를 강조하는 서적들이 출판되기 시작했다.[24]

　아동을 대하는 태도 역시 변화했다. 교육법이 제정돼 노동계급에 대한 의무교육이 비록 매우 제한적이나마 법제화된 1870년 이후 약 50~60년 동안, 가족과 가족 내 아동에게 매우 극적인 변화가 일어났다. 아동에 대한 종일제 교육이 시행되기 전에는, 그리고 여전히 많은 지역에 아동노동이 존재하던 때에는, 아동이 상당히 어릴 때부터 가계소득의 한 원천이었다. 그런데 지녀가 학교에서 보내는 시간이 늘어나면서 가족의 경제적 부담이 크게 늘었다. 또한 의료와 보육 환경이 개선되면서 유아사망률도 감소했다. 그러면서 자녀를 적게 낳는 경향이 생겼다. 일단 태어나면 성인이 될 때까지 생존할 가능성이 높아지고, 경제적 부담 탓에 자녀를 많이 낳기가 불가능해졌기 때문이다. 피임법이 보급되고 임산부와 신생아를 돌보는 데 국가가 더 많이 개입하게 된 것 또한 그런 변화에 기여했다.[25] 다이애나 기튼스는 다음과 같이 말한다.

　경제적·정치적·인구학적·이데올로기적 변화로, 20세기 초에 가족과 자녀는 지위·처지·의미가 크게 달라졌다. 노동계급 가족에게 자녀는 이제 자산이라기보다는 오히려 경제적 부담이 됐다. 자녀가 부모에게 의존하는 기간이 늘어나고 의무적인 학교 교육을 받게 되면서 자녀가 가계소득에 실제로 기여할 시간이 전보다 줄어들었다. 그러나 건강한 아이를 출산해 기르는 것이 여성의 핵심적인 사회적 구실이라는 점은 정부 입법과 언론과 교육제도 등 여러 방식으로 지속적으로 강조됐다.

여성으로서의 성공은 사실상 어머니로서의 성공과 동의어가 돼 갔다.[26]

20세기 초, 결혼 생활에서 섹슈얼리티에 대한 관심이 증가하고 임신율과 출생률이 상당히 급격하게 감소한 결과, 성을 대하는 태도에 변화가 일어났다. 섹슈얼리티는 엄격히 통제돼야 하고 세세한 관습과 관행으로 규제돼야 한다는 관념, 결혼이 최고의 사회적 성취라는 생각, 연장자가 젊은이를 통제해야 한다는 인식은 점차 깎여 나갔다. 그러나 변화한 태도는 여전히 과거 관습에 제약을 받았고 옛 관념 중 많은 것들이 여전히 큰 영향력을 행사했다. 그래서 지배적 이데올로기와 변화한 삶의 현실 사이에서 점점 더 많은 충돌이 벌어졌다. 특히 노동계급 내에서, 그리고 특히 젊은이들 사이에서 그 충돌은 더 심했다.

매우 많은 여성들은 여전히 성관계가 더럽고 위험하다고 생각했다. 노동계급이 사용한 표현들은 이 점을 잘 보여 준다. 여성들은 자신이 임신에 "빠졌다"고 말하곤 했는데 이 표현은 임신이 잘못이나 죄악의 일종임을 암시했다.[27] 그리고 남편이 성관계할 때 "자기 하고 싶은 대로 했다"는 말은 성관계가 감내해야 할 일로 여겨졌음을 보여 준다.[28] 그러나 혼외 성관계는 여전히 손가락질 받는 일이었는데도 매우 흔했다. 그렇지만 노동계급 젊은이들은 성관계할 곳을 마음대로 선택하지 못하고 처한 상황에 따를 수밖에 없었다. [가족들이 있는] 집에서 성관계를 하기는 거의 불가능했고 [자가용 안에서 할 수도 있었지만] 자동차는 여전히 잘사는 사람이나 구입할 수 있었다. 그래서 제1차세계대전 발발 이전에 가장 흔한 형태의 성관계는 "무릎 덜

덜이"라는 것이었다. 이것은 서서 하는 성관계였는데 대체로 실외에서 이뤄졌다. 이것은 "누가 볼까 주의를 살피며 재빨리 해치우는, 젊은 여성들은 거의 만족을 느끼기 어려운" 성관계였다.[29] [영국의 사회조사 기관] 매스업저베이션이 1945년에 출간한 연구 결과를 보면 그들이 "워크타운"이라고 부른 영국 북부의 공업 도시에서 이런 성관계가 얼마나 흔했는지 알 수 있다.

워크타운에서 밤에 뒷골목을 따라 걸어 보라. 벽을 따라 어느 정도 간격을 두고 한 명이, 또는 둘 다 벽을 보고 서서 찰싹 엉겨 붙어 있는 커플들이 있을 것이다. 이런 방식으로 성관계를 즐기는 것을 보통 "무릎덜덜이를 한다"고 하는데, 겨울에도 여름과 마찬가지로 흔한 일이었다.[30]

사람들은 대부분 좀 더 편안하고 은밀한 환경으로 옮기기를 원했을 것이다. 양차 대전 사이에 젊은이들의 이동이 용이해지기 시작했으며 직장이 있는 사람들은 가끔씩이라도 해변으로 놀러 갈 돈을 마련할 수 있었다. 노동계급 사람들이 오토바이를 살 수 있게 되는 등 교통수단이 발달하면서, 연인들은 단 며칠이라도 이웃과 친척의 감시에서 벗어날 수 있게 됐다. 연인이 블랙풀 같은 휴양지에서 함께 휴일을 보내는 추세가 나타났다. 민박집의 규칙이 엄격했는데도 불구하고, 사람들이 성관계를 할 기회는 확실히 더 많아졌다.[31] 매스업저베이션이 1937년에 "시타운Seatown"에서 한 또 다른 연구 결과는 왜 해변의 큰 휴양지들이 성관계를 하기 "쉬운" 곳으로 명성이 자자했는지 보여 준다. 해변은 밤늦게까지 연인들로 붐볐다. 11시 30분과 자정 사이에 연인 120쌍이 해변 산책로에 앉아서 부둥켜안고 있었고, 42쌍은 서서 부둥켜안고 있었고, 46쌍은 모래사장에 누워서 부둥켜안고 있었다.[32] 매스업저베이션 조사원들이 얼마나 정확하게 연구했는지는 알 수는 없지만, 이것은 오늘날의 기준으로 봐도 꽤 많은 숫자로 보인다. 스티브 험프리스는 이 조사가 실제로 벌어진 성행위의 규모를 과소평가했으며, 블랙풀 같은 도시에서 임시직 일자리를 얻는 노동자들이 그런 성행위를 할 가능성이 높았다고 주장한다.[33] 분명 일부 자료들은 사람들이 해변 휴양지에 갈 때 이런 성행위를 하는 것을 크게 염두에 뒀음을 보여 준다. 예를 들어 1930년대 랭커셔 공장에서 일하던 한 젊은 여성의 일기를 보면 블랙풀에서 휴가를 보내는 동안 매우 많은 "즉석 만남"이 있었음을 알 수 있다.[34]

그러나 이런 변화는 사회적으로 용인된다고 여겨지는 행위와는 여전히 크게 충돌했다. 혼외 성관계는 피해야 하고, 혼외 자녀를 임신하는 것은 무슨 일이 있어도 피해야 하며, 교제에서 약혼으로 그리고 결혼으로 이어지는 규범을 따라야 한다는 가족과 사회의 압박이 여전했다. 노동계급 내의 이데올로기, 특히 어머니와 그 윗 세대 여성들이 강하게 피력한 이데올로기는 그 압박을 더욱 강화했다. 남자와 자면 남자에게 존중받지 못하며, 성적으로 "때 묻은" 여자는 아무도 거들떠보지 않을 것이라는 생각이 광범하게 퍼져 있었다. 이런 생각은 "문제가 생기면" 자기 책임이라는 생각과 연결돼 있었다. 사람들은 흔히 "네가 저지른 일이니 네가 감당해야 한다"는 말을 했다. "속도위반 결혼", 즉 임신 초기에 치르는 결혼이 20세기 전반기 동안 상당히 흔했다.[35]

노동계급의 다수가 (그리고 중간계급도) 미혼 상태로 임신한 자기 가족에게 어떻게 그렇게 모질게 대했는지 지금은 이해하기 어렵다. 많은 젊은 여성이 집에서 쫓겨나 거의 극빈의 상태에서 살았다. 강제 노역소에 수용될 위험도 있었다.[36] 1940년에 랭커셔 출신의 한 임신한 여성은 남자친구에게 버려지고 어머니에 의해 강제 노역소에 수용됐다. "어머니는 나를 강제 노역소에 집어넣었는데, 제가 한 일이 잘못됐다고 생각했기 때문이에요. 거기 들어가면 아이를 낳을 때가 돼도 일해야 해요. 그렇지만 저는 아파서 일할 수가 없었어요."[37] 임신한 젊은 여성들은 1913년에 제정된 지적장애법에 따라 구금되는 등 매우 끔찍한 상황에 처할 수 있었다. 임신한 젊은 여성을 이처럼 가혹하게 대한 이유 중 하나는 정부와 사회제도가 혼전 성관계를 경멸하며 처벌하려 했기 때문이다. 그러나 어느 정도는 노동계급 가족의 태도와도 상관있었다. 때로 가족들은 혼전 성관계를 끔찍한 수치이자 가족에 대한 배신으로 여겼는데, "체면을 생각하는" 노동계급 가정에서는 특히 더했다. 랭커셔의 한 여성은 자신의 남자 형제들을 대하는 가족의 태도가 다음과 같았다고 기억한다.

[아버지는 — 지은이] 그들을 죽여 버리려고 했습니다 … 아버지는 대충 넘어가지 않았습니다. 일단 말로 적당히 때우고 나중에 딴 소리를 할 수도 결코 없었습니다. 오빠는 그 여자와 결혼을 해야 했습니다. 만약 결혼하기 적당한 여자였다면요. 그리고 그 여자가 결혼하기 적당한 괜찮은 여자였다면, 아버지로서는 그나마 천만다행한 일이었을 것입니다.[38]

임신시킨 여자와 결혼을 할 수 없는 남자는 최소한 이민을 떠나야 한다고 말한 남성도 있었다. 인터뷰에 응한 한 여성은 임신한 언니가 스스로 물에 뛰어들어 목숨을 끊었다는 이야기를 들려 줬다.[39] 이런 반응들은 노동계급 내에서 전형적인 것은 아니었지만 특이한 것도 아니었다. 노동계급 사람들은 임신에 대한 공포와 그에 결부된 수치심을 드러냈는데, 이것은 노동계급의 불안정성과 빈곤이라는 맥락에서 이해해야 한다. 사람들은 간신히 고개만 물 밖으로 내밀고 숨을 쉬듯이 겨우겨우 생계를 유지하고 있었고, 자신이나 가족이 극도의 궁핍 속으로 끌려 들어갈까 봐 무척 두려워했다. 때로 노동계급 가족은 일하지 못하는 딸을 부양해야 하는 데다가 먹일 입까지 하나 더 늘어나는 상황을 감당하지 못할 만큼 그저 너무 가난했다. 어느 쪽이든 이런 태도와 행동은 노동계급에게 "부정한" 성관계의 결과가 실로 참담할 수도 있다는 공포를 만들어 냈다.

그렇다면 사람들은 어떻게 성관계를 즐기면서도 임신을 피할 수 있었을까? 20세기 전반기에 사람들은 대체로 전통적인 피임법, 즉 금욕, 배란 주기법(배란기에 성관계 회피), 낙태, 질외 사정 등을 이용했다. 흔히 이런 피임법들은 미혼 여성이 이용하기에는 분명히 더 까다로웠다. 그러나 콘돔이나 [여성의 질에 넣는] 페서리나 다이어프램을 구하는 것은 훨씬 더 어려웠다. 1928~1933년에 맨체스터·솔퍼드 산부인과가 기혼 여성을 대상으로 실시한 설문 조사 결과를 보면, 피임법 이용에도 계층 간 차이가 있었다. 단순 비육체 (화이트칼라) 여성 노동자 중 피임을 하지 않는 비율은 35퍼센트인 반면, 비숙련 노동계급에서 이 수치는 50퍼센트로 상승했다. 콘돔을 사용하는 비율은 숙련 육체 노동자가 가장 높았고, 단순 비육체 노동자가 가장 낮았다(각각 18퍼센트와 9퍼센트).[40] 가장 널리 사용되는 피임법은 질외 사정이었는데 숙련 육체 노동자 33퍼센트, 단순 비육체 노동자 24퍼센트, 비숙련 육체 노동자 15퍼센트가 사용했다. 즉, 가장 흔하게 사용되는 피임법이 동시에 가장 불만족스럽고 가장 임신 위험이 큰 피임법이었다. 질외 사정이 불러일으키는 성적 불만족은 1950년에 결혼한 한 랭커셔 여성의 다음과 같은 경험 묘사에 요약돼 드러난다. "그것은 마치 바닷가에 아직 도착도 안 했는데 회전 교차로에서 그냥 내려 버리는 것 같았어요."[41]

그러나 매우 흔히 사용됐던 또 하나의 전통적인 피임법은 훨씬 더 불만족스럽고 대단히 위험했다. 바로 낙태였다. 비록 정확한 수치는 알 수 없지만, 낙태는 어떻게 보더라도 대단히 흔했다. 1914년에는 매년 10만 명의 노동계급 여성이 낙태를 하는 것으로 추산됐고, 정부 조사 결과는 제2차세계대전 직전까지 매년 시행된 불법 낙태 시술이 4만 4000~6만 건이었을 것으로 추산했다.[42] 여기에 고의적 유산까지 더하면 당시 낙태가 1년에 11만~15만 건 일어났다고 추정할 수 있다. 이 수치는 오늘날과 비슷하지만, 당시 인구가 훨씬 더 적었음을 고려해야 한다.[43]

1920년대 말과 1930년대 초에 맨체스터와 솔퍼드에서 여성 비숙련 육체 노동자의 유산 건수는 숙련 노동자의 두 배였다. 다이애나 기튼스는 이 중 상당수가 사실상 낙태였다고 추정한다. 정부의 자체 조사와 낙태에 관한 부처 간 위원회의 조사 결과도 1930년대의 전체 유산 중 최소한 40퍼센트가 실제로는 낙태 유도의 결과라고 추산했다.[44] 이 위원회는 1920년대에 설립돼 제2차세계대전 직전에 보고서를 발표했다. 이 보고서는 전체 임신 중 16~20퍼센트가 낙태됐다는 당시의 다양한 연구 결과가 옳음을 확인해 줬다. 그 연구 결과들은 낙태가 주로 경제적 문제 때문이었다고 결론 내렸다. 당시 낙태를 한 여성은 대부분 기혼 여성이었고, 이 사실은 낙태가 추문을 피하는 수단(분명 임신한 미혼 여성은 이런 의도로 낙태를 했을 것이다)보다는 가족의 수를 제한하는 수단으로 더 많이 이용됐음을 시사한다. 실제로 "젊은 여성들보다 나이가 많은 여성들 사이에서 낙태가 비교적으로 더 많았던" 것으로 보인다.[45]

어떤 피임법이든 많은 사람들이 사용하기는 여전히 매우 어려웠으며, 성과 섹슈얼리티뿐 아니라 피임에 관한 사람들의 지식 수준도 대체로 참담한 지경이었다. 많은 사람들은 콘돔이 완벽하지 않다고, 콘돔 제조업자들이 법률에 따라 하자가 있는 제품을 의무적으로 일정 비율 만들고 있다고, 가톨릭 신자인 약사들이 콘돔에 구멍을 뚫어 놓았다고 여겼다. 선구적인 병원들이 여성들에게 피임 기구를 받아 가라고 장려했지만, 양차 대전 사이에 대다수 노동계급 여성은 말을 듣지 않았다.[46]

심지어 의사들조차 피임법에 무지하기도 해서 소수의 전문가 외에는 사람들의 무지함이나 난처함을 해결하는 데 거의 도움이 되지 못했다. 게다가 정부도 심드렁했는데, 종교 지도자를 비롯한 기득권층의 심기를 건드리고 싶어 하지 않았기 때문이다. 그래서 섹슈얼리티에 대한 사람들의 관심이 증가하는데 그에 부응하는 정보는 제공되지 않았고, 대다수 사람들은 아주 기초적인 문제들의 해결책을 찾기 위해서조차 분투해야 했다. 그래서 1938~1939년에 전체 여성의 거의 3분의 1(30퍼센트)이 결혼 전에 첫 아이를 임신했으며, 20대 이하에서는 이 수치가 42퍼센트였다는 사실은 그다지 놀랍지 않다.[47]

20세기 전반기에, 특히 양차 대전 사이에 성을 대하는 태도와 여성의 구실이 많이 변화하고 발전했지만, 여전히 사회는 향후 몇 년 동안 벌어질 일에 대해 거의 준비가 돼 있지 않았다.

빅토리아 시대에 확립된 성 규범을 최종적으로 전복하는 데서 핵심 구실을 한 것은 두 사건이었다. 하나는 제2차세계내선이고 다른하나는 1960년대에 벌어진 성 혁명과 사회혁명이다. 그 사이 기간인 1950년대에는 성적 보수주의가 회복하는 시기로 보였지만, 지금 돌이켜 보면 옛 질서의 일시적 승리에 불과했다. 우리가 살펴봤듯이, 1950년대까지 이어진 결혼·약혼 제도의 영향력, 혼외 성관계에 대한 거부감은 수 세기에 걸쳐 확립된 전통이 아니라 영국의 지배계급과 중간계급이 가족이라는 수단을 사용해 산업 노동계급에게 그들의 도덕관을 강요하는 데 성공한 것이었다. 그러나 전후 시기의 기묘한 특징은 그것이 너무나 갑자기 변화했다는 점이다.

전쟁의 시대에서 호황의 시대까지:
1960년대로 향하는 전주곡

제2차세계대전은 역설이게도 많은 여성의 삶이 고양된 시기 중하나였다. 영국과 미국에서는 여성들이 전례 없는 규모로 노동인구로 빨려 들어가면서 근본적인 격변이 일어났다. 국가가 관련 법을 제정해서, 1943년에 영국 여성 두 명 중 한 명은 노동을 하거나 군복무를 해야 했다. 18~50세 여성은 고용 사무소에 등록해야 했으며 여성 노동자들은 필수 업무들을 담당하도록 배정됐다. 여성이 전통적으로 "남성의 일"로 여겨지던 군수산업에 종사하게 되면서 여성임금은 극적으로 상승했고,[48] 여성들은 전에는 꿈도 꾸지 못할 수준의 자유를 누리게 됐다. 남편들이 징집돼 외국에서 싸우는 동안, 점점 더 많은 여성들이 집을 떠나 살며 장시간 일을 하게 됐고, 제한적으로나마 집 밖에 나가서 독립성을 누릴 정도로 돈을 벌게 됐다. 이 모든 것이 성을 대하는 태도와 낡은 도덕을 무너뜨리는 데 영향을 끼쳤다. 그러나 이런 방향으로의 급속한 변화를 추동한 가장 큰 힘은 아마도 전쟁의 끔찍함이었을 것이다. 폭격으로 언제 죽을지도 모르고 사랑하는 사람을 전쟁에서 잃을 수도 있는 상황에서, 다음 기회가 오지 않을 수도 있는데 성관계를 자제하거나 결혼을 미루는 것이 도대체 무슨 소용인가 하는 생각을 하게 된 것이다.

전쟁 동안 몇 가지 중요한 변화가 일어났다. 전쟁 막바지 몇 년 사이에 미혼 여성의 출산율이 상승했다. 미혼 여성의 출산은 전쟁 이전에는 전체 출산의 4~5퍼센트에 불과했던 반면, 전쟁이 끝날 무렵에는 두 배로 증가했다.[49] 이혼율이 상승해 종전 직후 몇 년 만에 역대 최고치에 이르렀다. 성병 증가에 대한 큰 두려움도 나타났다. 남녀 관계와 성관계에 대한 더 느슨한 태도를 형성하는 데 기여한 주요 요인 중 하나는 연합군, 가장 중요하게는 미군이 영국에 들어온 것이었다. 미군은 1년에 750파운드를 벌었는데 영국 병사는 100파운드도 벌지 못했다. 거기다 미군은 영국에서는 쉽게 구할 수 없는 소비재, 예컨대 스타킹, 초콜릿 바, 담배 같은 것들을 구할 수 있었다. 영국에 온 미군을 아버지로 둔 아이가 1945년까지 7만 명 출생했으며, 2만 명의 영국 여성이 미군의 아내가 됐다.[50] 미국인은 성적으로 더 개방적인 경향이 있었다. 실라 로보섬에 따르면 미군들은,

어두운 거리나 공원에서 옷을 다 입은 상태로 서서 사랑을 나누는 영국의 풍습에 무척 어리둥절해 했다. ⋯ 미국인의 직설적이고 끈질긴 구애 방식과 상대의 거절을 받아들이지 않는 태도는 문제를 일으켰고, 성적 괴롭힘에 대한 불만으로 이어졌다. 마거릿 미드는 인류학자로서의 지식을 적용해 성을 대하는 태도들의 충돌을 살폈다. 그녀는 미국인은 학창 시절부터 이성에게 작업을 걸고 이성과 데이트를 하는 것에 익숙했던 반면, 영국 여성들은 그런 경험이 거의 없다고 결론 내렸다.[51]

그러나 많은 영국 여성들은 미국인이 들여온 이 새로운 풍속을 열렬히 받아들였다. 많은 여성들의 개방적 태도에 이웃과 가족과 당국자들은 눈살을 찌푸렸다. 성병 예방 광고들은 성병을 남성 탓보다는 '헤픈 여성'의 탓으로 돌렸다. 매스업저베이션이 인터뷰한 한 남성은 이웃 중 한 명에 관해 다음과 같이 말하며 일부 여성들의 행동에 대한 두려움 섞인 못마땅함을 보여 줬다.

제가 사는 건물에는 밤마다 이 남자 저 남자 데리고 오는 여자가 있어요. 지금 군대에 가 있는 그 여자 남편도 알아요. 남편도 무슨 일이 벌어지고 있는지 **분명히** 안다구요. 도대체 누가 이런 집구석에 돌아오고

싶어 하겠어요? 분명히 골치 아픈 일이 일어날 거란 말이에요. 애들 문제도 그렇고 이런저런 일들이요. 또, 지금 여자들이 일주일에 4~5파운드씩 벌고 있어요. 그런데 남편이 돌아오면 한 푼도 못 벌게 되는 상황을 여자들이 그냥 받아들일 것 같아요?[52]

1946~1947년에 이혼 건수가 6만 건으로 치솟았다. 이것은 전쟁 탓에 관계들이 파탄 난 상황을 반영한다. 이 수치는 전쟁이 낳은 기이한 결과였지만, 이미 청소년 임신과 성병 같은 문제들을 보며 도덕적 공황 상태에 빠져 있던 정부와 당국자들은 경악했다. 그래서 내무부의 요청으로, 가족계획협회를 제치고 전국부부상담위원회가 국가 보조금을 차지했다.[53]

전후에 국가와 미디어가 모든 것을 "다시 정상으로" 되돌리자고 매우 강조하며 촉구해, 대다수 사람들은 다시 가족으로 확실히 돌아갔다. 안정된 가정생활이 사회적 병폐를 전부 해결할 수 있을 듯했다. 이런 규범에서 벗어나는 사람은 사회적 문제아로 간주되기 쉬웠다. 전시에 여성들이 비전통적 구실을 수행했다는 사실은 감춰지고, 성관계를 둘러싼 논의가 크게 증가했지만 철저히 이성 사이와 부부 사이에서만 성관계를 해야 한다는 견해가 득세했다.

1940년대에는 실용적 패션이 유행했지만, [전후에는] 크리스티앙 디오르가 시작한 '뉴 룩' 패션이 들어섰다. 이것은 롱스커트를 입고 허리를 꽉 조이는 '여성스러운' 정장 스타일로 되돌아가는 패션이었다. 미디어와 광고들에 담긴 이데올로기는 여성의 가장 중요한 구실이 현모양처라고 강조했는데, 얼마간은 사람들이 이런 사상을 받아들였다. 어쨌든 실업과 전쟁으로 얼룩진 시대는 먼 옛일이 된 듯했고, 생활수준은 올라가고 있었으며, 어쩌면 사람들이 꿈꾸는 '완벽한 집'이 될 주택이 해마다 더 많이 새로 건설되고 있었다.

한동안은 이 모든 것이 먹히는 듯했다. 이혼율은 떨어졌고 하얀 웨딩드레스를 입고 올리는 결혼식은 대세가 됐다. 엄마 아빠와 보통 두세 명의 자녀로 이뤄진 가족이 대체적인 가정의 모습이었다. 결혼 전에는 긴 약혼 기간을 거쳤고,[54] 혼외 자녀의 출산은 수치스러운 추문으로 여겨졌다. 결혼은 사라져 가거나 사소한 일로 치부되기는커녕, 오히려 점점 더 늘어나서 그 어느 때보다도 많은 사람들이 결혼을 했으며 결혼 연령이 낮아지는 경향이 있었다. 결혼을 해야한다는 압력이 매우 강력했는데, 아이가 있을 때는 특히 더 그랬다. 1947년에 실시된 설문 조사는 남녀가 결혼하지 않고 동거하는 것을 어떻게 생각하느냐고 물었는데, 86퍼센트가 반대하거나 제한적으로만 찬성했다. 1950년대에 시행된 한 연구 결과는 이것을 다음과 같이 묘사했다. "결혼은 곧 가족, 가족은 곧 결혼을 의미했다. 혼외 자녀의 출산과 동거 비율은 한 세기 만에 최저치를 기록했다."[55]

그러나 모든 것을 과거의 틀에 욱여넣는 것은 불가능했다. 우선, 전후의 경제 호황으로 사람들은 훨씬 더 높은 생활수준을 기대하게 됐다. 사람들은 직장과 집과 가족을 원했고, 1950년대에 널리 보급되기 시작한 세탁기 같은 새로운 내구소비재도 갖고 싶어 했다. 과거의 생활환경을 버린다는 것은 과거의 태도도 일부 버리는 것을 뜻했다. 이런 요인들 때문에, 결혼은 호혜적 동반자 관계가 돼야 하고, 성관계는 — 최소한 부부 사이에서는 — 둘 다에게 즐거움을 줘야 하며 꼭 출산을 목적으로 할 필요는 없다는 생각이 더욱 강화됐다. 사회의 최상층은 여성에게 가정을 꾸리라고 압박했고, 공식 이데올로기는 자녀를 하나만 두는 것('외동'이라고 불렸다)에 매우 부정적이었지만, 대다수는 아이를 더 많이 낳으라는 선전을 받아들이지 않았다. 둘째, 1940년대 말과 1950년대 초에 점점 더 많은 기혼 여성이 시간제로라도 직장을 가지게 됐고, 이 때문에 1950년대에 팽배해 있던 지배적 가치관과 여성의 변화하는 삶의 현실 사이의 괴리가 커졌다. 이 괴리는 폭발성이 있었다.

매우 분명하게도, 여성의 지위는 변화하고 있었다. 소수일지라도, 여성들은 집 바깥에서 어느 정도 사회생활을 하게 됐고, 자녀를 더 적게 가지는 경향이 있었으며, 더 많이 교육받았다. 영국 사회에 만연해 있던 성적 보수주의는 극적으로 약화돼 가고 있었지만, 그래도 죽지는 않았다. 성관계에 관해 대놓고 말을 하는 것은 여전히 흔치 않은 일이었고, 미혼모에 대한 따가운 시선은 계속됐다. 그러나 많은 사람들이 이런 태도들을 고릿적의 낡은 유물로 느끼기 시작했다. 부부 사이 성관계가 서로 만족할 수 있는 일이어야 한다는 인식이 증가하면서, 그렇다면 부부가 아닌 사이의 성관계도 마찬가지이면 왜 안 되는가 하는 의문이 이어졌다.

아마도 가장 중요한 변화는 1950년대에 청소년의 성관계라는 새로운 현상의 출현일 것이다. 대다수 청소년에게 성관계는 지대한 관심사였다. 'ㅅ'자만 나와도 눈살을 찌푸리고 성의 중요성을 부인하는, 성을 상당히 억압하는 사회라고 해서 성에 대한 청소년의 관심이 적은 것은 아니었다. 그래서 십 대 청소년들은 록 음악을 중심으로 그들만의 저항 문화를 발전시켰는데, 록 음악에서는 섹슈얼리티가 매우 중심적인 구실을 했다. 기존의 제도들은 록 음악을 못마땅해했지만, 성장하고 있던 자본주의 사회는 여기에서 매우 큰 마케팅 기회를 포착했다. 기업가들은 어느 정도 제한된 성적 반항을 부추기는 광고들을 활용해 청소년의 욕망과 소망을 상품으로 포장해 낼 수 있었다. 젊은이의 반항적 태도와 열망을 표현하는 음반·옷·영화·오토바이·스쿠터 같은 상품이 나왔다. 이제는 이런 상품들을 대량 소비하는 것이 "청년 문화"를 구성히게 됐다. 그래서 기업가늘은 그런 반항을 부추기고 퍼뜨리며 모두 그렇게 행동한다는 인상을 만들어 내는 데 일조했다. 보수적인 가족관은 반항의 주된 대상 중 하나였다. 이런 청년 문화의 성장은 서구 자본주의 사회에 매우 큰 역설을 만들어 냈다. 전후 호황에 기반해 세워진 보수적 소비사회가 스스로를 몰락시킬 씨앗도 함께 품고 있었던 것이다.

대도약

성 혁명을 중심축으로 삼은 1960년대의 운동과 사고방식이 구세대에 맞선 젊은 세대의 반항을 특징으로 했던 것은 우연이 아니다. 그 전 60년 동안의 사회에서는 나이 든 세대가 젊은 세대를 지배했다는 점을 볼 때, 젊은 세대가 반항하지 않기가 어려운 일일 것이다. 이때부터 모든 기성의 가치, 즉 성적 보수주의는 물론 직장 윤리, 애국주의, 윗사람에 대한 공경 등이 전복됐다. 청년들은 구세대가 원하는 것에 굴종하지 않아도 됐다. 그래서 1960년대에는

15~24세 중 미혼자가 10년 전보다 100만 명(20퍼센트) 늘어났다. 그리고 그들은 새로운 경제적 능력을 행사했다. 1938~1958년에 평균 실질임금이 23퍼센트 증가했는데, 청년층의 실질임금 증가폭은 그 두 배였다. 그리고 비록 청년층의 소비는 전체 소비의 약 5퍼센트만을 차지했지만, 그들은 특정 품목에서는 최대의 구매자였다. 이들은 레코드플레이어 구매의 42퍼센트, 화장품과 욕실 용품 구매의 29퍼센트, 영화 관람객의 28퍼센트를 차지했다.[56]

그와 동시에 학교 교육 기간이 늘어나고 고등교육이 확대되면서 젊은층이 부모에게 의존하는 기간도 더 늘어나는 경향이 있었다. 이 때문에 부모와 자녀 사이의 갈등이 더 커졌다. 성에 대한 개방적 태도도 사회의 많은 부분에서 '성적 방종'이라며 비난받았고 계속 논란과 논쟁의 대상이 됐다. 대다수 청년들은 여전히 성에 관해 많은 제약을 받았다. 실제로 성에 관한 가장 유력한 이론과 실천은 매우 많은 경우 무지의 상태였다. 학교에서 성교육은 전쟁 전보다 훨씬 더 광범하게 시행됐지만, 그래도 여전히 한참 불충분했다. 〈톰 존스〉, 〈알피〉,** 〈여자를 유혹하는 요령〉, 〈토요일 밤과 일요일 아침〉*** 같은 영화들은 1950년대 영화보다 성을 더 개방적이고 자유분방하게

---

* 〈톰 존스〉 성적으로 개방적인 한 청년의 시련과 성공을 다룬 1963년의 영국 영화.

** 〈알피〉 바람둥이 주인공인 알피를 다룬 1966년 영국의 로맨틱 코미디.

*** 〈토요일 밤과 일요일 아침〉 노동계급 청년의 삶과 사랑을 사실적으로 그린 1960년의 영국 영화.

대하는 태도를 보여 주지만, 성교육의 효과를 주기에는 턱없이 부족했다. 오히려 영화 〈알피〉의 낙태 장면은 부정한 성관계는 위험하며 대가가 따른다는 메시지를 보여 준다.

지속적으로 성관계를 하는 연령층은 그 전에 비해서 더 낮아졌다. 1931~1935년에 출생한 여성 중에서 첫 성관계를 한 연령의 중간값은 21세였지만, 1941~1945년에 출생한 여성은 19세로 떨어졌다.[57] 그러나 대다수의 성 경험이 그렇게 많이 변한 것 같지는 않다. 1960년대 중반에 수행된 설문 조사 결과를 보면, 대다수는 초기 성 경험에서 흔히 시행착오를 겪었다. 성관계는 "어쩌다 보니" 하게 됐다. 첫 삽입 성관계의 5분의 4는 전혀 계획되지 않은 상태에서 벌어졌다. 15세 이하에서 여성은 단지 50명 중 한 명이, 남성은 20명 중 한 명이 성관계를 했다. 남성의 절반과 여성의 3분의 2에게 첫 성관계는 유쾌하지 않은 경험이었다.[58] 그러나 분명한 사실은 1960년대에 이르자 행동을 제약했던 수많은 금기들이 사라졌다는 점이다.

결혼 연령도 더 낮아지는 경향이 있었다. 1972년에 초혼 3건 중 1건이 십 대의 결혼이었다. 이런 추세는 성관계를 쉽게 하게 된 현실과 연관돼 있으며, 성관계에 대해서나 적어도 미혼 출산에 대해서는 금기가 어느 정도 남아 있었다는 점을 보여 준다. 그러나 동시에 위의 추세는 바로 그 금기에 대한 도전으로 작용하기도 했다. 1969~1970년의 통계에 따르면, 십 대 신부 중 3분의 1이 임신 상태에서 결혼했으며, 결혼 전 임신해 출산한 산모 중 43퍼센트가 십 대였다. 그러나 아마도 훨씬 더 놀라운 점은, 1964~1970년에 결혼 전에 출산한 여성 중 절반이 약간 넘는 수(54퍼센트)만이 이후 [아이 아버지와] 결혼했다는 사실이다. 혼외 자녀 출생률은 1961년 5.8퍼센트였는데(이것은 1951년 5퍼센트에서 약간 오른 수치였다) 1976년에는 9퍼센트가 됐다.[59] 그렇다고 해서 반드시 섹슈얼리티에 대한 인식이 고양되고 여성이 자신의 신체를 스스로 통제하는 힘이 더 커진 것은 아니었다. 그래도 '구시대적 도덕규범'을 적극 거부하려는 경향이 훨씬 더 커진 것만은 분명하다.

여성의 삶에서 나타난 특히 중요한 네 가지 변화가 여성의 사고방식에 영향을 끼치기 시작했다. 첫째는 고등교육을 받는 여성의 수가 1960년대에 급격하게 증가했다는 점이다. 1970년 1월에는 재학 중인 여자 대학생이 17만 3000명이었다.[60] 한편으로 여성들은 대학에서 온갖 다양한 쟁점에 관한 진보적인 시각을 접했고, 이는 여성이 자신의 구실에 대해 다르게 생각하도록 고무했다. 여성들은 결혼을 하고 아이를 낳는 것을 미래의 꿈으로 여길지 아니면 교육받은 독립된 여성으로서의 대안이 있을지 고민했다. 다른 한편 여성들은 자신의 라이프 스타일과 성생활에서 별 시답잖은 것까지 제약을 받았고, 그래서 커다란 좌절과 분노를 느꼈다. 남자와 함께 한 방에 있다가 걸린 여자 대학생은 퇴학을 당할 수도 있었다. 프랑스에서는 남학생이 여학생 기숙사를 방문하지 못하게 금지한 것이 1968년 5월의 거대한 학생운동을 촉발한 직접적인 계기 중 하나였다.[61] 학생들은 교육을 받으며 삶의 지평을 넓히고 있었지만, 어엿한 성인인 젊은 학생들을 사생활 면에서는 계속 어린아이로 취급했고, 이 둘 사이의 모순이 새로운 세대가 마주한 터무니없는 현실의 중요한 특징이었다. 이에 더해, 두 명 이상과 동시에 사귀거나 섹슈얼리티의 문제를 더 넓은 사회 변화의 문제와 연결하는 등 성에 대한 실험적 가능성을 모색하면서, 여성의 복종과 성적 순응이라는 지배적 관념에 이의를 제기하는 한 세대의 여성과 남성이 나타났다.

여성의 사고방식에 영향을 끼친 둘째 변화는 여성들이 이제 자신의 신체를 스스로 통제할 수 있는 수준이 전례 없이 높아졌다는 것이다. 무엇보다 피임 기구가 훨씬 더 광범하게 보급된 덕분이었다. 이로써 역사상 최초로 번식과 성적 즐거움을 분리할 수 있게 됐다. 몇십 년 동안 젊은 여성들이 자신의 신체를 스스로 통제할 여지가 상당히 커진 오늘날에는 당시의 변화가 얼마나 대단한 것이었는지 완전히 이해하기는 어려울 것이다. 피임법의 발전으로 여성들은 섹슈얼리티에 대해 뭔가를 선택할 때 사회의 제약에서 벗어날 수 있게 됐고, 이것은 1960년대의 수많은 젊은 여성에게는 인생이 바뀔 만큼 결정적인 변화였다. 출산율의 감소와 가족 규모의 축소 추세는 20세기 내내 나타난 중요한 현상이었지만, 결정적인 전환점은 새로운 형태의 여성용 피임법[경구피임약 등]이 대중적으로 보급되기 시작한 1960년대였다. 이 피임법들은 남성의 협조를 구할 필요가 전혀 없었고, 사용하고 있다는 사실을 숨길 수도 있었으며, 전희를 즐기다 말고 피임 도구를 착용하느라 민망한 순간을 겪지 않아도 됐다. 시간이 흐르면서 경구피임약의 몇몇 의학적 부작용이 알려지고 다양한 형태의 자궁 내 피임 기구는 부작용이 훨씬 더 컸지만, 그럼에도 새로운 피임법의 개발은 여성들이 성적 실험을 할 수 있게 해 준 엄청난 진전이었다.

셋째 변화는 낙태·이혼·동성애 관련 법적 제약들이 풀린 것이다.

법적 자유화의 한계는 처음부터 명백하기는 했지만, 그럼에도 그 변화는 영향을 직접 받은 개인들뿐 아니라 사회 전반의 태도에도 돌파구 같은 일이었다.[62] 제프리 위크스는 다음과 같이 썼다.

1960년대에 벌어진 일은 단순히 낡은 법률의 개혁이 아니라 중대한 입법적 구조조정이었으며, 시민사회를 규제하는 양식의 역사적 전환이었다. 그리고 이런 변화들의 핵심은 성적 행동과 관련된 법률에 대한 일련의 대규모 개혁이었는데, 이것은 반세기 동안 도덕규범에 관해 벌어진 법적 변화 중 가장 중대한 것이라 할 만했다.[63]

점점 더 많은 동성애자들이 스스로를 드러내기 시작하면서 게이와 레즈비언이 사회에서 가시화돼 갔고 그들의 자신감도 상승했다. 그리고 이것은 사회 전반에 걸쳐 성을 대하는 태도에 중대한 파장을 일으켰다. 이것은 분명 섹슈얼리티에 대한 지배적 이데올로기에 가장 위협적인 사태 전개였을 것이다.[64] 섹슈얼리티가 폭넓고 다양하다는 점이 받아들여지면서 적어도 급진적인 집단에서는 모든 사람들이 기존의 성생활에 불만이 없었으며 이성 사이에만 성관계를 한다는 생각이 타격을 입고 사라져 갔다.

마지막으로 아마도 가장 중요한 변화는 직장 내 여성의 지위가 변화한 것이다. 1940년대 말에서 1970년대 중반까지 이어진 전후 호황으로, 엄청나게 많은 여성이 임금노동을 하게 됐다. 1950년대 영국 같은 나라에서 주된 양상은 기혼 여성 노동자들이 시간제로 일하면서 급속히 성장하는 경제의 틈새를 부분적으로 메꾸는 것이었다. 그러나 새 세대 여성들은 전일제로 일하도록 훈련과 교육을 받으라고 점점 더 많이 장려됐다. 결혼과 출산은 집 밖에서 일하는 데 방해 요소가 될지언정 일을 그만둘 계기가 되지는 않았다. 여성들은 비록 제한적일지라도 직장을 구해서 스스로 소득을 벌 수 있었다. 여성이 직장에서 일정 구실을 하게 되면서 사람들의 생각도 전면적으로 변화했다. 즉, 여성은 그저 장식품이라거나 언제나 가정을 지켜야 한다는 시각은 더는 유지될 수 없었다. 1960년대에는 전후 서구 사회의 안정에 최초로 큰 충격을 가한 위대한 사회변혁 운동들도 일어났다. 이런 운동의 물결 속에서 여성해방운동과 동성애자 해방운동이 등장했다. 그리고 이 운동들 덕택에, 구질서에 대한 의문은 새로운 성적 급진주의와 실험으로 이어졌다.

또한 여성운동 덕분에, 섹슈얼리티에 대한 의식이 그 전까지 사회에서 일반적으로 논의되던 수준을 훨씬 뛰어넘어 고양됐다. 1970년대 초에 《질 오르가즘이라는 신화》, 《여성, 거세당하다》 같은 책들은 여성의 섹슈얼리티에 대해 이전과는 다른, 더 대담한 시각을 열정적으로 주장했다. 여성운동 덕에 섹슈얼리티를 바라보는 새로운 방식들이 발전했고 결혼·이혼·출산·낙태 등 여성의 성적 선택과 관련된 문제들을 새롭게 보는 시각이 나타났다. 쉐어 하이트의 《하이트 보고서》는 독립적이고 페미니즘적인 관점에서 여성의 섹슈얼리티를 연구한 결과를 담았다. 가정 폭력이나 강간처럼 잘 알려지지 않았던 공포를 조명한 페미니스트들도 있었다. 그들의 분명한 메시지는, 흔히 핵가족은 여성들이 꾸리고 싶어 하는 천국 같은 공간이라고들 하지만 여성은 그곳에서 탈출할 권리가 있으며 탈출이 절박하게 필요한 경우도 흔하다는 것이었다.[65] 당시에 외쳐진 구호들은 이 변화의 모습을 요약적으로 보여 준다. "여성이 선택할 권리", "왜 아내가 되려 하는가?", "왜 나를 이성애자로 감히 단정하는가?" 페미니스트 잡지 《스페어 립》이 제작한 행주에는 다음과 같은 문구가 새겨져 있었다. "처음에는 당신이 그의 손길에 빠지지만, 결국에는 당신의 손길이 그의 설거지 더미에 빠진다."

그러나 1970년대의 이런 도덕적으로 개방적인 분위기는 이내 역습을 당하게 된다. 1970년대 후반기에 낙태를 제한하려는 시도가 잇따랐다. 이런 시도들은 시대의 흐름에 역행했기 때문에 성공하지는 못했지만, 사람들을 조직해 맞서지 않았더라면 더 나아갔을지 모른다. 제임스 캘러헌의 노동당 정부는 가족을 단단하게 만들고 전통적 교육으로 돌아가야 한다고 강조했다. 1980년대에는 상황이 훨씬 더 악화됐다. 1980년대 초에 에이즈가 확산되기 시작해, 자유로운 성생활과 특히 동성 성관계를 공격하는 구실로 이용됐다. 마거릿 대처와 우파적 종교인 등 온갖 막무가내 고집불통들은 에이즈를 게이 역병이라고 부르며, [성적으로] 방종한 사회는 죽음과 질병으로 벌을 받는다고 했다. 이런 종교적 근본주의는 에이즈의 확산을 예방하는 것과 관련된 중요한 문제를 완전히 외면하는 일과 짝을 이뤘다. 에이즈의 확산을 막는 가장 확실한 방법은 어떻게 에이즈의 전염을 막을 수 있는지를 성과 관련된 구체적인 표현을 사용해 명확하게 설명해 주는 것이었다. HIV 바이러스가 만들어 낸 공포와 혼란으로 동성애자와 이성애자 모두의 성 행동이 일부 변화했지만, 섹슈얼리티를 대하는 태도가 더 개방적으로 바뀌어 가는 추세가 뒤집히지는 않았다.

그래도 권력층의 정치적 담론은 더 보수적인 방향으로 흘렀다.

어느 사회에서나 때로는 서로 모순되는 일들이 일어난다. 산업과 노동의 발전, 그리고 그것이 사람들의 형편과 일과 삶에 영향을 끼치는 방식은 사람들의 처지에 여러 물질적 변화를 낳는다. 동시에, 그런 발전은 흔히 과거에 형성된 관념·제도와 갈등을 일으킨다. 사회의 많은 변화를 두고 뜨거운 다툼과 논쟁이 벌어지는 것이다. 1980년대에는 위에서 말한 두 가지 경향이 때로는 서로 반대 방향으로 움직이는 듯 보였다. 섹슈얼리티에 대한 법적 통제 같은 영역에서는 우파적 사상이 흔히 득세했지만, 동시에 사람들은 그 전 20년간 형성돼 온 [성적으로] 더 '방종한' 생활을 그만두지도 않았다. 그래서 1990년대 초에는 학교에서 "동성애 조장"을 금지하는 지방정부법 제28조가 제정되는 등 지독한 조치들이 시행됐지만, 다른 한편으로는 (적어도 런던이나 맨체스터 같은 대도시에서는) 공개적인 동성애자 공동체가 더 커지고 많아졌다. 정부 각료들은 가족의 소중함을 열변했지만 결혼 건수는 역대 최저치로 떨어졌고, 전통적인 모습의 가족을 이루지 않는 사람들이 그 어느 때보다 많아졌다.

이런 변화에는 매우 중요한 여러 특징들이 결부돼 있었다. 성관계와 섹슈얼리티가 꼭 출산을 전제로 하지 않는다는 생각이 널리 퍼졌고, 그래서 사람들은 왜 자기 마음대로 성적 즐거움을 누리면 안 된다는 것인지, 당사자들 말고 다른 사람들이 도대체 무슨 상관이라고 감 놔라 배 놔라 하는 것인지를 자연스럽게 묻기 시작했다. 그 이전 세대에게는 여러 성적 실험을 가로막는 온갖 물리적 제약이 있었지만, 1980년대와 1990년대에는 그런 제약이 크게 줄어들었다. 젊은

이들은 이전 세대보다 더 늦게 직장을 구하는 경향이 있었다. 학생수는 지속적으로 팽창했고, 고등교육을 받는 학생들의 다수는 부모와 떨어져 살게 됐다. 그리고 젊은 학생들은 돈은 없을지 몰라도 자신의 섹슈얼리티를 발견할 시간과 기회는 있었다. 또한 대체로 청년들은 자신의 조부모나 부모보다 더 많은 시간과 돈과 독립성이 있었다. 이런 변화는 젊은 여성에게 특히 중요했다. 대학과 직장에서 지위가 큰 틀에서는 젊은 남성과 거의 대등한 경우가 많아지고 원치않는 임신을 피할 수 있게 되자, 여성들도 성에 대한 관심을 표출하게 됐는데, 많은 사람들에게 이것은 충격적인 일이었다. 여기서 새로운 점은 여성이 성에 관심이 있다는 사실 자체가 아니라, 이제는 여성들이 관심을 실제 실천으로 옮길 수 있는 능력을 갖게 됐다는 점이었다. 여성들은 이런 상황에서 그들이 법적·재정적으로만이 아니라 성적으로도 남성과 동등한 처우를 받을 권리가 있음을 당당하게 주장했다.

너무 멀리 간 것인가?

21세기 초가 되자 사랑·결혼·섹슈얼리티에서 이제 확고하게 굳어진 추세가 있다는 점을 분명하게 보여 주는 징후들이 나타났다. 혼전 성관계를 삼가는 것은 더는 일반적인 규범이 아니게 됐고, 결혼할 때까지 "아껴 두는" 사람들은 점점 더 소수가 돼 갔다.[66] 결혼 자체도 극적으로 변화했다. 앞에서 살펴봤듯이 19세기의 일부 시기와 20세기의 대부분 시기에는 혼전 성관계가 금기시됐지만, 이제는 관계가 깨지더라도 (특히 자녀가 없는 경우에는) 양쪽에 거의 아무런 사회적 제재가 없는 일종의 "결혼 연습"이 널리 퍼졌다. 영국의 초혼 여성 중 결혼 전에 배우자와 장기간 동거를 한 여성은 1950년대에는 1퍼센트에 불과했지만, 1980년대 초에는 21퍼센트로 증가했다.[67] 1933~1942년 미국에서 출생한 남성의 84.5퍼센트, 여성의 93.8퍼센트는 결혼 전에 배우자와 동거 생활을 하지 않고 결혼했는데, 불과 30년 뒤인 1963~1974년 출생자에서는 이 수치가 남성의 3.3퍼센트, 여성의 35.3퍼센트로 급락했다.[68] 존 길스가 지적했듯이 "이 새로운 형태의 동거는 예전의 약혼과 비슷한 점이 많았다. 이것은 혼인 관계로 전환되는 긴 의례였고 커플이 마침내 스스로 어머니와 아버지로서 어른의 세계에 진입할 시기가 됐다고 판단됐을 때 최종적인 의식을 통해 종결됐다."[69]

성과 섹슈얼리티에 대한 담론 또한 더 공개적으로 변해 가는 경향이 있었고, 성 행동도 더 광범해지고 다양해졌다. 여기에는 세대 간에 뚜렷한 차이가 있었다. 1950년대에 성생활을 시작한 여성 중 평생 동안 열 명 이상의 상대와 성관계를 한 여성은 3퍼센트에 불과했지만, 1970년대에 성생활을 시작한 여성 중에는 10퍼센트가 그랬다.[70] 1990년대 초에 실시된 설문 조사에서 45~59세 연령층의 절반이 처음 성관계를 한 이유로 "사랑"을 꼽았지만, 이 수치는 연령이 낮아짐에 따라 하강했고, 16~24세 여성은 37.5퍼센트만이 사랑 때문에 첫 성관계를 했다고 대답했다.[71] 구강성교에 대한 태도도 변화했다. 1990년대 초에 실시된 설문 조사 결과, 구강성교 경험이 있는 사람의 비율은 18~24세에서도 45세 이상에서보다 많았다. 즉, 구강성교를 한 적이 있는 사람은 18~24세에서는 76.7퍼센트였고, 25~34세에서는 87.8퍼센트로 증가했다가, 45~59세에서는 61.8퍼센트로 떨어졌다. 실제로 구강성교는 삽입 성관계와 비슷한 수준으로 이뤄지는 것으로 보인다. 16~24세 연령층에서는 삽입 성관계를 한 적이 있는 사람 중 85퍼센트가 구강성교도 했다. 미국에서는 삽입 성관계를 한 경험이 없는 사람 중에서 구강성교를 하는 비율이 증가하는 것으로 보이는데, 삽입 성관계를 한 적 없는 젊은 남성의 25퍼센트와 젊은 여성의 15퍼센트가 입으로 성기 자극을 하거나 받은 적이 있었다.[72] 할리우드 영화에서는 대체로 남성이 여성에게 "입으로 해 달라고" 요구하는 듯 묘사되지만, 실제로는 거의 대부분 서로 구강성교를 주고받는 것으로 보인다.[73]

그러나 이 모든 것에도 불구하고, 오늘날 광범하게 퍼져 있는 섹슈얼리티의 표현들은 도저히 성 해방이라고 할 수 없다. 성과 섹슈얼리티를 그리며 우리에게 판매되는 특정 이미지들은 폭력, 지배와 복종, 강간 등의 이미지로, 남성과 여성에 대한 고정관념을 따르고, 불평등한 태도나 억압적 관계를 강화한다. 성을 바라보는 지배적 시각은 평등이나 개방성과는 거리가 멀다. 성은 어떤 식으로 표현되든 시장에서 사고팔리는 상품으로 여겨진다. 포르노, DVD, 잡지, 랩댄스 클럽, 폰 섹스, 선정적 사진이 실린 남성 잡지, 남성 스트리퍼, 총각 파티와 처녀 파티를 위한 여흥 서비스, 인터넷 섹스, 섹스 파트너를 구하는 잡지 광고들, 값비싼 여성 속옷, 섹스 토이, 고가의 자위 기구 등은 그중 일부일 뿐이다. 이것들은 대부분 공개적으로 광고되고 돈만 있다면 쉽게 구할 수 있으며, 지난 20년 동안 수백만 파운드를 벌어들이는 거대한 비즈니스 품목으로 성장했다. 이런 상품들은 대부분 성과 섹슈얼리티에 대한 개방성과 인식이 확대된 상황을 이용해 팔려 나가며, 많은 경우 한때는 금기시되던 성적 즐거움을 느끼는 더 에로틱한 세계로, 과거의 고정관념에서 벗어나 해방된 세계로 인도해 줄 것이라고들 넌지시 말한다.

그러나 이 약속이 지켜지는 경우는 거의 없다. 이런 상품과 서비스에 상당한 돈이 지불되지만, 소비자들과는 동떨어져 있다. 그저 영화 속, 전화 반대편, 우중충한 무내 위, 컴퓨터 화면 속에만 머물러 있는 것이다. 성적 관계에서의 다정함이나 사랑이나 친밀함은 빠져 있다. 낡은 성차별적 행동은 이제 재미라는 옷으로 치장하고 여러 영역에 여전히 존재한다. 옛날의 지저분한 스트립 클럽은 이제 기업가들과 출장 온 금융인들이 방문하는 고급 랩댄스 클럽으로 재탄생했다. 손님 중에 여성도 있다는 점이 이런 문화적 변화를 정당화해 주는 것처럼 보인다. 영국에 있는 200개의 클럽들은 "여성을 조금도 착취하지 않고 여성에게 전혀 피해를 주지 않는다고 여겨지는 성 산업의 한 분야를 발명"한 것으로 여겨진다.[74] 그러나 랩댄스 클럽은 과거의 착취적 스트립 클럽이나 사창가의 틀을 깬 것이 아니다. 단지 신용카드로 비용을 지불하는 고객들을 위해 포장을 달리한 것뿐이다. 단지 성적 개방성의 확대를 이용해 이윤이 추구된다는 점 때문에 섹슈얼리티의 상품화에 반대하는 것만은 아니다(물론 그역시도 마땅한 이유이지만 말이다). 문제는 남성과 여성에게 즐거움을 줘야 할 인간관계가 고깃덩어리나 중고차처럼 가격표가 붙은 상품으로 변질된다는 것이다. 이 과정에서 그런 상품을 생산하고 전시하는 데 직접 관여한 여성과 남성은 물론이고 우리 모두의 존엄이 훼손된다. 섹슈얼리티가 인간관계의 자연스러운 표현이 되지 못하고 일련의 사물이자 상업적 관계로 변질되기 때문이다.

성 해방의 핵심으로 성적 자유를 위해 운동하고 원하는 대로 마음껏 읽고 시청할 권리를 요구했던 여성들에게는 섹슈얼리티에 관한 이런 변화가 복잡한 심정을 불러일으킨다. 여성의 성적 자유가 신장된 상황으로 다른 누군가가 이득을 누리고 있다는 느낌을 지울 수가 없는 것이다. 젊은 페미니스트 작가인 아리엘 레비가 그녀의 책 《여성 우월주의자》에서 지적하길, 포르노 연기자와 스트리퍼와 랩댄서가 우리 시대의 성과 섹슈얼리티를 규정하는 듯하며 그들이 여성의 롤 모델, 적어도 여성에게 강요되는 롤 모델이 되고 있다.

여성 섹슈얼리티에 대한 저속하고 난잡한 고정관념이 얼마 되지도 않은 과거로부터 부활해 남녀 모두가 그것에 맛을 들이게 된 듯하다. 이제 우리는 그것에 대해 생각조차 하지 않는다. 어디에서나 여자들이 몸을 드러내고 옷을 벗고 신음하는 모습을 보는 것을 당연히 여긴다.[75]

다시 말하지만, 만약 여성이 성적으로 자신을 표현하는 것뿐이라면 아무 문제도 없다. 그러나 여성은 기업가들의 상상 속에서 남성이 여성에게 원할 법한 행동을 하라고 요구받는다. 실제로는 남성이 원하는 것이 전혀 아닐 수도 있는데 말이다.

오늘날 여성들은 자신이 원하는 대로가 아니라 남성이 바라는 방식으로 '적극성'을 발휘하라고 촉구받는다. 예를 들어 성관계할 때 더 많은 흥분을 표출하라거나, 오랫동안 남성들이 '섹시하다'고 여겨 온 성적 행동을 '나서서' 하라거나, 도발적인 옷을 입고 '섹시하게 행동'하라는 것이다.[76]

이것들 중 어떤 것은 일부 남녀에게는 성적 만족을 극대화해 주는 장치일 수도 있겠으나, 이것들이 성 상품을 판매하는 자들의 성 관념을 표현한다는 것 또한 우연이 아니다.

우리는 야한 속옷을 입고 욕정에 사로잡힌 척하는 조용하고 여성스러운 여자에 왜 그렇게 집착하는지를 스스로에게 물어봐야 한다. 이것은 진보의 표식이 아니다. 이것은 인간의 섹슈얼리티가 매우 복잡하고 강력함에도 불구하고 우리가 그것을 제대로 이해하지 못하고 있음을 보여 주는 증거다.[77]

"예쁜이"나 "나쁜 년"이라고 쓰여진 티셔츠를 입고 있는 젊은 여성들은 영악한 포스트모던적 아이러니를 표현하는 것일 수도 있지만 언제나 그렇게 보이는 것만은 아니다. 우리는 다음과 같은 말을 듣는다. 예전에 남자가 여자에게 했던 것처럼, 그러니까 바에서 작업을 걸어서 하룻밤을 보낸 후에 다시는 연락도 하지 않는 식으로 여자가 남자에게 작업을 거는 것이 멋지지 않느냐고 말이다. 그렇다. 그것이 전보다 낫기는 하다. 그러나 우리가 도달할 수도 있는 더 나은 남녀 관계에는 여전히 한참 미치지 못하고 때로는 그렇게 멋진 것도 아니다. 성적 자유가 오히려 여성에게 불리하게 작용하고 더 큰 규모로 여성을 공격하는 구실로 사용되기도 한다. 지난 30년간 강간을 대하는 태도의 변화가 그 사례다.

강간

여성운동이 전개되고 여성의 권리에 대한 인식이 보편적으로 고양되던 1970년대 초 이전에는 강간이 정치적 쟁점으로 여겨지지 않았다. 일련의 유명한 사건들로 판사 등 법조계 인사들이 성폭력 피해자가 문제를 자초한 것처럼 여기고 있음이 널리 드러난 후 강간은 정치적 쟁점이 됐다. 북아일랜드의 한 젊은 여성인 노린 윈체스터는 자신과 여동생을 상습적으로 강간한 아버지를 살해해 투옥된 뒤 여성운동의 상징이 됐다. 17세 여성을 강간한 근위병을 "강한 성적 욕망에 사로잡혀" 자제하지 못했을 뿐이라는 이유로 풀어 주는 판결이 내려지자 더 큰 분노가 폭발했다. 1970년대 말에는 요크셔 리퍼라는 별명의 연쇄살인범이 리즈와 그 인근 마을에서 성매매 여성들을 수 년 동안 살해했지만 경찰이 그를 검거하지 못하자 연쇄살인이 큰 정치적 쟁점이 됐다.[78]

이를 포함한 유사한 사건들을 거치며 강간 사건을 다루는 경찰의 수사 절차와 법률이 개정됐다. 최초의 강간위기센터가 1976년에 문을 열었으며, 수전 브라운밀러의 책 《우리의 의지에 반하여》가 여성운동의 핵심적 저작이 됐다. 브라운밀러의 이론적 틀과 주장에 대해, 특히 강간이 "모든 여성을 공포의 상태로 몰아넣기 위한 모든 남성의 의식적 위협 과정"이라는 주장에 대해서는 여러 비판을 할 수 있겠지만, 그녀의 책은 전쟁과 인종차별적 지배라는 사회적 맥락 속에서 강간을 파악하고자 애쓴 진지한 연구라는 점에서 의미가 있다.[79] 최근에는 브라운밀러 같은 주장에 대한 반발이 있었는데, 이것은 그런 시각을 추동했던 급진 페미니즘이 쇠퇴한 결과이기도 하지만, 여성의 성 행동에 대한 비판이 커진 결과이기도 하다. 케이티 로이피의 《그 다음날 아침》은 '데이트 강간'이라는 개념 자체를 공격한다. "만약 정말로 내가 [데이트 강간의] 창궐이라는 위기 한가운데 있고, 정말로 나의 여성 친구들 중 25퍼센트가 강간을 당하고 있다면, 내가 그것을 모르겠는가?"[80] 케이티 로이피는 함께 마음 아파하며 기댈 어깨를 내어 줄 친구는 되지 못할 듯하다. 특히 그녀는 "누군가에게는 그저 운 나쁜 밤이 다른 누군가에게는 강간으로 느껴지는 모호한 회색 지대가 존재한다"는 시각으로 보기 때문이다.[81] 남성이 강간 혐의에 대해 무죄 판결을 받은 유명한 사건들은 여성이 강간을 자초했다는 시각을 뒷받침하는 근거로 사용됐으며, 당국과 언론은 여성의 성적 행실을 비난하는 데 열을 올렸다.

그래서 수레바퀴는 한 바퀴를 돌아서 제자리로 돌아왔다. 30년 전 여성들은 '자극적인' 의상을 입어서 강간을 자초했다고 비난을 받았다. 이제 여성들은 성적으로 여지를 주는 태도로 강간을 자초했다고 비난을 받는다. 여성들이 '자극적인' 의상을 입고 술집이나 호텔에서 남자를 만날 태세가 돼 있기 때문에, 강간범들 — 여성에게는 서로 동의하는 사람과 함께 잠자리를 할 권리가 있다는 말을 여성들이 그 누구와도 함께 잠자리를 하는 것에 동의한다는 말로

착각하는 자들 — 에게 무방비 상태로 보인다는 것이다.

이런 이데올로기적 변화의 결과는 강간 사건에 유죄판결이 내려지는 비율이 역대 최저라는 점에서 찾을 수 있다. 강간당했다고 난리 치면서 남자들 인생 망치는 여성들에 대해서는 말이 많지만, 많은 여성들이 강간을 당하고도 신고하지 못한다는 사실이 눈에 띄게 보도되는 일은 무척 드물다. 어떤 여성들은 신고하기를 수치스러워 하고, 어떤 여성들은 아무도 자신을 믿어 주지 않을 것이라고 생각하고, 어떤 여성들은 경찰과 법원이 자신의 편이 아닐 것이라고 생각한다. 통계를 살펴보면 그런 생각에 동의하지 않기가 힘들다. 강간 신고 건수는 그 어느 때보다 많으며 신고된 강간 사건은 2001년 9734건에서 2005년 거의 4000건 가까이 증가해 1만 3712건이 됐다. 그러나 피의자가 유죄판결을 받은 비율은 6.57퍼센트에서 5.31퍼센트로 떨어졌다.[82] 신고된 강간 사건 중 3분의 2는 수사 단계를 넘어가지 못하며, 사건이 재판까지 가더라도 3분의 1에서 절반가량은 무죄판결이 나온다. [처벌받는] 비율이 너무나 낮아서 강간을 저지르고도 그냥 빠져나갈 수 있는 확률이 대단히 높다.

이중 구속

성적 자유는 여성이 남성과 그저 똑같아진다는 의미가 결코 아니다. 만약 그렇다면 그것은 여성에게 남성의 성적·사회적 특성들을 많이 받아들이라는 요구일 것이다. 성적 자유란 남성과 여성이 변화해 인간의 섹슈얼리티가 편견이나 차등 없이 정말로 평등해진다는 의미다. 20세기 성 해방의 한계는 바로 이것이 이뤄지지 못했고 여성의 성적 표현이 대체로 남성을 모방하거나 대체하는 형태였다는 점이다. 그렇다면, 40년 동안 해방운동이 일어나고 성적 개방성이 확대됐는데도 성 해방이 여전히 요원한 이유는 무엇일까?

한 가지 이유는 자본주의 사회가 성적 억압을 지속적으로 만들어 내며 그 결과 이중 잣대가 생겨난다는 사실이다. 성은 인간의 가장 강렬한 감정 중 하나이고 인간의 생식에서 핵심적인 행위지만, 자본주의하에서는 개방적이고 진솔한 논의가 지속적으로 차단된다. 성과 섹슈얼리티에 대해 매우 개방적이라는 오늘날 영국에서조차, 성에 관한 논의는 흔히 고정관념에 차 있거나 상업화된 '공허한 언어'가 사용된다. 우리는 많은 사람들이 자신의 섹슈얼리티를 자유롭게 말하지 못한다는 것을 알고 있다. 우리는 사회·가족·직장·종교 때문에 자신이 동성애자임을 숨겨야 한다고 생각하는 많은 게이와 레즈비언에게는 툭 터놓고 말하는 것이 가능하지 않다는 것을 알고 있다. 많은 사람들이 여전히 성과 섹슈얼리티와 성병에 무지하다. 많은 사람들이 자신의 신체에 대해 잘 모르거나 무심하다. 젊은 이들은 끊임없이 성적 이미지를 접하지만, 그들이라고 섹슈얼리티에 대해 이야기하는 것이 더 편안한 것만은 아니다. 개방과 억압이라는 양면적 이미지가 미디어, 정부, 사회제도를 동시에 거치며 투사된 결과, 좋게 말하자면 혼란이 있고 정확히 말하면 성에 대한 왜곡된 시각이 판친다. 결혼 생활의 신성함을 내세우며 성적으로 보수적인 정책을 내건 조지 부시가 미국의 대통령으로 재선한 2004년 11월 텔레비전에서는 [미국 중산층 주부의 다양한 성생활을 적나라하게 다룬] 〈위기의 주부들)이 시청률 2위의 프로그램이었다.[83] 우리가 성에 관해 더 많은 이야기를 나누고 더 많은 영상을 보고 그저 모두가 좋은 시간을 보내고 있다고 믿을수록 문제를 인정하는 것은 더더욱 어려워진다. 그리고 이것은 우리의 원래 목표와는 완전히 반대된다.

사회에 섹슈얼리티의 이미지들이 넘쳐나지만, 많은 성적 관계들에는 진정한 만족이 결여돼 있다. 노동자들이 진정으로 자유로운 관계를 누릴 수 없는 조건에 처한 사회에서 이런 부조화는 필연적이다. 오늘날 우리 사회에는 포르노 영상과 성인 잡지가 널리 퍼져 있는데, 그 자체가 상품화된 관계를 만드는 것은 아니다. 그것들은 상품화된 관계가 21세기 초에 특정하게 표현된 결과물이다. 자본주의는 진정한 인간관계를 파괴하고 왜곡해서 그것을 인간과 인간의 관계가 아니라 사물과 사물의 관계로 전락시킨다. 지난 200년 동안 예술과 문학은 돈과 부유함과 그에 대한 숭상이 사랑과 인간관계를 어떻게 파괴하는가 하는 주제를 끊임없이 다뤄 왔다. 카를 마르크스는 그 파괴 과정을 "소외"라고 일컫는다. 노동자들이 만든 상품이 그들로부터 박탈돼, 무언가 낯선 것, 자유 시장에서 거래되는 물품으로 그들 앞에 선다는 것이다. 노동은 사람들의 삶에 내재한 것이 아니라 외부적인 것으로 보이게 된다.

노동자는 노동을 할 때 자신을 긍정하는 것이 아니라 부정하고, 비참함과 불행을 느끼며, 자유로운 신체적·정신적 에너지를 발전시키는 것이 아니라 자신의 육체를 구속하고 정신을 파괴한다. 그러므로 노동자는 오직 노동하지 않을 때만 편안함을 느끼고, 노동하는 동안에는 자기 자신으로서 존재하지 않는다. 노동자는 일을 하지 않을 때는 편안하지만, 일을 할 때는 편안하지 못하다.[84]

성적 관계는 노동의 세계에서 풀려난 해방감을 주는 주된 요인일 것이다. 그런데 섹슈얼리티 자체도 사람들이 겪는 소외의 일부가 되고 있다. 사실 사람들이 노동과정을 포함해 삶의 모든 부분을 통제하지 못하기 때문이다. 여기서 두 가지 문제가 발생한다. 첫째 문제는 노동을 벗어난 세계가 소비와 성적 관계로 점차 축소된다는 점이다. 마르크스는 다음과 같이 지적한다.

노동자는 자신이 동물적 기능, 즉 먹고 마시고 아이를 낳고 기껏해야 살 곳과 의복을 마련하는 행위를 할 때만 자유롭게 행동한다고 느낀다. 인간적 기능을 할 때는 자신이 마치 동물이 된 것만 같다고 느낀다. … 물론 먹고 마시고 아이를 낳는 것은 분명히 진정한 인간적 기능이다. 그러나 다른 모든 인간 활동의 영역에서 분리돼서 최종적이고 유일한 목적이 된다면, 그것은 동물적 기능이다.[85]

노동 바깥의 삶에서 중심적인 제도인 가족은 소비와 성적 활동과 출산의 기능을 수행한다. 그러나 가족은 소외에서 벗어난 완전한 해방구가 아니고, 임시 피난처조차 되지 못할 때도 있다. 왜냐하면 노동의 요구, 노동에 대한 압력과 급여 수준은 노동자 개개인의 집까지 쫓아와서 가정생활에 심대한 영향을 끼치기 때문이다.

둘째 문제는 섹슈얼리티와 사적 관계 자체가 소외를 겪는다는 점이다. 우리가 마주하는 성적 관계는 무언가 동떨어져 있는 것, 아무도 도달할 수 없는 끊임없는 갈망이다. 성적 개방성이 증가하고 한때 노동계급을 옥죄던 여러 종류의 금기가 사라졌다는 면에서는 성 해방이 가까워졌다고 할 수 있을지 몰라도, 인간 해방의 다른 형태들과 마찬가지로 성 해방도 여전히 요원하다. 이것이 바로 성 혁명의 핵심에 놓여 있는 난제로, 더 넓은 사회변혁을 통해서만 해결할 수 있다.

3장

가족: 가장 행복한 곳, 가장 끔찍한 곳

"행복한 가족은 모두 비슷한 모습이지만, 불행한 가족은 각자의 방식으로 불행하다."[1] 레프 톨스토이의 소설 《안나 카레니나》의 첫 문장은 가족에 대한 우리의 양가적 감정을 요약적으로 보여 준다. 가족은 사람들이 꿈꾸는 사랑과 행복을 제공하며 모든 가족 구성원의 삶을 풍요롭게 해 준다. 그러나 동시에 그런 이상에 이르지 못하는 수많은 사례가 있으며 사람들은 가족 관계에서 불행·슬픔·비통·절망에 휩싸이기도 한다. 불행히도 삶은 톨스토이가 묘사한 것보다 좀 더 복잡하다. 한 가족 내에서 격렬하고 모순적인 수많은 감정들이 교차하기도 하고 심지어 때로는 한 사람이 그 모든 복잡한 감정들을 느끼기도 한다.

이런 모순이 가족 자체의 핵심이다. 가족은 사회 속에서 희로애락과 보살핌을 주는 장소이자 각박한 세상에서 힘든 일이 있을 때 의지할 보금자리이며, 가족 없는 사람들은 가족을 꾸리기를 간절히 바란다. 가족은 울타리 바깥의 험난한 삶으로부터 구성원을 보호하고, 아이를 먹이고 입히고 사회화하고 보듬으며, 늙거나 병든 구성원을 보살피는 사회의 한 단위다. 어쨌든 지금의 사회에서 가족 없이 살기는 상당히 막막하다. 길거리에서 노숙을 하거나 '시설'에서 자라는 아이들을 생각해 보라. 가족 없이 사는 사람, 특히 독거노인은 아주 끔찍한 신체적·정신적 문제를 겪기가 쉽다. 그러나 가족은 또 다른 모습도 있다. 가족은 행복을 가져다주지 못하는 불완전한 제도이자 많은 사람들의 감정과 희망이 때로는 끔찍한 방식으로 억압되고 부정되는 장소이기도 하다. 극단적인 사례로는 살인 사건과 아동 학대의 다수가 가족 내에서 발생한다는 충격적인 사실이 있다.[2] 또한 가정 폭력이 전체 폭력 범죄 중 16퍼센트를 차지한다고 추산되는데, 영국에서는 일주일에 2명의 여성, 1년에 30명의 남성이 가정 폭력으로 목숨을 잃는다. 전 세계적으로 보면, 19~44세 여성이 겪는 건강 문제의 가장 큰 요인은 가정 폭력으로, 암·교통사고·전쟁보다도 더 심각한 요인이다.[3]

가정 폭력은 오랫동안 사생활 문제로 치부됐으며 경찰과 사법제도는 관여하기를 꺼렸다. 부부 강간은 범죄로 여겨지지 않았고, 아동 구타는 아주 극단적인 경우만 금지됐을 뿐이다. 근친상간이나 심각한 신체적·성적 학대는 위계적 상하 관계와 성적 억압에 기반을 두며 자녀를 부모의 소유물로 간주하는 가족제도의 당연한 결과라기보다는 여전히 비교적 드물고 이례적인 사건으로 여겨진다. 아버지가 자기 자녀를 모두 살해하는 끔찍한 사건이 흔히는 결혼 생활의 파탄과 함께 발생하는데, 이런 사건은 아버지가 스스로 보기에 가장과 부양자로서 제구실을 못한다고 여길 때 느끼는 일종의 권위주의와 연관돼 있는 경우가 많다.

이처럼 우리는 모두 특이하고 모순적인 이 가족제도 속에서 태어나고 (대체로는) 그 속에서 살아간다. 가족은 사랑·돌봄·연대·애정의 장소인 동시에 신체적·정신적 학대, 가정 폭력, 쉬쉬하는 부끄러운 일과 비밀이 생겨나는 곳이자 꿈과 소망을 짓밟아 놓는 원천이기도 하다.

가족의 변화와 재편

가족제도는 이런 결함에도 불구하고, 사회가 가하는 그 모든 압박에도 불구하고 왜 지속되는 것일까? 가장 흔한 시각은 가족이 언제나 존재했기 때문이라는 것이다. 그러나 이것은 사실이 아니다. 인류사의 초기에, 즉 계급과 사적 소유가 발달하기 이전에는 가족 구조가 존재하지 않았다.[4] 그리고 오늘날 가족의 모습은 1000년이나 2000년 전, 심지어는 500년 전 가족과도 공통점이 별로 없다.

가족제도가 수천 년 동안 존재하기는 했지만, 언제나 지금 같았던 것은 아니다. 가족제도는 그것이 존재한 대부분의 시기에 구성원들의 생계와 복지에서 핵심적인 경제적 역할을 수행했다. 인류사의 대부분 시기에 가족은 농업에 기반을 뒀다. 노동은 재생산이나 양육과 분리되기는커녕 그 핵심적 일부였다. 여성은 양육의 대부분과 집 주변에서 하는 생산적 노동의 일부를 담당하고 남성은 그와는 다른 노동, 흔히 이동을 많이 하는 일을 담당하는 노동 분업이 항상 있었다. 그러나 두 종류의 노동 모두 여전히 농사 짓는 가정에 중심을 뒀다.

그러나 최근 수백 년 동안 자본주의 체제가 발전하면서 이 모든 것이 변했다. 자본주의는 처음에는 유럽과 북미의 일부 지역에서 발전하기 시작해 전 세계로 퍼져 나갔다. 공장에서의 상품 생산을 기반으로 한 자본주의는 시장에서 노동력을 팔아야만 살아갈 수 있는 임금노동자 계급을 창출했다. 이런 변화 탓에 전통적인 가족은 유지될 수 없었다. 자본주의의 한 가지 특징은 집과 일터를 분리한 것이었다. 가족 구성원들은 더는 집이나 그 주변에서 생계를 일굴수 없게 됐고 그래서 노동시장의 일부가 됐다. 가정은 더는 생산의 장소가 아니었다. 예를 들어 옷감을 짜고 치즈를 만들고 레이스 장식을 뜨는 일은 모두 가내에서 이뤄지지 않게 됐고 대신 공업 제조시설에서 상품 생산 과정을 거쳤다. 예전에는 그런 물건들을 직접만들었던 사람들이 이제는 임금으로 물건을 구입하게 됐다.[5]

공장제 발전의 초기 특징은 가족 구성원이 죄다 시장에서 자기노동력을 판매했다는 것이었다. 즉, 남성과 여성, 그리고 아이들이일을 하러 나갔다. 그래서 어떤 사람들은 노동시장이 가족 구성원들을 서로 떼어 놓기 때문에 노동계급 가족이 해체되고 있다고 결론 내렸다.[6] 어머니가 집 밖으로 일하러 나가자, 나이 든 가족 구성원, 일을 하지 않는 아이들, 이웃, 심지어 랭커셔 섬유공업 지역에서는 푸딩을 만들어 팔던 사람까지도 모두 함께 그 빈자리를 메꾸려애썼다. 그러나 19세기 초 산업 노동계급 가족의 상황은 실로 처참했다.

이런 [가족 모두가 일을 하는] 패턴에서 벗어나려 하면서 가족은 재확립됐는데, 그 새로운 기초는 남성 임금노동자와 여성 가정주부로이뤄진 이상이었다. 남성 부양자를 중심에 둔 핵가족으로 가족이 재형성된 데는 두 가지 필요가 함께 작용했다. 첫째로 멀리 내다볼 줄

아는 고용주들은 그것이 자본의 필요에 부응하는 장기적 해결책이라고 봤다. 즉, 현재의 노동자 세대가 생산성을 유지하며 장기적으로 계속 이윤을 가져다주기 위해서는 그들의 의식주가 해결돼야 했고, 다음 세대의 노동자들을 양육할 필요도 있었다. 고용주들이 현존 노동력을 완전히 소진될 때까지 부려 먹는 선택지나 사회가 노동자와 그 자녀들을 부양하는 선택지도 있었을 것이다. 그러나 전자는 체제를 유지할 수 없는 방안이었고, 후자는 그들로서는 도저히 상상조차 할 수 없는 방안이었다. 이런 상황에서, 새로운 가족 구조는 현재와 미래 세대 노동자들을 부양할 부담을 노동자들 스스로에게 떠넘기는 값싼 처방이었다.

그러나 노동계급 또한 가족을 새로운 기초 위에 되살리는 것을 지지했는데, 이것은 공업 생산이라는 새로운 세계 속에서 어느 정도의 안식처를 찾기 위한 노력의 일환이었다. 이 노력은 초기에는 광산이나 공장에서 아동노동을 금지하라는 요구를 지지하는 형태로 나타났다. 그 다음으로는 여성을 특정 유형의 노동에서 보호해야 한다는 요구가 나타났고, 이에도 별다른 이견이 없었다. 그래서 특정 산업에서 여성과 아동 고용을 금지하는 법률이 제정됐다. 어떤 공장주들은 이런 입법을 지지했고, 어떤 공장주들은 펄펄 뛰며 반대했다. 여성이 노동에서 배제된 과정은 처음부터 끝까지 논쟁거리인데, 일부 페미니스트들은 관련 입법이 여성을 가정으로 밀어 넣기 위해 남성 노동자와 남성 공장주가 짜고 벌인 음모로 일어난 일이라고 본다. 이 주제에 관해서는 뒤에서 더 자세히 다루겠다.[7] 그러나 어느 정도는 노동계급이 스스로 가족이 위기에 처해 있다고 인식하고서

생활수준을 높이고 가족을 지키기 위해 의식적으로 이런 선택을 했다는 것은 분명한 사실이다. 여성과 아동이 특정 노동을 하지 않도록 보호해야 하고 아내와 자녀를 부양하기에 충분한 가족 임금이 지급돼야 한다는 요구에 많은 노동계급 남성이 공감했고, 노동계급 여성도 마찬가지였다는 것에는 의심할 여지가 없다. 그 요구는 노동자들에게 인간다운 생활수준을 쟁취하는 싸움의 일부로 여겨졌다.[8]

이렇게 해서 다시 확립된 가족은 새로 등장한 공장 노동자들을 규율하는 수단으로 강요된 면도 있었고, 동시에 현대 공업 체제의 가혹한 현실 속에서 피난처를 찾으려는 노동자들이 널리 받아들인 면도 있었다. 이제 사람들은 노동하기 위해서가 아니라 노동의 세계로부터 벗어나기 위해 가족으로 모여 함께 시간을 보내게 됐다. 이런 목표를 조금이라도 달성하는 것은 안정되고 행복한 가족이라는 빅토리아 시대 최고의 이상에 다가가는 일이었지만 동시에 결혼한 여성이 가정으로 되돌아가는 것을 뜻하기도 했다. 1870년경부터 여성이 집 밖에서 고용되는 비율은 떨어지기 시작했다.[9]

이 모든 것은 가정생활에 대한 찬양("집 나서면 고생"이라거나 "세상에 내 집만 한 곳은 없다"는 문구가 새겨진 장식품들이 노동계급 가구의 벽과 벽난로 위에 등장한 것은 19세기 후반부였다), 경직된 결혼 제도에 대한 찬양, 아버지는 강력한 가장이고 어머니는 부엌과 요람을 담당한다는 위계적 가족 질서에 대한 찬양을 부추기는 경향이 있었다. 노동계급의 다수가 받아들이기도 한 이런 시각은 중간계급 가족이나 더 정확히는 상류계급 가족의 모습을 이상처럼 여겼다. 그런 가족에서 여성과 남성의 역할은 매우 칼같이 구분됐는데, 여성은 집을 꾸미는 장식품 같은 존재로 간주됐고, 중요한 공무나 산업 활동은 남성의 전유물로 여겨졌다. 한 역사가는 여성의 지위에 대해 다음과 같이 썼다. "그런 가족을 꾸릴 형편이 되는 모든 사람들 — 어쨌든 중요한 것은 그들이었으므로 — 이 보기에 여성이 있어야 할 곳은 집이었다."[10]

여성들이 전적으로 집에만 머물러 있었던 것은 결코 아니었다. 여성들은 집에 있더라도 돈을 벌기 위한 일을 지속하는 경우가 많았다(돈을 받고 빨래를 대신 해 주거나, 민박을 운영하거나, 소소한 물건을 만들어서 팔았다). 19세기에는 '노처녀'도 매우 많았다. 이 여성들은 결혼을 하지 않았고 그래서 혼자 힘으로 살 수밖에 없었는데, 대부분 극도로 빈곤했다. 결혼한 여성들도 남편이 사망하거나 돈 벌 능력이 없어지거나 가정을 버리고 도망가면 극도로 곤궁하게 살았다. 19세기 말에 고아원에 있던 아이들 대다수는 실제로 고아가 아니라 남편과 사별한 여성이나 간혹 아내와 사별한 남성의 자녀였다.[11] 일부 산업, 주로 랭커셔와 체셔의 섬유산업에서는 여성이 결혼 후에도 계속 일을 했는데, 그 결과 그들의 가정생활은 상당히 달랐고 이 여성들은 다른 여성과 뚜렷하게 구분될 정도로 경제적·사회적 독립성이 있었다.[12] 그러나 이런 사례가 있었음에도 새로운 가족 형태가 지배적이었던 것이 분명한 현실이었다. 또한 여성이 노동에서 벗어나 집으로 돌아가게 된 것은 여성의 패배라고 하지 않을 수 없었다. 이것은 남성 부양자 중심의 가족을 형성하려는 [지배층의] 의식적인 시도의 결과였고, 결혼 후에도 계속 일을 하고 싶어 한 여성들은 타격을 입었다. 이런 변화들이 낳은 결과는 단지 직접적으로 관련된 여성뿐 아니라 모든 여성에게 영향을 끼쳤는데, 그것이 이후 100년간 노동계급 가족의 양식을 규정했기 때문이다.

이런 면에서는 20세기 들어서까지도 거의 변화가 없었고, 이 모델에 따라 설계된 가족은 놀라울 정도로 시대 변화를 잘 견뎌 냈다. 시간이 흐르면서 여성들이 매우 제한적으로나마 교육적·직업적 성취와 기회를 획득한 것은 분명한 사실이다. 그러나 양차 대전과 그것이 고용·섹슈얼리티·결혼에 끼친 엄청난 영향에도 불구하고, 1950년대의 가족생활 양식은 반세기 전과 놀라울 정도로 비슷했다. 남성은 부양자이고 여성은 전업주부이거나 '용돈 벌이'로 시간제 노동을 할 뿐이라는 이데올로기, 무엇보다 핵가족을 중시하는 생각은 살아남았다. 그러나 1950년대 들어 그 전과는 확연히 구분되는 새로운 생활양식이 등장하면서 점진적이지만 궁극적으로는 심대한 변화가 일어났다. 기혼 여성들도 노동인구에 편입돼 처음에는 시간제로 일하다가 나중에는 전일제로 일했다. 여성들은 자신이 집 밖에 나가 있는 동안에도 가정이 잘 굴러갈 수 있다고 생각하게 됐다. 제2차세계대전 종전 이후 몇 년간은 여성이 아이를 낳고 나서야 일을 그만뒀다가 아이들이 자란 후에 시간제 일자리를 얻는 것이 흔했다. 오늘날에는 상황이 달라져 여성들이 출산 전에 전일제로 일하다가 아이를 낳으면 짧은 출산휴가를 보내고 전일제로 복직하는 경향이 있다. 능력이 좋은 여성은 특히 더 그렇다.[13]

1950년대부터 여성들은 점점 더 많이 고등교육을 받아 노동의 세계에 뛰어들 능력을 갖추게 됐다. 자본주의 최대의 호황기를 맞은 사람들은 남녀를 가리지 않고 일자리를 찾아 그 어느 때보다도 더 많이 이주했고, 때로는 지구 반대편까지 가기도 했다. 이 과정에서 이전의 가족 관계는 붕괴하거나 약화했으며 습관과 태도가 변화했다.

가족의 구실과 기능은 그 어느 때보다 더 전통과 멀어졌고, 특히 경제적 구실은 더욱더 사라져 갔다. 가족이 다른 구성원을 직접 돌보는 일은 점점 더 줄어들었고, 병원과 요양 시설이 환자와 노인을 돌보게 됐다. 자녀들은 학교에서 더 많은 시간을 보내고 그에 따라 더 오랜 기간 부모에게 경제적으로 의존했으며, 가족 바깥의 사회적 영역에 참여하게 됐다. 여성이 가족 바깥에서 사회적 역할을 수행하자 (그리고 돈을 벌자) 가정에서 쓰기 위해 그나마 약간씩 집에서 생산하던 것들도(케이크, 파이, 직접 만든 옷, 장식품 등) 시장에서 구입하는 상품과 서비스로 대체됐다(즉석 식품, 식기세척기, 패스트 푸드 등).

가족은 최고의 소비 단위가 됐다. 가족 구성원들은 모두 한마음으로 가장 인기 있는 내구소비재들을 갖고 싶어 한다. 어떤 자동차, 커튼, 휴대전화, 장난감, 와이드스크린 텔레비전, 세탁기를 살 것인지가 가족 모두의 관심사이며 특정 상표에 집착하는 경향도 늘어난다. 소비주의에 노출되는 시기가 어릴수록 무엇을 소유하는지를 기준으로 스스로를 규정하는 시기도 어려진다.

그러나 가족이 함께 쇼핑을 한다고 해서 반드시 더 가깝게 지내는 것은 아니다. 우선, 소비주의의 압력은 가족 내의 긴장을 더 악화시킬 수 있다. 가족 구성원 중 돈을 버는 사람이 두 명이든 세 명이든, 심지어 네 명이든, 각자가 사고, 사고, 또 사고 싶어 하는 그 모든 수요를 충족시키지는 못하기 때문이다. 가족에 가해지는 가장 큰 압력 중 하나는 노동시장인데, 노동시장이 가하는 압력으로 가족 내의 남녀는 서로 멀어지게 될 수도 있다. 지난 30년간의 산업 구조조정으로 사람들은 극심한 고통과 피해를 입었다. 공장이나 광산이 폐업했을 때 남성 노동자들이 계속 일하고 싶다면 새로운 직장을 찾아 떠날 수밖에 없었다. 이것은 부모와 자녀의 관계에도 막대한 부담을 가한다. 장시간 노동 후에 어린 자녀들과 '좋은 시간'을 보내기란 어려운 일이다.

그러나 오늘날에도 가족을 결속하는 내·외부의 압력이 있다. 앞에서 살펴본, 19세기 중반에 현대적 가족을 탄생하게 한 바로 그 요인이 오늘날에도 작용한다. 산업 생산이 물건을 더 값싸고 빠르게 공급하면서 가족 내에서 시장에 내다 팔 상품을 만들지 않은 지는 오래됐지만, 현재의 가족 구성원을 돌보고 다음 세대를 건강하고 사회화되고 교육받은 존재로 양육하는 데서는 여전히 가족만 한 것이 없었다. 그래서 가족은 매우 중요한 상품, 즉 노동력을 재생산하는 책임을 맡고 있다. 현 세대의 노동자들을 돌보고 그들에게 의식주와 의료와 여가 생활을 제공하는 것은 가족의 필수적 기능이다. 그런데 그보다 훨씬 더 중요한 것은 다음 세대를 재생산하는 것이다. 사람들은 가족 관계 속에서 아이를 낳아 돌보고, 사회화시키고, 가정교육을 시키며, 필요한 비용을 대고, 사랑을 주며 키운다.

이것이 누구에게 이득이 될까? 부모와 자녀가 모두 충만한 관계를 누리기도 하며 이것은 물론 좋은 일이다. 그런데 경제적 관점에서 보면 진짜 승자는 따로 있다. 바로 고용하는 계급이다. 그들은 18~21세의 새 세대 노동자들을 공급받는다. 그 노동자들은 나이 든 노동자들을 대체하기에 적합한 지식과 기술과 사회화된 태도를 지니고 있다. 이렇게 가족 구성원들과 지배계급 양측이 모두 얻는 게 있는 가족의 이중적 특성은 가족 관계를 해체하거나 약화하는 그렇게 많은 요인들이 줄지어 있음에도 가족이 여전히 지속되는 이유를 설명해 준다.

가족에 대한 여러 사회학적 분석들은 가족의 이런 두 측면을 보지 못한다. 가족을 그저 경제적 기능을 가진 제도로만 보거나, 단지 개인적 인간관계로만 취급한다. 둘 다 틀렸다. 가속이 자본주의에서 극히 중요한 [경제적] 구실을 한다는 것은 분명하다(특히 다음 세대 노동자를 재생산하는 데서 중요하다). 그러나 이것이 전부라면 사람들이 그렇게까지 가족 꾸리기를 열망하지는 않을 것이다. 결혼식장에서 하얀 드레스를 입고 입장하는 신부들 중에 자본의 이익을 위해, 혹은 다음 세대 노동자의 재생산을 위해 결혼을 한다고 생각하는 사람은 아무도 없다. 그들은 사랑하는 사람과 가정을 꾸리고 자녀를 두고 싶어서, 자신의 삶에서 사랑과 행복이 넘치는 공간을 만들고 싶다는 소망으로 결혼을 한다. 그러나 그들이 스스로 선택한 삶의 조건 속에서 결혼하는 것은 아니며, 경제적 제약과 사회적 압력이 끊임없이 가정의 문을 두드린다.

마르크스주의가 개인이나 개인의 욕망에 대해서는 설명하지 못한다고 주장하는 한 교과서는 많은 학술적 글의 도식적 특성을 보여 준다.

미시 사회학자들은 모든 사회생활이 — 가정생활을 포함해 — 그에 참여하는 사람들에게 의미가 있으며, 그 개인들이 분명 일정 정도는 자유의지와 독립성이 있다고 주장한다. 우리가 언제나 통제와 감시와 이데올로기의 수동적 피해자인 것만은 아니다.[14]

물론 우리는 수동적 피해자이기만 한 것이 아니다. 만약 그렇다면 정치 활동이나 토론은 아무 소용없는 일일 것이다. 그러나 가족 구성원 개인들이 더 넓은 사회적 맥락과 관계 없이 욕망을 느끼며 무언가를 선택할 뿐이라고 볼 수 없다는 점 또한 사실이다. 여기에는 계급·인종·이데올로기의 문제가 모두 작용한다. 직장 상사가 노동자의 노동강도를 높이는 문제든, 집값 때문에 직장 가까이 살 수가 없어서 불편한 대중교통을 이용해 더 멀리 출퇴근을 해야 하는 문제든, 나이 많은 친척이 생활하기 충분한 연금을 받을 수 있을지 아니면 고관절 수술을 받을 수 있을지의 문제든, 일상적으로 보이는 이 모든 삶의 현실들은 가족에 매우 심대한 영향을 끼친다. 선택, 자유의지, 독립성은 모두 많은 요인들에 의해 제약을 받는다. 아무리 사람들이 의식적으로 그런 제약을 극복하려고 애쓴다고 해도 말이다. 가족을 일면적으로 바라보면 가족제도가 소중한 안식처로 여겨지면서도 동시에 그런 희망이 물질적 현실이라는 바위에 부딪혀 산산조각 나는 장소이기도 하다는 점을 설명하지 못한다.

사랑과 결혼

"사랑과 결혼, 사랑과 결혼은 말과 마차처럼 함께 간다네" 하는 노래 가사가 있다. 1950년대에는 이렇게 생각하지 않은 사람이 아무도 없었다. 그 시절에 자란 세대에게 가정생활이란 항상 그런 모습이었던 것처럼 보였다. 물론 사람들에게는 숨기고 싶은 비밀이 있었다. 미혼 자녀가 낳은 아이를 자기가 낳았다고 하며 키우는 경우가 있었다. 사람들은 전쟁 기간 동안의 결혼에 대해서는 쉬쉬했다. 이전의 혼인 관계를 [법률적으로] 끝내지 못해서 정식으로 혼인 상태가 아니면서도 부부처럼 사는 사람들도 있었다. 그리고 임신한 상태로 결혼을 하는 신부들이 상당히 많았다.[15] 이처럼 당시에도 현실은 사람들의 인식과는 꽤 달랐다.

그러나 우리가 앞에서 봤다시피, 1960년대 말이 되자 사랑과 결혼을 바라보는 태도가 엄청나게 변화하기 시작했다. 결혼과 성관계, 심지어 결혼과 출산이 점차 별개인 문제로 여겨졌다. 1980년대에 이르자 임신을 해도 반드시 결혼할 필요는 없다거나 동거도 괜찮고 전혀 부끄럽지 않은 생활 방식이라는 자유방임적 태도가 다시 등장했다. 이런 태도의 등장이 아주 부분적으로라도 여성의 경제적 독립 덕분이었다는 점에는 의심할 여지가 없다. 여성들은 지리적·사회적 이동성이 전보다 커졌고, 더는 남편이나 아버지에게 경제적으로 의존할 필요도 없어졌다. 그래서 남자와 잠자리를 같이하면 그가 자신을 '존중'하지 않을지도 모른다는 걱정을 그다지 하지 않게 됐다.

이런 인식 변화로 혼인 건수가 급격하게 떨어졌는데, 다시 상승할 기미는 보이지 않는다. 2001년의 연간 혼인 건수는 1897년 이래 최저치를 기록했다.[16] 2004년 잉글랜드와 웨일스의 혼인 건수는 27만 1000건이었는데 이것은 2003년보다 1000건도 안 되게 증가한 수치다. 초혼은 1970년 34만 건에서 2004년 16만 1300건으로 감소했다. 지난 10년간 초혼 비율은 남녀 모두에서 감소했다. 16세 이상 미혼 남성 1000명당 초혼을 한 사람은 1994년에 34.3명이었는데 2004년에 25.5명으로 떨어졌다. 비슷한 연령의 여성도 마찬가지였다. 1994년에는 41.6명이었으나 2004년에는 30.5명에 불과했다.[17] 초혼 건수는 1970년의 절반 이하로 감소했다. 오늘날에는 많은 여성들이 아예 결혼을 하지 않거나 결혼을 하더라도 일정 기간 동거를 한 후에 하는 것이 보통이다. 어느 부부가 결혼으로 '정착'하기 전까지 각자 두세 명 정도와 진지하게 사귄 경험이 있는 경우가 많다. 잉글랜드와 웨일스에서 평균 초혼 연령은 상당히 상승했다. 2005년 평균 초혼 연령은 남성 32세, 여성은 29세였는데, 40년 전에는 남성 25세, 여성 23세였다.[18] 혼인 건수가 감소하면서 아이는 결혼 후에 낳아야 한다고 생각하는 사람도 줄어들었다.

이 같은 현상은 사람들이 결혼의 합법성을 비교적 경시하게 된 상황을 보여 주지만, 그렇다고 해서 사람들이 반드시 핵가족 형태를 거부하는 것은 아니다. 많은 여성들이 결혼을 하지 않고도 아이 아버지와 함께 아이를 기르며 장기적이고 안정적인 관계를 유지하며 살아가고, 아이의 출생신고는 부모 모두의 이름으로 이뤄진다. 그럼에도 반세기 전과는 상황이 상당히 다르다는 것은 분명한 사실인데, 당시에는 혼인 관계 내에서 아이를 낳는 것이 필수라고 여겨졌다.

결혼을 대하는 태도가 느슨해지면서 이혼에 대해서도 한층 더 포용적인 태도가 나타났다. 제2차세계대전 전까지는 이혼이 극도로 어렵고 비용도 많이 드는 일이었기 때문에 주로 부유층만 이혼을 할 수 있었다. 전쟁 동안에는 서로 다시는 만날 수 없을지도 모른다는 생각으로 서둘러 결혼한 남녀가 많았는데, 그 결과 종전 뒤에는 이혼이 증가했다. 1969년에 이혼법이 느슨해진 덕분에, 노동계급 사람은 그 이전 몇 세대는 꿈도 꾸지 못했을 정도로 훨씬 큰 자유와 기회를 누릴 수 있었다. 1961년 영국의 이혼 건수는 2만 7224건이었다. 1969년에는 5만 5556건으로 두 배가 됐다. 1972년에는 또 두 배로 증가해 12만 4991건이 됐는데, 새로운 이혼법의 시행이 한몫한 결과였다.[19]

이와 같이 자유롭게 이혼을 할 수 있기 전까지는 여러 불만족스러운 선택지만 있었다. 첫째는 "애들 때문에" 혹은 다른 이유 때문에 그냥 같이 사는 것이었다. 둘째는 [헤어지고] 다른 지역으로 가서 다른 사람과 살림을 차리고 살면서 이웃과 동료에게는 합법적인 부부인 척하는 것이었다. 셋째는 서로 떨어져서 혼자 사는 것이었다. 2005년 이혼 건수는 15만 5052건으로 전년도보다 소폭 감소하기는 했지만, 오늘날 법적 이혼 건수는 역대 최고 수준이다. 결혼 3건 중 1건이 이혼으로 이어진다.[20] 이혼 건수는 초혼 건수와 거의 비슷한 수준이고 재혼 건수보다 약간 더 많으며, 재혼 건수는 소폭 감소했다.[21] 결혼 관계가 평생 갈 것이라고는 여겨지지 않는다. 심지어 결혼식을 하면서도 이 결혼 생활이 비교적 짧은 기간만 행복할지도 모른다고 생각하는 사람들이 틀림없이 많이 있을 것이다. 초혼이 실패로 끝나는 비율이 증가하고 있지만, 사람들은 그래도 두 번째, 세 번째 결혼을 한다. 2003년 재혼 건수는 12만 3000건이었다.[22] 부부가 이혼하는 이유에는 많은 경우 이상에 더 가까운 남편이나 아내를 새로 찾고 싶어 하는 염원이 분명 포함돼 있다. 결혼 생활에 끝이 있을 수 있다는 생각은 가족의 모습을 변화시켰다. 그래서 더 복잡한 형태의 관계가 존재한다. 아이를 기르는 전 배우자와 좋은 관계를 유지하며 살기도 하고, 때로는 각자 다른 어머니나 아버지를 둔 여러 자녀들이 대가족을 이루기도 한다.

이렇게 관습과 관행이 변화하고, 특히 여성을 구속하던 성적·사회적 제약들이 약화돼 여성들은 이제 이전 세대처럼 경직된 방식으로 살 필요는 없다고 느끼게 됐다. 이런 변화가 여성·남성과 관련된 중대한 사회 변화가 일어나던 시기에 나타났다는 것은 십중팔구 우연이 아니다. 18~19세기에 생활 방식이 변하고 가족 구조가 재구성된 것은 사람들이 토지에서 쫓겨나 당시 발전하던 도시로 이주하면서 발생한 격변 때문이었다. 오늘날 새로운 행동 패턴이 등장하도록 추동한 것은 1950년대에서 1970년대까지 벌어진 거대한 사회적 격변이었는데, 그 시기에 여성의 삶과 기대도 크게 변하기 시작했고 그에 따라 여성들의 개인 관계도 변화했다.

사회적 인식이 상당히 크게 변화했는데, 심지어 결혼한 사람들도 마찬가지였다. 애초부터 불만족스러웠던 선택에 대응해 가족제도를 조정하고 재구성하려는 압력은 확실히 거대했다. 자녀가 동성애자이거나 혼외 자녀를 낳았다는 이유로 부모 자식 간의 인연을 끊었다는 끔찍한 이야기도 많이 있었지만, 이런 문제를 용인하는 사회적 분위기가 나이 든 세대에서도 훨씬 커졌다. 부모들은 결혼하지 않고 동거하며 살거나 게이나 레즈비언으로 커밍아웃하는 자녀를 '용서'하는 법을 금세 배웠다. 자녀가 미혼모가 되거나 혼외 자녀를 낳은 것에 느끼는 불만이나 수치심보다 손주를 보는 즐거움이 더 크게 느껴지곤 했다. 한 세대 만에 젊은이들뿐 아니라 나이 든 사람들의 인식도 상당히 많이 변화한 것이다.

그러나 세대 간 간극은 여전히 존재한다. 혼전 성관계를 대수롭지 않게 여기는 비율은 25~34세 연령층이 65세 이상 연령층보다 거의 3배 높다.[23] [이 문제에서] 전통적으로는 여성이 남성보다 더 보수적인 태도를 보였지만, 현재는 여성이 더 개방적인 경향이 있다.

과거[의 연구에서 — 지은이]는 남성보다 여성이 혼전 성관계나 혼외 성관계에 더 반대했다. 그 후 현재에 이르러 혼전 성관계에 반대하는 여성은 절반으로 감소했다. 남성도 마찬가지 방향으로 변화했지만 변화의 폭은 여성보다 작았다.[24]

1994년에는 단지 21퍼센트의 여성이 (그리고 27퍼센트의 남성이) "결혼한 사람이 결혼하지 않은 사람보다 일반적으로 더 행복하다"는 시각에 동의했다.[25] 1997년의 설문 조사에서 결혼이 영원해야 한다고 생각한 사람은 응답자의 3분의 2에 약간 못 미쳤다. 39퍼센트는 결혼 전에 동거를 하는 것이 중요하다고 답했다.[26] 또 다른 조사에서는, 56퍼센트가 결혼 전에 먼저 동거를 하는 것이 "좋은 생각"이라고 답했다. 67퍼센트는 결혼할 의사가 없는 연인이 동거하는 것을 용인할 수 있다고 답했다. 반면, "결혼은 쓸데없는 서류 절차에 불과하다"고 응답한 사람은 단지 9퍼센트였다. 54퍼센트는 "아이를 원하면 결혼을 해야 한다"고 답했다.[27]

혼인 건수가 감소해 온 것을 보면서 결혼식을 중시하는 풍조도 줄었을 것이라고 생각할지도 모른다. 그러나 실제로는 오히려 그 반대다. 결혼식 수가 줄어들기는 했어도 재혼율이 이혼율을 따라잡고 있다. 이것은 비록 이전 결혼에는 실패했어도 다시 희망을 걸어 보는 순진하지만 낙관적인 믿음이 있음을 보여 준다. 또한 결혼식은 그 어느 때보다 돈이 많이 든다. 결혼하는 사람은 점점 더 줄어들지만, 결혼식은 점점 더 많은 공을 들이는 행사가 됐다.

하얀 웨딩드레스는 비교적 새로운 풍습이다. 19세기에는 오직 부유층만이 하얀 웨딩드레스를 입었다. 그밖의 사람들은 자기 옷 중에서 가장 좋은 옷을 골라 입었으며, 때로는 하얀색 장갑을 대여해서 끼거나 나중에도 입을 수 있는 정장이나 드레스를 특별히 구입하거나 맞췄다.[28] 이런 관습은 20세기에 들어 1930년대까지도 이어졌다. 런던의 이스트엔드 등 도시 지역에 있는 교회에서는 동시에 여러 건의 결혼식이 열리는 경우가 많았다. 결혼식 날짜로는 크리스마스, 부활절, 강림절 그리고 8월의 뱅크 홀리데이가* 인기가 있었다. 이런 기념일에 결혼식을 올리면 더 많은 사람들에게 축하받는 기분이었기 때문이다.[29]

그러나 20세기를 거치며 하얀 웨딩드레스를 입는 결혼식이 눈에 띄게 확산됐다. 1950년대에는 "성대한 결혼식"이 발전해 숙련 노동자의 58퍼센트와 비숙련 노동자의 45퍼센트가 "성대한 방식"으로 결혼식을 올렸다고 한다.[30] 신부가 대개 베일을 쓰고 옷자락이 긴 하

---

* 뱅크 홀리데이 8월 마지막 월요일인 법정 공휴일.

얀 웨딩드레스를 입고, 신부 들러리가 서고, 야외 피로연을 하고, 등기소가 아니라 교회에서 식을 열고, 신혼여행을 가는 방식이었다. 1970년대에 웨일스 남부의 항구도시인 스완지에서 열린 결혼식을 연구한 결과는 젊은 여성들이 "제대로 된 결혼식"을 올리는 데 얼마나 열심이었는지 보여 준다. 젊은 여성들은 임신해서 서둘러 결혼해야 하는 상황에서조차 이 "중요한 날"을 호화롭게 기념하기를 완전히 포기하고 등기소에서 조용하게 결혼하는 것을 내켜 하지 않았다.[31] 결혼 건수는 1970년대 초에 정점을 찍었고 오늘날에는 여성이 결혼 대신에 선택할 수 있는 대안이 그 어느 때보다도 많지만, "성대한 결혼식"은 더 성대하고 호사스러워지고 있다. 이런 현상은 사회의 최고 부유층에서 가장 명백하게 볼 수 있다. 1981년 찰스 왕세자와 다이애나 왕세자빈의 결혼은 말도 많고 탈도 많았지만 그래도 전 세계 수많은 사람들이 그들의 웅장한 결혼식을 벤치마킹했다. 그들의 결혼은 대처주의 물결이 최고조에 이르고 시장 중심 소비사회로의 전환 흐름이 더 커지는 상황에서 이뤄졌고, 그런 추세를 가속하는 데 일조했을 뿐이다. 사람들은 가족이라는 꿈에 더욱더 몰입했다. 오늘날에는 파파라치가 쫓아다니고 외딴 성에서 예식을 올리며 할리우드 스타들이 하객으로 참석하고 온갖 환상적인 양식으로 꾸민 유명인의 성대한 결혼식이 하나의 트렌드로 자리 잡았다. 축구선수 데이비드 베컴과 그의 아내 빅토리아는 커다란 왕좌에 앉아서 결혼식을 했고, 톰 크루즈는 이탈리아의 언덕 마을에 있는 성에서 결혼식을 했다. 이 새로운 귀족층은 오랜 귀족층과 더불어 자신의 위치를 공고히 하고 있다.

우리들은 이 신비로운 동화 속 같은 세상의 결혼식을 구경하려 길모퉁이에서 기웃거릴 필요가 없다. 독점 보도권을 구매한 《헬로》 같은 대중잡지를 사서 보면 된다. 그들의 결혼식이나 그와 관련된 온갖 추측들이 주요 뉴스로 다뤄진다. 그들이 결혼식에서 입었던 옷을 모방한 옷이 그다음 해에 노동계급의 결혼식에서 유행한다. 그런 성대한 결혼식의 끄트머리라도 따라가려면 돈이 많이 든다. 웨딩드레스, 음식 대접, 하객 수송, 예식장이나 호텔 예약, 총각 파티와 처녀 파티, 신혼여행 등 최소한으로만 준비해도 수천 파운드가 든다. 하객들도 각자 옷과 선물과 숙박에 돈을 들여야 하는데 다 합하면 일 인당 수백 파운드가 될 수도 있다. 결혼식에 드는 시간은 점점 더 길어지고 있다. 결혼식 당일에는 예식이 끝나면 흔히 피로연이 열리고 저녁에는 훨씬 더 성대한 만찬이 이어진다. 게다가 결혼식 전날에는 총각 파티와 처녀 파티를 하는데, 때로는 친구들과 함께 유럽의 도시에 가서 주말을 보내기도 한다. 해외에서 결혼식을 하면 하객들이 모두 이국적이고 풍경이 아름다운 곳으로 여행을 가서 신부와 신랑을 축하해 준다. 결혼식 며칠 전에 가족과 친구를 위한 만찬과 파티를 열기도 한다.

이렇게 공들인 예식과 축하 행사들은 최소한 몇 달, 심지어는 몇 년 전부터 계획되고 예약된다. 이처럼 오늘날에도 결혼식이 가족의 삶에서 차지하는 중요성은 결코 이전보다 줄지 않았다. 결혼 산업은 이윤을 낳는 거대한 산업이다. 수많은 잡지가 결혼식 준비 내용을 다루고 있고 대다수 여성 잡지들은 결혼식이 중요한 주제다. 모든 대형 상점들에는 결혼 선물 등록 서비스와 웨딩 관련 코너가 있다. 멋진 결혼식 장소를 예약하려면 많은 돈이 필요하다. 교회도 가장 인기 있는 종교적 의식인 결혼식으로 상당한 수익을 긁어 모은다. 다양한 전문가가 신부를 위한 서비스를 제공한다. 제빵사, 요식업자, 플로리스트, 성직자뿐 아니라, 결혼식 날 필요한 모든 것을 책임지고 해결해 주는 종합 웨딩 플래너도 있다. 신부가 무엇을 입어야 하고 무엇은 입으면 안 되는지, 누가 어떤 비용을 부담해야 하는지, 결혼식의 어느 부분에 누구를 초대해야 하는지, 신부 어머니는 무엇을 입어야 하는지 등 여러 가지 것들에 관해 정해진 풍습과 관행이 있다.

결혼식 전후 수 개월 동안 신부와 신랑과 그 가족들에게는 계획을 짜고 결정을 내려야 할 일이 산더미다. 그리고 결혼식이 끝난 후에도 사진과 영상을 보며 행복한 추억을 되새긴다. 사람들은 이 모든 것들 때문에 결혼식에 마음이 끌린다. 결혼식은 가족들이 참여해 추억을 만드는 중요한 행사이며 자녀나 손주의 탄생에 버금가는 가족 공동의 이벤트다. 결혼식은 이따금씩만 연락하거나 연락도 안 하고 지내는 가족 구성원들이 모두 모이게 해 준다. 다이애나 레너드 바커는 1970년대의 결혼을 연구하고 다음과 같이 썼다.

오늘날 결혼식은 출산과 세례, 사망과 장례식과 더불어 특히 여성들에게 들뜸과 관심을 불러일으키는 원천이며, 집과 공장과 사무실에서 거듭 대화의 주제가 된다. 결혼식은 친족들이 한데 모이고 남편과 아내가 함께 사회생활에 참여하는 중요한 행사다.[32]

30년이 지났지만 달라진 것은 거의 없다(남편과 아내가 사회생활에서 차별 대우를 받는 일은 대부분 줄어들었지만 말이다).

결혼식은 대다수의 평범한 사람들, 특히 여성에게는 스스로 준비하고 기획하는 유일한 중요 행사다. 사람들은 결혼식을 위해 계획을 세우고, 돈을 마련하고, 예약을 하고, 선택을 하고, 세부 사항을 확인한다. 그리고 끝도 없는 비용을 지출한다.[33]

결혼식은 친구와 친척을 모아 놓고 올리는, 자신과 주변인에게 매우 중요한 일생일대의 무대로서 그 자체로도 인기가 있다. 그러나 이 "성대한 결혼식"은 뭔가 다른 것도 말해 준다. 바로 중요하고 기억할 만하고 영원히 지속되는 뭔가로 삶을 채우고자 하는 소망, 최소한 단 하루라도 관심의 초점이 되고자 하는 소망(신랑보다는 신부에게 더 관심이 쏠리기는 하지만), 그리고 그 하루를 가능한 한 '완벽하게' 만들고자 하는 소망이다. 결혼식과 그것을 준비하고 경축하는 긴 과정은 일상생활의 소외, 고된 노동의 단조로움, 사랑하는 사람들과 떨어져 살아야 하는 현실을 달래 줄 위안으로 여겨진다. 결혼식이 이런 형태를 띠는 것은 첫째로 자본주의 사회에서 감정이 점점 사고팔 수 있는 상품처럼 되고 있기 때문이다. 그래서 결혼 생활의 행복은, 행복을 가져다준다는 일련의 상품과 서비스를 구입하는 것과 동일시된다. 둘째로 이 사회에서 느끼는 공포와 걱정으로부터 벗어나고자 하는 갈망이 흔하게는 '현실의 삶'이 아닌 대안으로 낭만적 이상을 쫓는 모습으로 나타나기 때문이다. 이혼율이 기록적으로 높은데도 이상화된 결혼식이 절정에 이르렀다는 사실은 '현실의 삶'이 수많은 사람들의 희망과 염원을 충족시키지 못하고 있음을 보여 줄 뿐이다.

가정을 꾸리려면 돈이 많아야 한다

돈을 빼놓고 가족제도를 생각하기 어렵다. 일단, 가정을 꾸리는 데는 막대한 돈이 든다. 사회의 최빈층은 어린 자녀나 노인이 있는 가정이다. 어린 자녀를 둔 아버지는 집 밖에서 가장 열심히 일하는 축에 속하며, 5세 이하의 자녀를 둔 남성의 고용률이 전체 남성 중에서 가장 높다. 자녀가 있는 남성의 3분의 1이 직장에서 50시간 이상 일하는데, 자녀가 없는 남성은 4분의 1만이 그 정도로 일한다.[34] 아이 한 명을 기르는 비용은 웬만한 집 한 채 값 이상으로 추산된다. [대형 유통 체인] 울워스가 의뢰해 2004년에 시행된 설문 조사 결과를 보면 부모들이 아이를 출생부터 대학 진학까지 먹이고 입히고 교육하는 데 쓰는 돈이 약 16만 4000파운드[약 2억 5000만 원]인데, 주택의 평균가가 14만 6000파운드[약 2억 2000만 원]이다.[35] 《패밀리 서클》이라는 잡지가 시행한 또 다른 설문 조사에 따르면 돈이 가장 많이 드는 자녀의 연령은 16세이고, "부모들의 70퍼센트는 자녀가 첫 차를 살 때 도움을 줄 용의가 있다고 답했으며 80퍼센트는 대학 등록금을 일부라도 지원하겠다고 답했다. 또한 약 44퍼센트는 자녀가 처음 집을 살 때 도움을 주겠다고 답했다."[36] [보험회사] 리버풀빅토리아프렌들리소사이어티가 시행한 설문 조사는 자녀가 만 5세에 이르기까지 드는 비용이 4만 6695파운드[약 7100만 원]이고 영국의 부모들이 19~21세 자녀에게 평균 3만 파운드[약 4500만 원]를 쓰며 세 명의 자녀를 기르는 데는 50만 파운드[약 7억 6000만 원]에 육박하는 돈이 든다는 사실을 발견했다.[37]

광고, 텔레비전 프로그램, 생활 잡지, 정부와 그 산하 기관들이 제시하는 자녀와 가족의 이미지들은 상품들이 얼마든지 이용 가능하고 가격도 적당하다는 가정을 암묵적으로 깔고 있다. 잘 꾸며진 널찍한 주택과 새 차, 잘 꾸며진 널찍한 별장에서 보내는 휴가, 악기 연주 같은 취미 생활, 컴퓨터, 가족이 한 명씩 다 가진 휴대전화와 휴대용 음악 플레이어, 멋진 옷 등이 그것이다.

경제학자가 아니더라도 남성의 평균 임금으로는 이 모든 것을 도저히 감당할 수 없다는 사실을 알 수 있을 것이다. 부모가 둘 다 일한다고 가정하고 남성의 평균 임금과 여성의 평균 임금을 합쳐도 빠듯하다. 게다가 노동하는 데 드는 돈(교통비, 보육비, 점심 식비, 의류비 등)까지 고려하면 턱도 없을 것이다. 그래서 위와 같은 이미지는 모든 상품을 풍족하게 구비한 이상화된 가족의 모습이지 노동계급 가족 대부분의 모습은 아니며, 사회보장제도에 의지해서 사는 가족의 모습은 더더욱 아니다. 이상적 모습처럼 살 수 있는 가족은 상위 5~10퍼센트에 속하는 부유층일 것이다. 대다수 사람들이 성취할 수 있는 수준을 한참 넘어서는 모습인 것이다.

그러나 우리 대다수에게는 그런 가족 모델을 따르라는 압력이 끊임없이 가해진다. 그런 상품을 소유하지 못한 가족은 문제 가족으로 여겨지곤 한다. 살 집이 없거나 비좁은 집에 사는 가족은 행복한 가족이라기보다는 그저 통계 수치의 한 단위로 여겨진다. 실로 가족의 행복은 흔히 집을 장만하는 것, 즉 꿈에 그리던 집 한 채를 장만해서 오래오래 행복하게 사는 것과 동일시된다. 그래서 가족에게는 내 집 마련의 압박이 크다. 일단 처음에는 어떤 집이든 마련해야 하는데, "집 장만 사다리에 올라타는 것"이 중요하기 때문이다. 그 후 집을 둘러싼 혁명이 끝없이 이어진다. 집을 꾸미고 고치고 색깔을 바꾸고 주방과 욕실을 뜯어내서 최신식으로 교체하고 새 가구를 구입하고 "집 장만 사다리를 올라가기 위해" 다른 집으로 이사를 간다. 오늘날 부유한 유명 남자 셰프가 요리를 가르쳐 주는 수많은 텔레비전 프로그램이 있지만, 즉석식품을 데워 먹지 않고 직접 요리를 해서 먹는 사람은 그 어느 때보다도 적다. 마찬가지로 집 꾸미기 프로그램은 크게 늘어났지만 사람들은 집 밖에서 장시간 일하고 집에서는 적은 시간을 보낸다. 이 프로그램들은 집을 꾸미고 집의 시장 가치를 올리려면 어떻게 해야 하는지, 어느 지역이 살기 좋은지, 어디서 집을 싸게 살 수 있고 어디서 제값 받고 팔 수 있는지, 영국에서 상승하고 있는 주택 시장을 어떻게 유럽의 다른 지역으로 확대할 수 있을지 정보를 제공한다.

행복한 가족이 좋은 집을 필요로 하듯이, 좋은 집은 더 많은 소비를 필요로 한다. 가구 대기업 이케아는 광고를 통해 우리에게 다음과 같은 메시지를 준다. "모든 방이 새롭게 단장될 때까지 결코 만족하지 마세요. 그리고 모두 새롭게 단장되면, 처음부터 다시 시작하세요. 낡은 커버를 갖다 버리는 것만으론 충분하지 않습니다." 그들은 멀쩡한 세탁기, 가스레인지, 냉장고를 갖다 버리고 유행에 따라 최신 제품을 사라고 말한다. 그 결과는 끔찍하다. 자본주의 체제에서 가족은 언제나 소비의 중심이었다. 가족에 남아 있던 생산적 기능이 모두 상실되면서 소비 기능만 비대해진 것이다. 그러나 가족을 부양하려면 남성뿐 아니라 여성의 임금도 필요한 시대, 신용카드 대금과 부채가 기록적 수준으로 늘어난 시대, 행복한 가족은 함께 소비하는 가족이라는 메시지를 담은 강력한 이미지에 둘러싸인 시대, 이런 시대에는 가장 어린 가족 구성원도 동참하는 상품 소비가 가족의 가장 중요한 기능 중 하나가 돼 버렸다.

오늘날 가장 주된 여가 활동 중 하나는 쇼핑이다. 명절 때마다 가족들을 대상으로 한 소파, DIY 제품, 저렴한 전자제품의 특별 할인 판매가 홍수를 이룬다. 박싱 데이와* 이스터 먼데이는** 전통적 공휴일이었으나 오늘날에는 기록적 인파가 쇼핑센터에 몰려드는 날이다. 일요일은 전통적으로는 상거래가 거의 이뤄지지 않는 날이었지만 오늘날에는 영국에서 두 번째로 많은 거래가 이뤄지는 날이다. 가족들은 마치 광고주처럼 다른 가족 구성원에게 소비를 권유한다. 여기 이 스파에 가 봐. 새 옷 좀 사. 초콜릿 사 먹자.

개인 대출과 주택 담보 대출을 포함한 가계 부채는 기록적 수준이다. 그래서 사람들은 최대로 대출을 받아서 좋은 집을 장만하고, 실직이나 사망이나 다른 빚 때문에 대출금을 갚지 못하면 집에서

---

* 박싱 데이 크리스마스 다음 날로, 하인에게 선물을 주던 날이었지만 오늘날에는 각종 할인 행사로 잘 알려져 있다.

** 이스터 먼데이 부활절 다음 날.

쫓겨날 상시적 위협 속에서 살아간다. 여성들은 빚을 지기 매우 쉬운데, 왜냐하면 여성들은 흔히 부족한 소득으로 식구들을 위한 옷과 가구를 마련해야 하고, 또한 집의 '가치를 높이'라는 사회와 광고의 압력이 향하는 최종 대상이기 때문이다. 오늘날 영국에서 감옥에 갇힌 여성 중 상당수가 빚 문제로 수감됐다.

물론 이런 소비는 아무런 맥락도 없이 생겨난 것이 아니다. 여성이 노동인구로 편입되는 과정과 가정의 상품화 과정은 놀라울 만큼 대칭적인 면이 있다. 기술 발전 덕택에 여성들은 전일제로 직장 생활을 하면서도 육아와 가사를 할 수 있게 됐다. 휴대전화는 자녀와 부모가 연락을 유지할 수 있게 해 준다. 자녀를 둔 여성이 비디오, DVD, 오락 기기 없이 전일제로 직장 생활을 하는 것은 상상하기 어려울 정도다. 부모가 일하는 동안 그것들이 일종의 자녀 돌봄 기능을 하기 때문이다. 전자레인지, 냉장고, 식기세척기는 신속하게 식사를 준비하고 치우는 수단이다.

집 밖에서의 여성 노동은 가사의 부담을 덜어 주는 상품들의 발전과 밀접하게 연관돼 있다. 제1차세계대전 이후 대다수 가정에 전기를 공급하는 전국적 시스템이 갖춰지면서 다리미, 전열 기구, 조리 기구 같은 가전제품의 시장이 열렸다. 여성이 이런 '새로운 산업' 노동인구의 대부분을 차지했는데, 그러자 여성이 가정에서 노동 절감 제품을 사용하면서 경제활동에 참여할 수 있게 되고 그 제품이 여성의 노동에 의해 생산되는 순환적 발전이 이뤄졌다.[38]

그래서 100년 전은 말할 것도 없고 50년 전과 비교해도 가정은 최첨단 기술이 훨씬 더 많이 집약된 공간이 됐는데, 이 때문에 가정이 직장과 완전히 분리되는 곳이 되지는 못한다. 오늘날의 여성들에게 쇼핑이 가지는 의미가 부모나 조부모 세대와 완전히 다르다는 것은 분명하다. 과거에는 냉장고도 없었고 자가용도 없었으며 찬장에도 공간이 별로 없었고 때로는 하루 벌어 하루 먹고살았기 때문에, 쇼핑은 집 근처에서 매일매일 조금씩 하는 활동이었다.[39] 또한 가정에서 설거지와 빨래를 하는 데 하루 종일 걸렸던 반면, 오늘날에는 여러 차례 조금씩 하거나 종종 밤에 기계를 이용해 몰아서 할 수 있다. 여성들이 빵과 케이크와 페이스트리를 만들던 전통적인 빵 굽는 날은 사라졌고 이제 집에서 만든 빵은 가게에서 구할 수 있는 다양한 품질과 가격의 페이스트리나 케이크와 경쟁이 안 된다.

그러나 오늘날 훨씬 더 높아진 수준의 소비는 여성의 노동과 연결돼 있기 때문에 [비싼 제품을 소비할지라도] 과거 부유층의 사치품 소비와는 매우 다르다. 대다수 상품들, 특히 가정에서 사용되는 비싼 상품들은 남녀가 직장 생활을 하는 데 필수적이거나(예를 들어 야간 근무를 하거나 출근 전에 아이를 어린이집에 보내기 위해서는 자동차가 필수다) 작업 효율을 크게 향상시키는 데 필수적이다(세탁기, 전자레인지, 컴퓨터 등). 이에 더해 한때는 가족들이 직접 하던 일이 돈 내고 누릴 수 있는 다양한 서비스가 됐다. 예를 들어 슈퍼마켓의 배달 서비스, 카펫과 커튼 세탁 서비스, 다림질 서비스, 음식 포장·배달 서비스 등이 있다. 게다가 첨단 기기들을 사용하면서 "제품 유지·보수·교체를 위해 기술자에게 의존할 일이 많아졌다. 이런 의존성 때문에 소비의 개인적 특성은 분명 약화됐다."[40] 컴퓨터 기술자, 배관공, 전기기술자 등 여러 제품의 전문가들은 모두 자신의 기술에 대해 높은 비용을 청구한다. 또한 기술 발전으로 "제품의 회전율이 높아지고 기술적으로 구식이 되는 속도가 더 빨라지면서 소비자들은 더 자주 매장을 드나들게 된다."[41]

(대개 소득이 상위 5퍼센트인) 여유가 있는 가정들은 돈을 주고 가사 서비스를 이용한다. 이제는 전문직 맞벌이 가정도 저임금 경제 구조 탓에 비교적 값싸진 가사 서비스를 이용할 수 있게 되면서, 최근 청소 노동자를 비롯한 여러 가사 노동자의 수가 급격히 증가했다.[42] 오페어와* 베이비 시터는 훨씬 더 흔하다. 이런 저임금 노동자의 압도 다수는 여성이며, 이런 일이라도 해야 하는 처지의 이주 여성이 많다.[43]

이상적인 가족은 이런 영역들에 개인 돈을 상당히 지출해서 모든 것이 원활하게 돌아가게 하고 여러 상품들을 풍족하게 갖춰야만 지탱될 수 있다. 예컨대, 한때는 공적으로 제공됐지만 이제는 제공되지 않는 상품과 서비스를 이용할 만큼 돈이 많아야 한다. 자비로 건강 관리와 치과 치료를 받고 자녀들의 시험 통과를 위해 사교육을 이용할 수 있어야 한다. 일등석에 타고 여행을 다니고, 빠르지만 비싼 유료도로를 이용할 수 있어야 한다 등등. 이런 가족의 이미지를 구매하고자 한다면 부유해야 한다. 그럴 형편이 못 되는 다른 모든 사람들에게 가족은 늘어나는 빚더미를 뜻하는데, 그런데도 가족 구성원 개개인의 소망과 염원은 충족되지 못한다.

---

* 오페어 가정에 입주해 가사 노동을 하는 외국인 유학생.

산산이 조각난 가족: 다시 이어 붙일 수 있을까?

1960년대와 그 이후 수십 년간 가족이 변화한 필연적 결과로 '가족 가치'를 수호하고자 하는 반발이 발생했다. 이런 반발은 사회 변화가 뚜렷이 진행되는 동안 계속됐다. 대표적인 사례로 1960년대 말과 1970년대 초의 메리 화이트하우스와 롱포드 경, 1980년대의 빅토리아 길릭, 그리고 1990년대 존 메이저의 '기본으로 돌아가자' 운동이 있다. 사회의 전반적인 쇠약이 가족의 해체와 연관돼 있다고 여기는 오늘날의 정부 각료들은 한때 지극히 비주류였던 우파적 정치의 사상이나 가치를 받아들이고 있다. 오늘날의 많은 사회적 병폐들이 특히 한부모 가정 탓으로 돌려지는데, 한부모 가정에서는 아버지 구실을 할 사람이 없고, 가정에서의 훈육이 부족하고, 가족들이 함께 모여 식사하지 못하고, 서로 충분히 대화하지 못하는 것이 문제라는 것이다.

정치인들은 자신이나 전임자의 정책에 대한 비판을 다른 곳으로 돌리려 필사적으로 애쓰면서 가족의 해체라는 말을 유행어처럼 떠

---

* 메리 화이트하우스, 롱포드 경 사회적 변화와 (특히 성적으로) '방종한' 사회에 맞서는 캠페인을 벌였다.

** 빅토리아 길릭 16세 이하 청소년이 부모 동의 없이는 피임약을 처방받을 수 없도록 하는 캠페인을 벌였다.

*** '기본으로 돌아가자' 운동 "공동체 의식, 품위, 예절" 등의 가치를 중시하며 전통적 가족을 옹호한 캠페인.

들어 댄다. 그래서 신노동당이* 처벌이 아니라 도움이 필요한 것이 명백한 청소년들을 처벌하는 반사회적행동금지명령을 시행했을 때, 전 보수당 대표 이언 덩컨스미스는 결혼 제도가 얼마나 중요한지 강변하며 혼자 살거나 이혼한 부모는 자녀를 제대로 보살피지 못하는 부적절한 보호자라고 넌지시 말했다.[44] 이렇듯 가족의 변화가 아동의 삶에 끼치는 영향에 대해 많은 말이 오고 가지만, 이런 변화가 20세기 후반과 21세기 초에만 국한된 현상이 아니라는 점을 유의해야 한다. 소위 '결손' 가정, 즉 한 명의 부모가 자녀를 양육하는 가정은 과거를 되돌아보면 역사에서 꽤 흔했다. 당시에는 이혼이나 별거보다는 배우자의 사망으로 가정이 쪼개지는 경우가 많았지만 그 효과는 대체로 비슷했다. 이른 사망이 많았기 때문에 재혼도 많았고 훨씬 더 어린 상대와 재혼을 하는 경우도 자주 있었다. 그래서 때로는 혈연관계가 전혀 없는 사람들이 형제자매로 한 가족을 이뤘다. 예를 들어, 각자 아이가 있고 전 배우자와 이별한 남녀가 재혼을 했는데, 남편이 사망한 뒤로도 남편 쪽 아이들이 새어머니와 함께 살기도 했다(사악한 새어머니가 등장하는 동화가 그토록 많은 것은 이런 상황이 얼마나 흔했는지 보여 준다).[45]

그러나 오늘날에는 아이의 친부모가 이혼 후에도 아이의 양육과 교육에 함께 참여하는 경우가 많다. 많은 아이들이 친부모와 그들의 새 배우자, 그리고 새 배우자들의 자녀들과 교류한다. 그런 가족

---

* 신노동당 토니 블레어, 고든 브라운(각각 1994~2007년, 2007~2010년 당 대표) 지도부하에서 신자유주의를 포용하며 우경화한 시기의 노동당을 가리키는 말.

관계가 반드시 행복하다거나 쉽다고 할 수는 없겠지만, 그런 관계가 제공하는 확장된 가족 네트워크는 자녀 양육뿐 아니라 정서적·경제적인 면에서도 지원을 주고받을 수 있는 기회가 될 수 있다. 이 네트워크에 할머니와 할아버지와 친척까지 포함하면 아이가 자랄 때 많은 성인들을 보호자로 둘 수도 있다.

그러나 가족에 관한 최근의 이데올로그들은 이런 모습을 아이의 행복을 위해 여러 성인들이 함께 참여할 수 있는 기회로 보기보다는 문제로 인식한다. 그들의 두려움은 그 가족들이 빈곤을 겪을 가능성과 정비례한다. 이것은 자격 있는 사람과 자격 없는 빈곤층을 구분한 빅토리아 시대의 전통으로까지 회귀한다. 정부 각료들이 사용하는 "성실히 일하는 가족들"이라는 말은 돈이 있는 사람은 성실하게 일해서 돈을 번 것이므로 그 돈을 가질 자격이 있고, 돈이 없는 사람은 성실하게 일을 하지 않은 것이니 마땅히 그 대가를 치러야 한다고 보는 태도를 요약적으로 보여 준다.

이런저런 사회적 박탈을 겪는 사람들을 비난하는 것은 전후 호황기의 [복지국가] 사회정책에서 엄청나게 후퇴한 것이다. 그러나 이것은 그리 놀랄 만한 일이 아닐지도 모른다. 결국에는 민영화의 선봉장이자 공동체의 재앙이었던 마거릿 대처가 등장해 "사회라는 것은 없다. 개인 남녀와 가족이 있을 뿐이다" 하고 말했으니 말이다. 그는 "정부는 사람을 통하지 않고서는 아무것도 할 수 없으며 사람들은 자기 자신을 돌봐야 한다"고 말했다.[46] 또한 주민들이 자기 동네가 반사회적 행동으로 문제를 겪고 있다고 답한 상위 10개 지역 중 셋이 망한 광산촌이고 둘은 쇠퇴하고 있는 철강공업 지구라는 사실도

그다지 놀라운 일이 아닐 것이다.[47]

우리가 살고 있는 신자유주의 국면의 자본주의는 자유 시장과 국제적 통합을 고집하며 저임금, 장시간 노동, 대규모 이주를 초래했고 이 모든 것이 분명 가족의 해체에 기여했다. 또한 제2차세계대전 종전 이후, 어쩌면 훨씬 더 전부터 서구 자본주의의 유력한 특징이었던 복지와 공공서비스가 축소돼 왔다. 영국에서는 공공 주택과 국가 연금제도가 1900년대에 시작됐다. 한때는 지방정부나 중앙정부가 많은 사회적 기능과 복지를 담당했지만 이제는 가족 구성원들이 각자 또는 함께 그 부담을 져야 한다. 보육, 노인과 장애인 돌봄, 읽고 쓰기와 산수 교육 등에서 특히 더 그렇다. 양육비 자체가 치솟았을 뿐 아니라, 자녀들이 18세나 21세까지 학교를 다니는 경향이 생겨나면서 양육비를 부담해야 하는 기간도 길어졌다. 20~24세 남성 중 58퍼센트, 여성 중 39퍼센트가 오늘날 부모와 함께 산다.[48] 어떤 이유로든 일을 할 수 없는 사람들, 즉 나이가 너무 어리거나 너무 많은 사람들, 장애나 질병이 있는 사람들은 생존을 위해 가족에 의지할 수밖에 없게 됐다. 그래서 때로는 일해서 돈을 버는 자녀들이 연금을 받는 부모나 친척의 건강과 의식주를 위해 돈을 지원해 주기도 한다.

이처럼, 가족은 [전후] 호황기 때보다 더 중요한 방어 기제이자 부양을 제공하는 공간이 됐는데, 노동계급에게는 더욱 그랬다. 노동자들은 임금을 받아도 물 밖에 머리만 겨우 내밀고 깔딱깔딱하고 있는데, 까딱하면 임금이 깎이거나 해고돼 물에 완전히 잠겨 버릴 수도 있기 때문이다. '먹고살 만한' 노동계급, 즉 가족의 생활에 필수적인 소비재들을 겨우겨우 구입할 수 있는 사람들과 이른바 '언더클래스', 즉 장기적 빈곤에 허덕이며 처지가 나아지리라는 희망이 거의 없는 사람들 사이의 차이는 사실 사람들이 생각하는 것만큼 그렇게 크지 않다.

어린 자녀가 있는 많은 가정이 빈곤층에 속한다. 영국의 아동 빈곤은 대다수의 유럽 나라들보다 더 심각하다.[49] 영국 아동 약 340만 명(전체 아동의 약 27퍼센트)이 빈곤층이고, 빈곤층 아동의 43퍼센트가 한부모 가정에서 살고 있다.[50] 빈곤층 아동의 비율은 한 세대 동안 두 배로 증가했다.[51]

정부 정책들은 아동 빈곤율을 낮추는 것을 목표로 해 왔다. 1998~2005년에 70만 명의 아동이 빈곤에서 벗어나 아동 빈곤율이 17퍼센트 감소했지만, 목표치인 25퍼센트 감소에는 미치지 못했다.[52] 전문가들은 정부가 사용한 방법들이 목표를 달성하는 데 맞지 않았을 뿐 아니라, 2010년까지 아동 빈곤율을 절반으로 줄이겠다는 목표를 달성하려면 재정을 더 투입해야 한다고 주장한다. 전국어린이의집NCH 대표 클레어 티켈은 다음과 같이 말한다.

전 세계에서 다섯 번째로 부유한 나라에서 350만 명의 어린이가 빈곤층이라는 것은 실로 참담한 일입니다. 이 어린이들을 사회적 박탈과 배제의 사이클에서 탈출시키고자 한다면 정부는 즉각 조치를 취해야만 합니다. 최소 40억 파운드를 추가로 투입하지 않으면, 2010년까지 아동 빈곤율을 절반으로 낮추겠다는 목표를 달성하지 못할 것입니다.[53]

이런 통계에서 중요하게 봐야 할 사실은 아동 빈곤이 단지 실업자 가정에만 존재하는 것이 아니라 일은 하지만 가난한, 즉 '워킹 푸어'라고 불리는 가정에도 흔하다는 것이다. 임금 인상, 교육의 질 향상, 취업 기회 확대도 아동 빈곤을 종식하기 위한 전략의 일부가 돼야 한다. 영국이 저임금 경제체제를 채택한 결과 하나는 아동 빈곤이 구조화됐다는 점이다. 여성의 저임금은 한부모 가정의 어려움을 더욱 악화시킨다. 즉, 한부모 가정의 어머니는 자신과 아이들의 생계비와 노동을 하는 데 필요한 비용(특히 보육비와 교통비)을 동시에 감당하는 것이 불가능하다는 것을 체감한다.[54] 아동 빈곤은 그것이 언젠가는 사회에 이런저런 방식으로 손실을 끼치는 온갖 연쇄반응을 일으킨다는 문제가 있으며, 현재 이런 과정이 점점 더 심화되고 있는 듯하다. "1980년대에 빈곤하게 자라난 세대는 1970년대에 빈곤하게 자라난 세대보다 중년이 돼서 더 큰 어려움을 겪고 있다."[55]

이런 상황에서 가족을 복원한다는 것은 불가능한 과업이다. 빈곤, 해외 이주, 야간 노동과 장거리 통근 등 일상의 온갖 압박, 이상적 가족 모델을 따르기 위해 거의 매일 지출한 결과 생겨나는 각종 청구서와 할부금, 그것을 감당하기 위한 끊임없는 고된 노동 등 가족의 복원을 저해하는 요인들은 압도적으로 많다. 그래서 가족은 앞으로도 계속 해체돼 갈 것이다. 더구나 지금까지 열악한 상황과 힘든 관계를 감내한 여성들 덕에 가족의 결속이 유지돼 왔다는 것을 고려하면, 그것을 받아들이려 하지 않는 젊은 세대의 등장으로 가족 해체는 더 빨라질 것이다. 동시에 가족제도를 유지하기 위한, 적어도 심하게 갈라진 틈새를 대충이라도 때워 놓기 위한 끊임없는 노력 또한 마찬가지로 존재할 것이다. 가족에 대한 법적 개입은 현재 영국 법률의 중요한 부분인데, 이 개입을 통해 부모들에게 일을 더 제대로 하라고 압박하고, 무언가를 하거나 안 했다는 이유로 그들의 자녀를 범죄자 취급하는 일이 계속될 것이다. 퇴학 등의 조치들도 계속 사용될 텐데, 이것은 문제를 해결하려는 노력이라기보다는 골치 아픈 문제아를 안 보이는 곳으로 추방해 버리는 수단이다. 평론가와 정치인들은 빈곤과 열악한 주거 환경과 편의 시설 부족이 최소한 부분적으로라도 원인이 돼서 발생한 여러 가지 문제의 책임을 계속해서 부모들, 특히 극빈층 노동계급 부모들에게 떠넘길 것이다.

그런 정치인 등의 시각에서는 실로 선택의 여지가 없다. 현재의 가족제도가 아닌 진정한 대안을 모색하기 위해서는 가족이 사적으로 제공하고 있는 기능들을 사회가 떠맡아야 하는데, 그러려면 막대한 지출이 필요하다. 우리 같은 사람들 대다수는 핵무기나 전쟁에 돈을 쓰는 것보다 훨씬 더 좋아하겠지만, 자본가계급은 막대한 비용 부담으로 경쟁력이 약화될까 봐 싫어할 것이다. 그래서 그들은 가족의 부담을 개인들에게 떠넘기는 것이고, 그 부담을 짊어지지 못하는 개인들을 속죄양 삼으며 그 과정을 강제하는 것이다.

그러나 가족은 사회화될 수 있다. 앞으로 살펴보겠지만 전쟁 중에 그런 일이 일어났다. 보육 시설과 공동 식당과 쇼핑 대행 서비스가 당시 군수 산업의 핵심 노동자들에게 제공됐다. 그러나 부유층은 오늘날에도 거의 매일 레스토랑에서 저녁을 먹고, 가사 노동자에게 집 청소를 시키고, 온종일 자녀를 돌봐 주는 서비스를 이용하고, 심지어 밤새 자녀를 돌봐 주는 '호텔'을 이용한다. 그들은 세탁과

다림질 서비스도 이용하고, 물건을 집으로 배달시키고, 자녀의 통학도 다른 사람에게 시킨다. 런던의 부촌에는 아이 기저귀를 갈아 주는 서비스도 있다. 모든 가정이 그런 시설을 이용하지 못하는 이유는 딱 하나다. 바로 그런 서비스를 우리가 이용할 수 없을 정도로 비싸지게 하는 이윤 추구의 동기다. 사회의 부가 무기와 부유층의 이익이 아니라 그와 같은 서비스에 사용된다면 모든 가족 구성원들이 살아가기 더 좋고 편해질 것이다. 그러면 경제적 제약, 고된 노동, 가족에 대한 공히한 이상에 세약받지 않고 서로 진정으로 사랑하는 관계의 발전을 시작할 수 있을 것이다.

4장

매일매일 하루 종일 일하고 또 하고

"선진국에서 여성 고용의 증가는 지난 20년 동안 주요한 성장 동력이었다. 여성들은 새로운 기술 발전이나 중국과 인도 같은 신흥 강국들보다도 전 세계 GDP 성장에 더 많은 기여를 해 왔다. 가사와 보육의 가치까지 더한다면 여성들은 분명 세계 생산량의 절반 이상을 담당하고 있을 것이다."[1]

일하는 여성들이 신흥 경제 대국들이나 기술 발전보다 부의 생산에 더 많은 기여를 해 왔는데, 당신이 이 사실을 몰랐더라도 당신 잘못이 아니다. 정치인의 말이나 신문 기사에서는 이런 내용을 찾아볼 수 없기 때문이다. 여성의 경제적 역할은 싼값에 이용되고, 그 공로도 거의 인정받지 못한다. 여성 고용이 증가하는데도, 저임금 문제와 보육에 대한 투자 부족 문제는 계속돼 왔다. 여성 고용이 증가함에 따라 미국과 영국 같은 나라들에서는 아마도 전체 임금수준이 하락해 왔을 텐데, 그 이유는 여성이 자본이 언제든 동원할 수 있는 산업 예비군이 됐기 때문이다. 그래서 남성에 더해 여성까지 노동자로 고용된 것은 착취 수준의 상승으로 이어졌다.

실질임금 하락과 노동시간의 증가는 모두 오늘날 세계경제의 핵심 특징인데, 이는 어느 정도는 여성(과 이주) 노동의 급속한 증가

때문이라고 할 수 있다. 나라의 부에서 자본의 이윤으로 돌아가는 몫이 노동자들에게 돌아가는 몫보다 커진 데 이런 요인이 상당히 크게 작용했다. 또한 여성 노동자들은 그 어느 때보다 더 심하게 노동 규율과 감시에 시달리고 있다. 이전에는 많은 서비스업 노동자들이 자신의 작업 속도와 내용을 어느 정도 통제할 수 있었지만, 오늘날의 새로운 서비스 산업은 고도로 위계적으로 조직되며 상급자의 감독이 빡빡하고 모든 것이 생산성 극대화에 맞춰져 있다. 오늘날 콜 센터 노동자의 일과 19세기 가사 노동자의 일을 비교해 보면, 서비스 분야 노동자들이 임금 노예나 다름없고 대부분 이전 시대 노동자들보다 더 많이 착취당한다는 것을 알 수 있다.[2]

일의 의미

"여자의 일은 해도 해도 끝이 없다"는 말이 있다. 자본주의하에서 여성의 일은 두 부분으로 나뉜다. 하나는 아내이자 어머니이자 돌보는 사람으로서 집 안에서의 역할이고, 다른 하나는 집 밖에서 임금을 버는 경제적 역할이다. 앞서 살펴봤듯이, 20세기 중반까지도 집 안에서의 역할은 기혼 여성의 중심 역할로 여겨졌으며 미혼 여성들에게는 미래의 꿈이었다. 여성들은 오랫동안 두 가지 주요 생산 영역에 집중적으로 종사했는데, 바로 섬유산업과 가사 서비스업이 그것이다. 이 두 산업은 제1차세계대전 종전까지도 여성을 많이 고용한 주요 산업이었다. 그 후 새롭게 팽창하던 경공업과 사무·행정직에서 그 전 어느 때보다 많은 미혼 여성이 유급 노동에 종사하기 시작했다. 그러나 여성은 결혼하면 직장을 그만둬야 한다고 여겨졌다. 일부 산업에서는 "기혼자 [여성] 장벽marriage bar"이라고 불린 관행 때문에 여성들은 결혼 후에 직장을 그만둬야 했으며, 교사 같은 전문직도 마찬가지였다. 이처럼 생산 영역과 재생산 영역은 분리돼있었고, 유급 노동은 남성의 영역으로 간주됐다. 오늘날에는 직장을 다니는 기혼 여성의 수가 어느 때보다 많으며 계속 증가하고 있고 여성들은 전례 없는 규모로 확대된 훈련과 교육을 받아 숙련 노동을 담당할 수 있는 능력을 갖추고 있다. 요즘에는 직장을 다니는 여성의 수가 역사상 가장 많아져서 직장을 다니는 남성의 수와 거의 맞먹는다.[3] 그러나 여성들은 노동시장에서 불리한 처지다. 여성들은 남성들보다 임금은 적고 집안일에 대한 책임은 더 많이 지고 있으며 여성이 집중된 일부 업종에 여전히 몰려 있다. 지난 60년 동안 노동의 관행들은 혁명적으로 변했지만, 여성의 가사 부담을 덜어 줄 다른 사회적 변화들은 그에 미치지 못했기 때문이다. 그럼에도 이렇게 노동에서 여성이 차지하는 지위가 변화한 것은 놀라울 정도의 변화다.

전시의 여성들

공장 노동자 출신 인기 가수 그레이시 필즈는 군수 공장에서 일한 경험을 노래해 수많은 여성들의 공감을 얻었다.[4] 실로 영국 여성들은 제2차세계대전 중에 유럽의 많은 나라나 미국의 여성과 비교해 독특한 경험을 했다. 그들은 전쟁의 직접적 위협에 고통받으며 동시에 대규모 산업 징집을 겪었다. 이런 일은 유례를 찾기 힘들다.

'리벳공 로지'가 상징하듯 미국에서도 매우 많은 여성들이 산업 노동자로 일했지만 강제적인 것은 아니었다.[5] 또한 미국인은 폭격, 식량 배급, 긴급 대피 등 전시에 영국인이 겪었던 많은 일들을 겪지 않았다. 독일의 히틀러는 여성을 대규모로 산업에 징집하는 것을 애써 피했다. 그는 이것이 제1차세계대전 이후 나라를 뒤흔들었던 것과 같은 사회적 불안을 야기할까 봐 우려했다. 더구나 나치의 이데올로기는 여성의 자리가 가정이라고 힘주어 주장했다. 그 대신 히틀러는 전시 물자 생산을 확대하기 위해 피점령국에서의 노동자 징발과 강제 노동에 크게 의존했다.[6] 그 결과 "독일의 여성 노동자 수는 1939~1944년에 고작 1퍼센트 증가했다."[7] 독일에 점령된 유럽 여러 나라의 여성들은 저항 운동에서 중요한 구실을 했으며 영국의 공장 노동자들과는 상당히 다른 조건에서 일했다. 여성들은 때로 저항 세력의 일원으로 활동하는 동시에 공장 노동자로 일하며 독일의 점령에 맞서 실로 위대한 용기를 발휘했다.[8] 독일을 포함해 유럽 대륙의 많은 지역은 폭격과 대규모 파괴 등의 전쟁 피해를 영국보다 더 혹독하게 겪었다.

영국에서도 전쟁은 때로 매우 공포스러운 위협이었지만 유럽의 나치 점령지에서와는 달리 노동계급의 삶을 압도할 정도는 아니었다. 그래서 영국에서 전쟁은 매우 이례적인 상황에서도 평범한 일상이 지속되는 일이었다. 죽음과 침략의 공포가 특히 전쟁 초반에 상

---

* 리벳공 로지 제2차세계대전 당시 미국의 군수산업에 종사할 여성 노동자를 모집하는 광고에 사용된 가상의 이미지 모델이다.

존했고, 폭격과 대피는 가정생활을 파괴했다. 그러나 전쟁이 지속될수록 혼란의 여파는 매우 다른 형태로 나타나기 시작했다. 과거의 어느 때보다 많은 여성이 공장과 관청과 군대에서 일을 하게 되면서, 여성의 삶은 1930년대 말 즈음의 예상과는 꽤나 다른 방향으로 변화했다.

고용 증가에서 여성이 차지하는 비중이 영국만큼 큰 나라는 없었다. 1939~1943년에 증가한 노동인구의 80퍼센트가 그 전에는 고용된 적이 없거나 가정주부였던 여성이었다.[9]

젊은 미혼 여성들은 1920년대와 1930년대에 전일제로 근무하기 시작했는데, 전쟁 이전에는 성별에 따라 노동 분업이 이뤄지는 경향이 강했고, 그래서 그 여성들은 기존 산업 분야의 남성을 대체하기보다는 새로 생긴 업종에 종사했다. 즉, 여성들은 신생 산업인 자동차 산업에서는 일을 했지만 기술 변화가 더디고 직업별 노동조합이 강력했던 오래된 분야, 예를 들어 조선업이나 기관차 제조업에서는 일하지 않았다.[10] 또한 기혼 여성은 전쟁 전에는 극히 일부만 일을 했다. 그러나 제2차세계대전 중에 이 두 가지가 다 바뀌었다.

기혼 여성, 심지어 자녀가 있는 여성도 점점 더 많은 수가 일을 하게 됐다.[11] 1943년 750만 명의 여성이 고용돼 있었는데, 1931년의 125만 명과 비교하면 크게 증가한 것이었다. 같은 기간 동안 일하는 기혼 여성의 비율은 16퍼센트에서 43퍼센트로 증가했다.[12] 1939~1943년에만 '필수 산업'에서 일하는 여성은 최대 150만 명이 증가했다.[13] 당시 14세 이하의 자녀를 둔 여성 노동자의 수는 75만 명으로 추산된다.[14] 또한 매우 많은 남성들이 전쟁터로 징집되면서 여성들은 그 전까지 남성들이 하던 일을 하게 됐다. 기계·토목 분야에 종사하는 여성의 수는 1939~1943년에 9만 7000명에서 60만 2000명으로 증가했고, 이를 비율로 따지면 그 분야 전체 노동자의 10퍼센트에서 3분의 1(34퍼센트)로 증가한 것이었다. 운수·조선·금속·화학·자동차·수도·가스·전기 등의 산업에서도 사정은 비슷했다. 이런 산업에서 종사하는 여성은 전쟁 발발 시점에는 그 산업들 종사자의 14퍼센트에 불과했는데 1943년에는 3분의 1을 차지하게 됐다.[15]

만약 여성들이 일을 할지 말지 선택할 수 있었다면 얼마나 많은 여성이 일을 했을지는 알 길이 없다. 대다수 여성들에게는 선택권이 없었기 때문이다. 여성들을 꼬드겨서 일하게 만들려는 시도는 정부와 고용주의 기대만큼 성공적이지는 않았고 그래서 강제적 요소가 도입됐다. 여성들이 필수 산업에서 일하거나 군에서 복무하게 만드는 법안들이 잇달아 통과됐다. 1941년부터 19~40세의 모든 여성은 공공 직업소개소에 등록해야 했다. 1943년에는 그 대상이 50세까지로 확대됐다. 일부 여성들은 특정 직무로 동원됐다.[16] 부양가족이 없는 여성들은 일을 해야 했고 일을 그만둘 수도 없었으며 고용주들도 직업소개소가 보낸 사람을 거부할 수 없었다.[17] 1941년 말부터 젊은 여성들은 사실상 징병 대상이 됐는데, 군에서 복무할지 필수 산업에서 근무할지 민방위 조직에 편제될지 선택할 수는 있었다. 기혼 여성들은 징병에서 면제됐고 여성들은 (부양가족의 유무에 따라)

"이동 가능자"와 "이동 불가능자"로 분류됐다.[18] 이 모든 것은 "여성에 대한 상당한 강제력"이었으며[19] "특정 나이대 여성들은 군수산업에 사실상 징집됐다."[20]

징집의 효과는 겉으로 보이는 것만큼 가혹하지는 않았지만, 젊은 미혼 여성들은 주어진 처지를 받아들이지 않으면 심한 처벌을 받기 일쑤였다. 군인인 남편과 함께 살기 위해 직장을 그만두고 잉글랜드의 북서쪽으로 이사를 간 한 여성은 실업수당 수급권을 상실했는데, 그녀가 200마일[약 320킬로미터] 떨어신 군수공장으로 이직하는 것을 거부했기 때문이다. 또한 1942년 코번트리에서는 두 명의 여성이 결근을 이유로 투옥됐다.[21] 징집의 영향은 공장에만 국한된 것이 아니었다. 전쟁 동안 50만 명의 여성이 군에 복무했고 전쟁 전과 비교하면 사무직 노동자로 일하는 여성도 50만 명 늘어났다.[22] 기혼 여성, 특히 자녀가 있는 여성을 젊은 미혼 여성과 똑같이 대우하는 것은 가당치 않게 여겨졌지만, 그들 또한 일해야 한다는 압박을 크게 받았다. 공업 지역에서는 여성 노동자들을 독려하기 위해 '전쟁 노동 주간'이라는 행사가 열렸다. 1941년 코번트리에서는 전쟁 노동 주간에 대형 군수공장에서 일하는 여성들이 '승리의 브이' 그림이 새겨진 작업복을 입고서 자신들이 만든 기계를 트럭에 싣고 그 위에 올라앉아 행진했다.[23] 그러나 여성들은 처음에는 집안일을 해야 했기 때문에 공장 일을 하기 매우 어려웠다. 그리고 일단 공장에 나가기 시작하면 가족을 돌보기 극히 어려운 노동조건에서 일했다. 많은 노동계급 가정에서는 남편과 아이들이 점심시간에 집에 와서 점심을 먹는 것이 여전히 일반적인 관행이었다. 개전 초기에는 어머니

가 점심을 차려 줘야 하는 아이가 400만 명 이상이었고 구내식당이 있는 공장은 거의 없었다.[24]

여성들을 고용하기 위해 많은 노력이 있었고 여성들이 집 밖에서 일하기 용이하도록 다양한 방안이 시행된 것은 사실이다. 그러나 여성 노동자, 특히 가사를 돌봐야 하는 여성 노동자들의 부담은 매우 컸다. 그 어느 때보다도 더 많은 보육 시설이 제공됐지만, 일하는 여성들의 필요를 충족하기에는 턱없이 부족했다. 군수산업에서 노동을 하는 여성의 5세 이하 자녀 중 보육 시설에 맡겨진 아이는 기껏해야 25퍼센트로, 보육 시설은 절대적인 공급 부족 상태에 있었다.[25] 보육 시설 공급 정책을 시작한 정부 부처는 군수산업에서의 노동과 밀접하게 관련된 노동부였다. 보건부는 집단적이고 보편적인 보육에 반대하며 개별적인 돌봄 서비스 주선을 선호했다. 그럼에도 보육 시설은 1940년 10월 14곳에서 1943년 7월 1345곳으로 증가했다.[26] 그러나 이런 시설은 공장에서 어느 정도 떨어져 있는 마을에 있는 경우가 많았다. 처음에는 보육 시설 운영 시간이 제한적이어서, 아침 일찍부터 저녁까지나 밤을 새워 일하던 많은 군수산업 노동자들에게 큰 도움이 되지 않았다. 그러나 이후 운영 시간이 연장됐고 공업 지역에도 보육 시설 설립이 허가됐다. 버밍엄에는 이른바 '어린이 호텔'이 있어서 어머니가 일하는 동안 아이들이 밤새 머무를 수 있었다.[27] 그러나 보육 서비스는 노동과 직접적으로 연계돼 있었고 여성들은 퇴근 후에는 여전히 아이를 돌봐야 했으며 집안일까지 해야 했다. 정부와 당국이 그 부담을 일부 경감시켜 주기는 했다. 공장 구내식당과 학교 급식이 확대돼 점심을 집 밖에서 해결하는 경우가 매우 많아졌다. 저렴하고 따뜻한 음식을 판매하는 영국 식당이* 설립 됐고 어떤 공장에서는 여성들이 장을 볼 수 있는 시설을 제공하기 도 했다. 1942년에는 장을 볼 수 있는 공가公暇가 허용됐다.[28] 그래도 대다수 여성들은 큰 어려움을 느꼈다. 식량 배급을 받으려면 긴 줄 을 서야 했고 여러 물품이 부족했다. 그래서 하루 종일 공장에서 일 한 후에 퇴근한 여성들은 특히 신선 식품을 구할 수가 없었다. 처리 해야 할 집안일도 매일 있었다. 당시에는 세탁기도 빨래방도 없었고 세탁 서비스는 비쌌으며 집에서 세탁을 할 수 있는 장비는 난순한 것들뿐이었다. 세탁을 하려면 물을 끓여야 했고 빨래를 롤러에 집어 넣어 손으로 돌려서 짜야 했으며 세제의 품질은 형편없었고 빨래 건 조기가 없었기 때문에 집 안에 있는 건조대에 빨래를 널어야 했다.

노동을 대하는 여성의 태도는 남성의 태도와 사뭇 달랐던 듯하 다. 특히 젊은 여성들은 공장 노동에서 강요되는 규율에 반항적이었 다. 그들은 더 열심히 일하라고 촉구하는 전시의 프로파간다에 더 냉소적인 경향이 있었다. 또한 전쟁 기간의 어려움에도 불구하고 외 모를 가꾸는 데 다른 노동자들보다 많은 시간과 돈을 썼다. 그래서 젊은 여성들은 임금 중 상대적으로 큰 부분을 화장품과 패션과 여 가 활동에 소비했다. 정부는 1942년에 화장품을 금지시키려고 했지 만 사기를 저하시킨다는 이유로 계획이 폐기됐다.[29] 여성들은 공장

---

* 영국 식당(British Restaurant) 폭격 피해자, 식량 배급 쿠폰이 떨어진 사람 등 도 움이 필요한 사람들을 위해 저렴한 급식을 제공하는 곳이었으며 1947년에 폐지 됐다.

에 결근하는 비율도 높았다. 대다수 연구자들은 이것이 가정을 돌봐야 하는 책임을 진 것 때문이었다고 본다. 예를 들어, 여성의 결근율은 아이들이 학교에 안 가는 주말에 특히 높았다. 또한 여성들은 단조로운 노동과 가사의 부담 때문에 자주 아팠다.[30] 뉴캐슬에 있는 한 기계 공장의 총포 파트에서는 1942~1943년에 기혼 여성의 결근율이 20퍼센트에 달했는데, 경영자들도 여성들의 집안 사정 때문에 어쩔 수 없다고 했다.[31]

게다가 많은 여성들에게 일은 고되고 짜증났으며, 심지어 위험하기도 했다. 여성의 노동시간을 제한하거나 야간작업을 금지하는 법률은 긴급명령하에서 해제됐다. 많은 노동자들은 퇴근해서도 매우 열악한 환경에서 생활했으며 그들이 받는 스트레스는 대단히 컸다. 전쟁 기간 내내 생산성을 높이라는 요구가 상당히 컸지만 여성 노동자들은 자주 반항했다. 조직적 방식의 저항은 아니었지만 말이다. 공장 생활을 조사한 설문 결과를 보면, 젊은 여성들은 아침에 출근을 해서도 한참 후에야 일을 시작했다. 그들은 기계 앞에서 다른 노동자들과 이야기를 하거나 탈의실에서 오랜 시간을 보냈다. 그들이 직장에 있는 동안 일을 하지 않으면서 보낸 시간은 비교적 높은 비율을 차지했다.[32] 또 다른 설문 조사 결과는 시계만 바라보며 퇴근 시간이 오기를 기다리는 것이 전시에도 평시와 마찬가지였다는 것을 보여 준다.

[오전] 11시가 되기 약간 전부터 태만의 징후가 나타나기 시작한다. 사람들은 탈의실에 가서 한참 동안 이야기를 하고, 머리를 만지고, 저녁

에 먹으려고 사 뒀던 케이크를 먹고 차를 마신다. 사람들은 대화를 하며 지금 몇 시나 됐냐고 묻기 시작한다(이 질문은 오후 4시쯤이 되면 거의 강박으로 변한다).[33]

사람들이 군수산업에서 일하게 된 이유가 무엇이든 간에(앞에서 살펴봤듯이 언제나 매우 강력한 강제 수단이 동원됐다), 착취의 현실은 평시와 마찬가지로 가혹했다. 일에 대한 불만은 예컨대 결근처럼 흔히 개별적인 방식으로 표출됐다. 그러나 여성들은 집단행동을 벌이는 데로 나아가기도 했는데, 동일 임금, 노동권, 보육 서비스에 대한 요구를 제기할 때 그랬다. 여성들은 어떤 문제에 관해서는 노조에 맞서서도 싸워야 했다.

동일 임금은 시간이 지날수록 점점 더 뜨거운 이슈가 됐다. 일부 여성들은 이 문제가 참정권 투쟁의 연장선상에 있다고 보고, 동일 임금을 성취하면 정치적 평등뿐 아니라 경제적 평등도 어느 정도 이룰 수 있다고 생각했다. 전쟁 전에는 동일 임금을 요구하는 움직임이 없었는데, 그 이유 중 하나는 [성별] 직종 분리가 심해서 남녀의 영역이 겹칠 일이 별로 없었고 여성의 일은 저임금 노동이었기 때문이다. 그러나 전쟁 동안에는 남성이 하던 일과 정확히 똑같은 일을 여성이 하고 있다는 것은 누가 봐도 명백했다. 그러나 여성의 임금은 동일하기는커녕 엇비슷한 수준도 안 됐다. 노동조합, 특히 숙련공 조합은 이중적인 태도를 보였다. 그들은 여성들이 남성과 동일한 임금을 받을 정도로 숙련됐다고 보지 않으면서도, 남성 임금이 잠식되지 않기를 원했다. 즉, 종전 이후에 남성들이 돌아왔을 때 고용주들이 남성보다 임금을 적게 받는 여성을 선호하거나 재고용된 남성의 임금을 삭감하는 것을 원하지 않았다.

최대 규모의 금속 노조인 통합금속노조AEU는 여성을 종전 이후에 남성들이 돌아와 복직하면 교체될 임시 노동자로 간주했다. 다른 한편으로 이 '임시' 노동자들이 조직되고 어느 정도는 괜찮은 급여를 받게 할 필요도 있다고 봤다. 어떤 의미에서는 이들이 남성의 일자리를 지키고 있는 셈이었기 때문이다. 1940년에 체결된 여성고용연장협약은 여성 노동자들이 임시로 고용된 것으로 간주해야 한다고 명시적으로 못 박았다.[34] 그러나 직업별 노조들은 여성이라 할지라도 이전에 남성이 받던 것과 동일한 임금률을 유지하길 원했다. 이것은 임금을 둘러싼 수많은 투쟁들과 동일 임금 요구로 이어졌다. 또한 "임금 투쟁에서" 여성 노동자들의 "투쟁성이 강화되는 경향"이 나타났다.[35] 전시에 벌어진 최대의 파업 중 하나가 1943년 글래스고 근처에 있는 힐링턴의 롤스로이스 공장에서 벌어진 동일 임금 요구 파업이었다.

전쟁 기간 동안 남성 임금 대비 여성 임금의 비율은 분명 상승했다.[36] 그러나 결코 전체적으로 남성 임금과 동일한 수준이 되지는 못했다. 여성의 임금을 올리라는 압박으로 1944년에 '동일 임금에 관한 왕립 위원회'가 설립됐다. 통합금속노조 위원장 잭 태너가 위원회에서 한 진술은 이중적 태도를 요약적으로 보여 준다.

평등[과 동일 임금]에 대한 우리의 입장은 먼저 노동조합으로서 여성이 남성과 동일하게 수행한 노동에 대해 동일한 임금을 받을 권리가 있음을 주장하는 것입니다. 그리고 둘째로 여성이 남성과 동일한 임금, 즉 같은 양의 일에 대해 같은 급여를 받지 못한다면 그것이 남성에게 위험한 결과를 초래할 것이라는 우려가 존재했고 지금도 존재합니다. 그리고 만약 여성 고용을 반대하는 입장을 취할 필요가 있더라도, 비록 그것이 여성이 남성보다 낮은 급여를 받고 있기 때문에 취한 입장이라 하더라도, 그런 입장은 노동조합과 전체 노동계급을 곤경에 빠뜨릴 것입니다.[37]

2년 후 이 위원회가 보고서를 완성한 시점에는 이미 여성이 대부분 군수산업을 떠난 상태였고, 그래서 위원회의 결론은 다소 가설적인 것이었다. 1943~1948년에 125만 명의 여성이 일을 그만뒀다.[38] 통합금속노조의 설문 조사 결과에 따르면 많은 여성들이 직장을 그만두길 원하지 않았다. 설문에 응답한 금속 부문 여성 1000명 중 663명이 계속 일하기를 원했다. 그리고 그중 3분의 1은 기혼 여성이었다.[39]

새로운 노동자들

군수산업 일자리를 상실한 것은 여성들에게 큰 타격이었다. 징발돼 일한 것이기는 해도 여성들은 전례 없는 수준의 소득과 독립성을 누렸다. 그리고 많은 여성들은 생계를 위해서라도 일을 해야 했다. 노조의 편협함과 국가의 역할 — 참전한 남성들이 이전의 직장을 되찾아야 한다고 주장했다 — 그리고 여전히 여성의 본분은 가정주부라고 규정하는 이데올로기가 더해져 여성은 군수산업에서 밀려났다. 그리고 전시에 세워진 보육 시설과 영국 식당들이 폐쇄된 것도 당연히 마찬가지 효과를 냈다. 종전 이전부터 보육 시설들이 폐쇄될 징후가 있었으며 전쟁이 끝나자 재무부는 보육 시설에 대한 자금 지원을 중단했다.[40] 그렇다고 여성들이 가정에만 머무르지는 않았다. 정부는 얼마 지나지 않아 만성적인 노동력 부족의 공백을 메울 여성 노동자들을 모집하기 시작했으며 1950년대의 호황으로 여성을 위한 수백만 개의 일자리가 창출됐다. 그러나 전후 산업 구조가 정착되면서 전쟁 이전의 엄격한 성별 분리가 다시 확립됐고 여성의 지위는 저임금의 시간제 노동자로 공고화됐다. 이런 결과는 전후 노동당 정부가 의도한 것이었다. 노동당 정부는 동일 임금이 [사용자에게] 크게 부담된다고 여겼고, 그 때문에 남성들이 여성들에게 일자리를 빼앗길지도 모른다고 여겼다.[41] 정부는 전통적인 가족의 가치도 강조했고 그 결과 임금 불평등, 단시간 노동, 무보수 보육이 강화됐다. 그래서 전후 세대의 여성 노동자는 극히 일부를 제외하고는 전문성을 발전시킬 경험을 쌓거나 고등교육을 받을 수 있는 기회가 여전히 부족했다. 여성들이 받을 수 있는 직업훈련은 타자, 속기, 기계식 계산기와 천공기 조작, 그리고 미용 기술에 국한됐다. 이런 상황은 1960년대가 돼서야 비로소 변하기 시작했다. 그 전까지 여성의 노동은 부차적이라고 여겨졌다.

이런 현실이 변하기 시작한 이유 중 하나는 결혼 후에도 일을 하는 여성이 크게 증가한 것이었다. 전후 장기 호황과 완전고용이나 다름없는 상황으로 노동력이 부족해지자 자본가들은 기혼 여성을 거대한 인력풀로 활용했다. 기혼 여성들이 비교적 쉽게 일할 수 있는 괜찮은 환경이 조성되자 많은 기혼 여성이 노동인구로 편입됐다. 종전 직후인 1947년에만 해도 직장 다니는 여성은 1939년보다 68만 3000명 많았으며 갈수록 기혼 여성이 그 증가세의 핵심 요인이 됐다. 1951년에는 기혼 여성 20퍼센트가 고용된 상태였으며, 이것은 겨우 20년 전에 비해 두 배로 증가한 수치였다. 1960년에는 전체 여성 노동자 가운데 기혼 여성의 비율이 미혼 여성을 약간 앞질렀다.[42] 일하는 기혼 여성에 관해 흥미로운 연구를 한 필 세츠콧은 1962년에 다음과 같이 썼다. "오늘날 공장에서 일하는 여성 노동자 중 최소한 절반이 기혼 여성이다. 전일제 여성 교사의 3분의 1 이상이 기혼 여성이며, 아마 간호사의 4분의 1은 기혼 여성일 것이다."[43] 필 제프콧은 버몬지에 있는 피크 프린스 과자 공장의 노동자들을 조사했는데, 이 공장 여성 노동자 중 82퍼센트가 기혼 여성이었고, 전체 직공 중 46퍼센트가 시간제 여성 노동자였다.[44]

무엇 때문에 기혼 여성의 노동 패턴이 변화한 것일까? 먼저 임신과 출산과 양육에 소요되는 기간이 이전 세대보다 크게 줄어들었다. "1890년대에 일반적인 노동계급 여성이 아이들을 임신하고 낳고 생후 1년까지 키우며 보낸 기간은 [다 합하면] 거의 15년이었다. (1950년대에는) 4년 정도에 불과하다."[45] 이제 여성들은 자녀가 다 큰 후에도 살아갈 날이 길다. 기술 발전으로, 쾌적한 생활을 유지하는 데 필요한 가사도 크게 줄어들었다. 가스와 석유를 사용해 집 전체를 따뜻하게 하는 난방시설, 세탁기, 가스레인지와 전기 조리 기구, 진공청소기, 냉장고, 즉석식품과 패스트푸드점은 모두 가사를 돌보는 데 필요한 시간을 단축시켰다. 사실 여기서는 순환적 과정이 작동했다. 이런 제품들 덕분에 여성들은 직장을 다닐 수 있게 됐지만, 동시에 직장에 나가 돈을 벌어야 가사 부담을 줄여 줄 제품들을 구입할 수 있었다. 대개 이 상품들을 구입하는 비용은 개별 가정이 부담했기 때문에 자본주의는 더 많은 상품에 대한 수요를 창출해서 이윤을 얻어 낼 수 있었고, [기혼 여성으로] 새로운 노동인구를 창출해서 이윤을 뽑아낼 수 있었다.[46]

또한 전시의 경험은 분수령이었다. 이제 여성들은 노동하는 것을 더 잘 받아들였고, 아이를 돌보면서 직장 생활을 하는 것에 훨씬 더 익숙해졌다. 중앙정부와 지방정부의 공무원 채용에서 기혼 여성을 배제하던 관행이 전후에 폐지된 것도 분수령이었다.[47] [전후의] 오랜 호황 동안 생겨난 노동력 부족으로 민간 영역에서도 그런 관행은 결국 철폐됐다.

그러나 전후에 직장을 다니는 여성들은 정부나 국가로부터 별 도움을 얻지 못했다. 동일 임금을 향한 진전은 거의 이뤄지지 않았고, 보육 시설은 대다수 여성에게 머나먼 꿈이었다. 괜찮은 계획들도 [국가] 재정상의 우선순위에 밀려서 성 평등 향상에 도움이 되는 정책들은 실행되지 못했다. 그리고 그런 계획들은 애초에 지지받기 쉽지 않았다.[48] 정부는 진정으로 보육을 위해 지원하고자 하는 의지도 거의 없었다. 1945년 보건부 장관과 교육부 장관이 공동으로 작성한 문서에는 다음과 같은 주장이 담겨 있었다. "2세 이하의 유아는 가정에서 어머니와 함께 있어야 합니다."[49]

워킹맘

전쟁 기간 동안 제공됐던 조치들이 전후에 사라졌음을 고려하면, 수많은 기혼 여성들이 전후에 시간제로 일했다는 것은 전혀 놀랍지 않다. 여성들은 해 질 녘부터 밤까지 일하도록 권장됐는데, 이것이 가정생활과의 병행에 들어맞았기 때문이다. 즉, 여전히도 여성의 노동은 주되게 여성의 몫으로 여겨진 집안일에 지장을 주지 않으면서도 남편 소득에 더해 추가적 소득을 올리는 수단으로 여겨졌다. 1951~1981년에 시간제로 고용된 사람의 수는 400만 명 이상 증가했다. 이 중 압도 다수가 여성이었으며, 많은 여성들이 돌봐야 할 자녀가 있었다. 1980년대 초에 수행된 한 연구는 워킹맘 중 70퍼센트가 시간제로 일을 했지만 아이가 없는 여성은 26퍼센트만이 시간제로 일을 했으며,[50] 5세 이하 자녀를 둔 여성은 일을 하는 비율이 가장 낮았다는 것을 보여 준다.[51] 1980년에 진 마틴과 케리드원 로버츠가 《여성과 고용》에 실은 광범위한 설문 조사 결과를 보면, 10대 여성의 경제활동 참여 비율이 전체 여성 중 가장 높았고 그 다음이 40대였다. 여성 중에서 경제활동 참여 비율이 가장 낮은 것은 20대 후반이었다.[52] 즉, 자녀가 있는 기혼 여성은 여전히 일을 하지 않는 경향이 가장 강했고, 일을 한다고 해도 대부분 시간제였다.

그러나 여성이 가사를 돌보면서도 시간제로 일을 하는 모습은 1980년대부터는 사라지기 시작했고, 자녀가 있는 여성 중 점점 더 많은 수가 아이를 낳고 전일제 일자리를 얻었다. 그에 따라 새로운 패턴으로 일하는 노동자가 아주 많아졌다. 여성의 고용은 출산과 육아 기간에 혹 떨어지는데, 그 감소폭이 줄어들었다. 예를 들어 1975~1998년에 28세 여성의 고용률은 42퍼센트에서 69퍼센트로 증가했다.[53] 1961년에는 5세 이하 자녀가 있는 기혼 여성 중 11.5퍼센트만이 경제활동을 했지만, 1981년이 되자 2세 이하 자녀를 둔 여성의 4분의 1, 3~4세 자녀를 둔 여성의 3분의 1 이상이 경제활동을 했다. 자녀가 학교 갈 나이가 되면 여성들은 대부분 경제활동을 했으며, 심지어 자녀가 세 명 이상 있는 여성도 마찬가지였다.[54] 첫 아이 출산 후 6개월 이내에 다시 일을 하는 비율은 1940년대 말과 1970년대 말을 비교하면 거의 두 배로 증가했지만, 대부분 시간제로 일을 했다. 그러나 1980년대 말이 되자 상황이 변화해 "임신한 당시에 전일제로 일하던 여성들이 출산 후에 전일제 일자리를 얻는 비율과 시간제 일자리를 얻는 비율은 비슷했다."[55]

오늘날 여성들은 역사상 그 어느 때보다도 많이 집 밖에서 일을 한다. 21세기에 접어들 무렵에는 1250만 명의 여성이 노동시장에 존재했는데, 이것은 그 10년 전보다 거의 100만 명이 증가한 수였으며, 자녀가 있는 여성의 65퍼센트, 5세 이하 자녀를 둔 여성의 절반 이상이 일을 했다.[56] 1990년대의 젊은 여성들은 20세기 초에 태어난 여성들보다 직장 생활을 하는 기간이 평균 10년 더 길었다.[57] 일을 하는 여성의 수는 계속 증가한 반면, 일을 하는 남성의 수는 계속 감소했다. 현재[2007년] 약 70퍼센트의 여성이 고용돼 있는데 1971년에는 그 비율이 56퍼센트였다.[58] 많은 여성들이 아이를 낳은 뒤에도 전일제 일자리를 유지한다는 점이 큰 변화다. "임신 기간에 일을 하다가 출산한 지 9~11개월 만에 다시 일을 하는 여성의 수가 최근 극적으로 증가했다." 1979년에는 출산 후 다시 일자리를 얻는 여성은 24퍼센트였는데, 이 수치는 1988년에 45퍼센트, 1996년에 67퍼센트로 증가했다. 이 중 24퍼센트가 전일제, 42퍼센트가 시간제였다.[59]

또한 자녀가 있는 여성들은 전보다 장시간 일하는데, 자녀가 없는 여성보다 자녀가 있는 여성의 노동시간 증가율이 더 컸다. 1984~1994년에 5세 이하 자녀를 둔 여성의 주당 평균 노동시간은 4시간 증가한 반면, 자녀가 없는 여성은 0.4시간만 증가했다.[60] 이런 경향이 역전될 기미는 없는데, 이런 변화의 요인은 하나가 아니다. 출산휴가를 쓰기가 더 쉬워지고 고용주들도 이것을 더 용인하게 된 점, 여성들이 계속 일하고 싶어 하거나 일할 필요가 있다는 점(경쟁이 치열한 직종에 있는 여성들은 특히 더 그렇다), 여성들이 개인적·사회적 이유들로 일을 하기 원한다는 점 등이 모두 한몫했다. 그러나 자녀가 있는 여성들이 일을 하려 한 주된 이유는 가계소득에 보탬이 되기 위해서, 즉 경제적 필요였다. 여성의 수입이 가계소득에서 차지하는 중요도는 전후 호황기에 크게 증가했다. 전반적으로 볼 때 여성의 수입이 가계소득에서 차지하는 비중은 1965년에 7.9퍼센트를 차지했고, 1983년에 11.3퍼센트를 차지했다. 기혼 여성이 일을 하는 가구에서 여성의 소득이 가계소득에서 차지하는 비중은 자녀가 있을 때와 없을 때 각각 19.5퍼센트와 27.4퍼센트였다.[61]

여성의 임금에 대한 의존도가 증가한 것은 전일제로 일하는 워킹맘이 증가한 한 요인이다. 많은 노동계급 남성의 임금이 낮거나 때로는 하락해서 이를 벌충하기 위해 저소득층 여성들이 일자리를 구해야 하는 압박을 더 많이 받게 됐다는 증거들도 있다. 1980년대 이

전에는 고소득 남성들의 아내가 고용이 가장 빠르게 증가한 반면, 1980년대부터는 저소득 남성의 아내가 고용이 가장 빠르게 증가했다. 여성이 가계소득에 기여하는 몫은 남성의 소득이 하위이거나 중위인 가정에서 가장 빠르게 증가했다. 여성이 돈을 벌지 않았다면 1990년대에 부부나 동거 커플의 빈곤율이 50퍼센트는 더 높았을 것으로 추산된다(실제 빈곤율은 8.1퍼센트, 여성이 돈을 벌지 않는다고 가정하면 빈곤율은 13.1퍼센트).[62]

이처럼 여성들은 일을 해야 한다는 경제적 압박을 강하게, 자주 받았지만 여성들이 일을 하는 조건은 대체로 1950년대와 1960년대보다 훨씬 열악했다. 특히 1980년대와 1990년대에는 두 차례의 매우 심각한 불황이 발생해서 많은 남성, 특히 철강·기계·광업 분야의 남성들이 직장을 잃었다. 그런데 서비스와 행정 분야는 빠르게 성장해서 많은 "여성 일자리"가 생겨났다. 남성의 임금이 불안정해지자 일해야 한다는 압박이 여성들에게 더 크게 가해졌다.

또한 1980년대와 1990년대는 대다수 노동자에 대한 착취율이 크게 증가한 시기였다. 장기 호황기의 대부분 동안에는 생활수준이 실질적으로 향상됐고 복지가 상당히 확대된 반면, [영국] 대처 정부와 미국 레이건 정부 시절에는 그 반대였다. 몇몇 분야에서는 상황이 극도로 악화됐다. 사람들은 노동시간이 늘어나거나 분할 근무를* 받

---

* 분할 근무(split shift) 하루 근무시간을 둘 이상으로 나누는 것으로, 중간의 휴식 시간은 근무시간으로 인정되지 않는다. 업무가 몰리는 시간에만 노동을 시키고 나머지 시간에 대해서는 임금을 주지 않기 위한 방책이다.

아들일 수밖에 없었고, 그 때문에 평일 여가 시간이 상당히 깎여 나갔다. 직장에 더 많은 '유연성'이 도입되면서 티 타임 같은 몇몇 권리들은 폐지됐다. 일부 산업에서는 임금이 실제로 삭감됐다. 예를 들어, 공공 부문이 민영화되면서 일자리가 임금률을 떨어뜨리는 방식으로 재편됐고, 언론과 출판 같은 분야에서는 노조가 파괴돼 전반적으로 임금 수준이 하락하고 노동조건이 악화됐다. 여성들은 노조가 약해지고 기존의 조건과 합의가 무너지던 바로 그 시기에 일터로 나가기 시작한 것이다. 농시에 복지국가도 공격을 받았고 복지가 담당하던 부분은 점점 더 개별 가정에 부담으로 떠넘겨졌다. 보편적이고 저렴한 보육을 제공받고 여성의 삶의 조건을 실질적으로 향상시킬 전망은 10~20년 전보다 훨씬 더 멀어졌다. 이제 여성들은 일과 육아를 병행하라고, 그것이 여성의 책임이라고 요구받는다. 거기에 적합한 교육을 받고 기술을 익혀 노동시장에 진입할 능력을 갖추는 것도 각자의 책임이라고 한다. 그리고 무엇보다도 가정을 돌볼 책임은 여전히 여성의 몫이다. 이제 "이중의 굴레"라는 말도 여성들의 처지를 묘사하기에는 부족하다.

보육

만약 영국의 의료 제도가 보육 제도와 동일한 방식으로 운영된다면, 사람들은 길거리에서 피를 흘리며 죽어 가고 있을 것이고 대다수의 환자들은 가족에게, 또는 다른 환자도 돌보는 유급 간병인에게 의탁해야 할 것이다. 그런데도 우리는 일하는 여성들의 자녀 수백만 명을 할아버지나 할머니, 친척, 친구 등이 무급으로 돌보는 현실에는 그러려니 한다. 유상 보육은 대부분 등록된 돌보미가* 맡고 있는데, 그들도 자신의 아이 때문에 집 밖에서 일을 할 수 없는 경우가 많다. 극소수의 아이들만이 어린이집 등 보육 시설에서 돌봐진다.

제2차세계대전 종전 이후 보육 지원이 축소되고 여성들이 육아와의 병행을 위해 시간제 일자리를 얻었기 때문에, 전후 호황기에도 보육에 대한 공적인 재정 지원이 실질적으로 시행되지는 않았다. 또한 1970년대 중반부터는 공공 지출을 삭감하려는 시도가 끈질기게 있었기 때문에, 수많은 여성 직장인들이 이용할 보편적인 공공 보육 제도가 들어서지 못했다. 그런 제도가 시행됐더라면 많은 여성들에게 이득이었을 텐데 말이다. 자녀가 있는 여성들이 일을 하지 못하는 주된 이유가 경제적 부담 없이 아이를 맡길 곳을 찾을 수 없기 때문이라는 것을 보여 주는 근거가 많다. 한 연구에 따르면, 아이를 낳은 후 다시 취직하지 않은 여성의 3분의 1은 돈을 벌어 봐야 보육비를 감당할 수 없기 때문이라고 응답했다. 자녀가 있으면서 일을 하지 않는 여성의 거의 25퍼센트가 괜찮은 보육 서비스를 받을 수만 있다면 전일제로 일할 의사가 있다고 답변했고, 55퍼센트는 시간제로 일을 할 것이라고 답변했다. 괜찮은 보육 서비스를 받을 수 있더라도 일을 하지 않겠다고 응답한 사람은 19퍼센트에 불과했

---

* 영국에서 childminder는 일정한 보수를 받고 자신의 집에서 몇 시간 정도 아이를 맡아 돌봐 주는 사람을 말하고, '돌보미'로 번역했다. nanny는 아이의 집에서 전일제로 아이의 양육과 교육을 장기간 전반적으로 담당하는데, 출퇴근을 하기도 하고 아이의 집에 입주하기도 한다. nanny는 '보모'로 번역했다.

다.[63] 데이케어트러스트는* 잉글랜드에 등록된 보육 시설이 8세 이하의 아동 7.5명당 한 곳일 정도로 수요와 공급의 격차가 있다고 계산했다.[64] 요즘은 3~4세 아동이 대부분 어떤 형태로든 유아 교육을 받고 있지만, 거의 다 시간제로 운영된다. 시장 법칙이 보육을 지배하고, 국가는 전일제 보육 제공에 극히 인색하다. 보육에 필요한 자원 — 돌봐 줄 친척이든 돈이든 — 을 찾을 책임은 부모의 몫이다.

영국의 보육 비용은 유럽에서 가장 높다. 개별 가정이 보육 비용의 압도적으로 많은 부분을 부담한다. 보육 비용 중 1억 9000만 파운드는 사기업이 부담하고, 5000만 파운드는 기타 여러 곳에서 오며, 정부가 직접 지원하는 액수는 1억 5000만 파운드다. 그러나 개인들이 부담하는 액수는 16억 5500만 파운드나 된다(이 중 1억 1000만 파운드는 정부의 간접 보조금이다).[65] 이처럼 보육비는 남녀 노동자에게 부과되는 세금이나 마찬가지로 볼 수밖에 없는데, 이것은 사람들이 감당하기에는 너무 큰 부담일 때가 흔하다. 1990년대 중반에는 미취학 아동 한 명과 취학 아동 한 명, 이렇게 두 자녀를 둔 가정이 쓰는 보육비가 1년에 6000파운드[약 900만 원]에 이른다고 추산됐다.[66] 2006년에는 통상적인 유아 보육 시설을 이용하는 비용이 1년에 7300파운드[약 1100만 원]였는데, 이는 그 5년 전보다 27퍼센트가 증가한 액수다. 런던과 [비교적 부유한] 남동부 지역에서는 보육 시설 이용비가 1년에 1만 파운드[약 1500만 원] 이상일 것으로 추산되는데, 이것은 많은 전문직 종사자들에게도 감당하기 빠듯한 액

---

* 데이케어트러스트 유아와 아동 복지 증진을 위한 영국의 자선 단체.

수다.[67] 입주 보육 서비스는 점점 부유층만 이용하는 것이 돼 가고 있다. "보모를 구하기 어려워지면서 급여가 올라가고 제공해야 할 편의도 늘어났으며, 이에 따라 보모 이용은 매우 부유한 사람들만의 전유물이 됐다."[68] 〈파이낸셜 타임스〉에 소개된 어느 자선단체 이사의 사례를 보면, 그녀는 두 자녀를 기르며 남편 소득과 합해서 1년에 5만 8000파운드[약 8500만 원] 이상을 벌고 어느 정도 세금 공제를 받는다. 이 가정은 두 자녀를 하루 종일 돌봐 주는 보모에게 일주일에 250파운드[약 37만 원, 1년에 약 2000만 원]를 지불한다. 런던에 사는 부모가 전문 보모를 고용하는 데만 1년에 3만 5000파운드[약 5100만 원]가 필요한 것으로 추산되는데, 많은 노동계급 가정에서는 부부의 소득을 합한 금액에 맞먹거나 어쩌면 그보다도 더 큰 금액이다.[69]

보육 서비스를 양적·질적으로 크게 개선하겠다는 신노동당 정부의 약속은 지켜지지 않았다. 재정연구소IFS가 작성한 보고서를 보면 영국의 보육 서비스 부족은 유럽연합의 어떤 나라보다 더 심각한 수준으로, 보육비는 워킹맘에게 무거운 짐이 되고 있으며 어떤 여성은 소득의 4분의 1이 보육비로 들어갈 정도다. 주간晝間 보육 시설은 5세 이하 아동 100명당 8곳뿐이고 방과 후 클럽활동은 16세 이하 아동·청소년 14명 중 1명만 이용 가능하다.[70]

저렴한 보육 서비스를 제공하지 않은 결과 하나는 배우자와 함께 자녀를 기르는 여성보다 싱글맘의 경제활동 참가 수준이 훨씬 낮다는 것이다. 그래서 배우자와 함께 자녀를 기르는 여성의 경제활동 참가율은 크게 증가했지만 싱글맘은 그만큼 늘지 못했다. 싱글맘은 급여가 평균보다 높지 않으면 취업해 봐야 별 소용이 없다. 어차피 소득의 상당 부분이 보육비로 나가기 때문이다. 그래서 싱글맘 중 61퍼센트는 취업을 하지 않는다. 아이가 학교에 갈 나이가 돼도 문제는 그대로다. 학교에서 돌아온 자녀를 돌보느라 전일제 직장을 구할 수 없기 때문이다.[71] 5세 이하 자녀를 둔 싱글맘은 일을 하기가 특히 더 어려워, 이들 중 일을 하는 비율은 3분의 1도 안 된다.[72]

이렇게 보육비가 터무니없이 비싸기 때문에, 핵심적으로 소득 수준에 따라 이용할 수 있는 보육 서비스의 종류와 이용 시간이 결정되고, 그에 따라 여성들이 할 수 있는 일의 유형도 크게 달라진다. 오랜 시간 아이를 돌봐 줄 서비스를 이용할 수 있을 정도로 돈을 많이 벌지 않는 한, 자녀가 있는 여성은 출퇴근을 하며 장시간 일하는 직장을 다니기가 훨씬 어려울 것이 명백하다. 가장 포괄적인 보육 서비스는 가장 비싸다. 그래서 취학 전 아동을 하루 중 가장 오랜 시간 돌보는 것은 보모이고, 그 다음이 등록된 돌보미다. 보모들은 대개 주 5일 근무를 하며 아침 일찍 일하기 시작해서 저녁 늦게 일을 마친다. 이런 보육 서비스가 부족하기 때문에 사람들은 몇 안 되는 공공 보육 시설을 이용하거나 더 흔하게는 돈을 받지 않고 아이를 돌봐 줄 사람을 찾기 위해 애쓴다. 미취학 아동의 62퍼센트, 취학 아동의 77퍼센트가 이웃, 친구, 친척에게 맡겨지는, '비공식 보육'을 받았다는 통계가 있다.[73] 그렇지만 이런 '비공식'(혹은 무보수) 보육은 대개 하루 중 짧은 시간, 그리고 일주일에 하루나 이틀 정도 부탁을 할 수 있을 뿐이어서, 이런 식으로 아이를 맡긴 여성은 집에서 상대적으로 가까운 직장에서 대개 시간제로 일할 수밖에 없다.[74]

그러나 많은 노동계급 가정에는 어머니가 집에 없을 때 주로 아버지나 할머니처럼 무보수로 아이를 돌봐 줄 사람에게 보육을 맡기는 것 말고는 선택의 여지가 없는 경우가 많다. 자녀를 아버지나 할머니가 돌보는 비율은 전문직이나 관리직 종사자보다는 육체 노동자 사이에서 훨씬 더 높다. 아버지가 아이를 돌보는 비율은 전문직이 29퍼센트, 관리직이 27퍼센트인 반면, 숙련 육체 노동자는 45퍼센트, 반#숙련 노동자는 50퍼센트다. 할머니나 할아버지가 아이를 돌보는 비율은 전문직이 18퍼센트, 관리직이나 고용주가 25퍼센트지만, 직급이 중하위인 비육체 노동자 가정에서는 이 비율이 급격히 상승해서 44퍼센트고, 숙련 육체 노동자 가정에서도 같은 수치를 보인다.[75]

그래서 보육 서비스의 접근성, 비용, 이용 시간은 노동시장에 진입하는 여성들의 처지에 지속적이고 심대한 영향을 미치며, 많은 노동계급 여성들은 할 수 있는 일의 종류와 임금수준 면에서 심각한 불이익을 받고 있다.

임금 불평등

여성 직장인에 대한 대중적 이미지는 힘든 직장 일, 가정생활, 까다로운 사회생활을 모두 감당해 내는, 교육·소득 수준이 높은 전문직 종사자다. 이런 여성은 20년 전하고만 비교해도 훨씬 더 많다. 그러나 이렇게만 보는 것은 현실의 반만 보는 것이다. 지난 반세기 동안 여성이 [남성과] 동등한 임금을 받을 권리가 있다는 인식이 확대됐지만, 영국 여성들은 그런 권리를 여전히 누리지 못하고 있다. 이미 1956년에* 유럽경제공동체EEC(유럽연합의 전신)는 로마조약을 체결하며 "동일 가치 노동에 대한 동일 임금"을 요구하는 국제노동기구ILO 협약 제100호를 받아들였지만, 영국은 동일 임금을 보장하는 데서 여전히 뒤처져 있다. 1950년대와 1960년대에 동일 임금을 위한 운동이 특히 공공 부문 노동자들 사이에서 일어났는데, 이 운동은 노조 내 여성들이 이끄는 경향이 있었다. 그러나 노조 지도자들은 이 운동에 대해 때로는 적대적이었고 보통은 적극적으로 나서길 꺼렸다. 달라진 것은 별로 없었고, 1964~1970년 노동당 정부의 임기 말에 가서야 [고용부 장관] 바버라 캐슬이 동일 임금에 관한 법을 도입했다. 당시 여성 노동자들의 투쟁성이 고조되던 상황을 배경으로 한 조처였는데, 그 분위기는 포드의 대거넘 공장 여성 기계공 파업이 잘 보여 준다. 이 여성 노동자들은 같은 직급의 남성들과 동일한 임금을 지급하라며 파업을 벌였다. 끊임없이 촉구 성명을 발표하고 정부와 고용주의 양심에 호소하던 세월은 끝났다. 세라 보스턴은 여성과 노동조합을 다룬 자신의 책에서 다음과 같이 썼다.

"남성 동료들에게 의존"하고, "사회적 인식이 바뀌기를" 기다리고, 단체교섭으로 동일 임금을 향한 길이 열리기를 수십 년을 더 두고 보자는 투쟁 방법은 모두 거부됐다. 새로운 투쟁 방법은 그보다 훨씬 더 전투적이었다.[76]

---

* 1957년의 오기인 듯 하다.

동일 임금을 쟁취하기까지, 여성들은 끌어모을 수 있는 전투성을 전부 모아 발휘해야 했다. 1970년에 동일임금법이 통과됐지만, 시행은 1975년까지 유예됐다. 그 몇 년간 고용주들은 대다수 여성의 임금을 크게 인상하는 것을 회피할 방안을 마련할 시간을 벌었다. 동일임금법의 동일 임금 정의는 국제노동기구 협약의 정의보다 훨씬 더 협소해서, 남성과 똑같거나 "유사한" 일을 할 때만 동일 임금을 받도록 했다. 그런데 영국의 노동시장에서는 성별 분리가 강해서 남녀 노동자가 서로 다른 일을 하는 경우가 많았다. 그래서 많은 고용주들이 여성의 일과 남성의 일을 직접 비교할 수 없다고 주장할 수 있었고, 그래서 여성들의 급여를 남성보다 낮게 유지할 수 있었다.

[그럼에도] 남성 임금 대비 여성 임금의 수준이 상승하는 효과는 어느 정도 존재했고 새 법의 탄생이 낳은 자극으로 일부 개선도 이어졌다. 그러나 1970년대 초중반의 수많은 파업, 특히 기계공업 분야의 파업 또한 동일 임금을 확보하는 데 매우 중요한 구실을 했다. 1983년에 동일임금법은 노동자들이 원한다면 "동일 가치 노동에 대한 동일 임금"에 대한 조사를 허용하도록 개정됐다.* 법 제정 초기에는 일부 성과가 있었지만 동일 임금을 향한 진전은 1970년대 후반에 들어 정체됐다(1980년대 후반에야 새로운 진전이 있었다).[77] 그래서 1970년대 중반 이래로 임금 격차가 줄어들었지만 사라진 것은

---

* 1983년 동일임금법이 개정됐을 때 여성 노동자의 노동이 남성의 노동과 동일한 가치가 있는가를 두고 분쟁이 있으면 위원이나 전문가가 조사해 판단하도록 하는 조항이 신설됐다.

결코 아니었다. 동일임금법이 처음 제정될 당시에 남녀 임금 격차는 31퍼센트였는데, 30년도 더 지난 지금[2007년]은 17.2퍼센트다.[78]* 여성의 소득은 남성의 82퍼센트 수준이다.[79] 1970년대와 1980년대에 격차가 줄어들었다 해도 1990년대가 되자 또다시 개선이 멈췄다. 시간제 노동자의 경우는 여성의 시급이 남성 시급의 60퍼센트 수준이라서, 개선이 거의 없었다고 해도 과언이 아니다.[80]

여성의 임금이 더 상승하지 못한 주요 원인 하나는 남성과 여성의 직업적 분리다. 이것은 거의 혹은 전부 여성으로 구성된 산업이나 직군의 형태로 나타나기도 하고('수평적' 분리) 남녀가 혼합된 직군에서 여성이 최하위 직급을 담당하는 형태로도 나타난다('수직적' 분리). 비서, 타자수, 개인 조수의 93퍼센트, 교사의 61퍼센트가 여성이다. 여성 노동자 중 10퍼센트가 판매 보조원이고, 6퍼센트는 비서 5퍼센트는 간호사다.[81] 여성은 25퍼센트가 행정직과 비서직에서 일하지만, 남성은 6퍼센트다. 남성은 17퍼센트가 숙련 기술직에 고용돼 있지만 여성은 불과 2퍼센트다. 대인 서비스직에서는 반대로 남성의 2퍼센트, 여성의 13퍼센트가 고용돼 있다. 이런 경향은 판매 및 고객 서비스업(남성 5퍼센트, 여성 13퍼센트)과 공장 설비 및 기계 조작업(남성 13퍼센트, 여성 3퍼센트)에서도 마찬가지다.[82] 급여가 매우 높은 직군에는 남성 비율이 높은 직업이 많은데, 회계 담당자, 재정 관리자, 보험업자, 주식 중개인, 경위 이상의 경찰관, 경영 컨

---

* 2020년 11월 영국 통계청(ONS)이 발표한 보고서를 보면, 남녀 임금 격차는 전일제 노동자 기준 7.4퍼센트, 전체 노동자 기준 17.4퍼센트로 여전히 크다.

설턴트, 교육 훈련 감독관 등이 이에 포함된다. 급여가 매우 낮은 직군에는 여성 비율이 높은 직업이 많은데, 소매업 노동자, 보조 교사, 보육 노동자, 미용사, 계산원, 요식업 노동자 등이 이에 포함된다.[83]

그러나 비록 소수이기는 하지만 의미 있는 수의 여성들이 이제 남성과 대등하거나 남성보다 더 많은 돈을 벌 수 있다. 이제 여성의 5분의 1이 배우자보다 더 많은 돈을 버는데, 1970년대에는 그 수가 14명에 한 명꼴이었다.[84] 그러나 이것은 주된 현상은 아니다. 1990년대 중반까지만 해도 여성의 20퍼센트가 남성 최하위 10퍼센트의 소득과 같거나 그 이하였으며, 최상위 10퍼센트의 남성만큼 돈을 버는 여성은 단지 3퍼센트에 불과했다. 여성의 4분의 3이 남성 하위 50퍼센트에 해당하는 급여를 받고 있는 것이 현실이다.[85]

양극화

이제는 많은 여성들이 자신의 삶이 노동시장과의 관계 속에서 규정된다는 사실을 알고 있지만, 모든 여성이 동등하게 노동시장에 진입하는 것은 아니다. 흔히들 전일제 전문직과 저임금 시간제 임시직 간에 양극화가 있다고 생각한다. 그러나 지난 20년 동안 현실의 여성 노동에서는 그와 다른 분화가 일어났다. 한쪽에는 1980년대와 1990년대에 큰 성공을 거둔 소수 여성들이 있다. 이들은 대다수 노동계급 여성뿐 아니라 노동계급 남성들도 꿈꿀 수 없는 큰 돈을 번다. 그리고 다른 한쪽에는 지속적으로 더 많은 여성이 노동시장에 유입됨에 따라 직장 생활에서 받는 압박이 강해진 대다수 노동계급 여성들이 있다. 관리직·전문직·행정직에서 일하는 여성의 수는 증가해 왔다. 그들은 소득 면에서 그리고 노동과정에 대한 통제력 면에서 관리자층이나 때로는 지배적 엘리트의 일부라고 할 수 있다. 반면에 다수의 여성은 반복적인 업무를 하는 사무·행정직에 종사하고 있고, 교사처럼 노동조건이 사무·행정직과 점점 더 유사해지고 있는 공공 부문의 '전문직'도 있다. 그리고 대인 서비스업에 종사하는 엄청나게 많은 여성들은 흔히 시간제로 일하고 임금수준이 가장 낮으며 대체로 미래가 불투명하다. 반복적인 업무를 하는 전일제 여성 노동자들의 처지는 고위 관리직이나 전문직 종사자들보다는 시간제 노동자나 저임금 노동자들과 더 가깝다. 이것은 임금과 노동조건 면에서뿐 아니라, 많은 여성들이 직장 생활을 하면서 전일제와 시간제를 오간다는 면에서도 그렇다.

이런 양극화 경향은 1980년대에 이르러 뚜렷해졌다. 1988년에 질루버리와 로저 탈링은 여성 고용의 이중적 성격을 다음과 같이 표현했다.

여성 고용은 지금까지 보호되고 확대돼 왔다. 여성들이 노동시장에서의 상대적 불리함을 점진적으로 극복하고 있기 때문이 아니다. 그런 불리함이 지속됨에 따라 특정 유형의 일자리에서는 고용주들이 여성을 더 매력적인 노동력 공급원으로 보기 때문이다.

그들은 여성들이 "더 안정적이고 지속적인 노동인구가 됨으로써, 또 노동시장에 진입한 전후로 능력을 적극적으로 향상시킴으로써"

노동시장에서 입지를 확보하기 시작했다고 주장한다. 그러나 그들은 이것이 오직 소수에게만 이익이 될 것이라고도 경고한다. "점차 늘어나는 소수의 여성들은 전통적으로 남성 노동자들만 가졌던 특성들을 점점 더 많이 익혀 가고 있는 반면 대다수 여성들의 고용조건은 악화될 것"이라는 얘기다.[86]

이런 예측은 현실로 드러났다. 사회 최상층부로 올라갈 수 있었던 여성들은 1980년대 이후로 매우 잘살게 됐다. 매우 제한적으로나마 평등을 추구한 결과로 사회 상층부에 들어갈 기회가 열린 덕분에 이 여성들은 매우 큰 이익을 얻었다. 그래서 소수 여성들은 전통적으로 남성만의 요새였던 영역에 진입할 수 있었고, 소득과 지위 면에서, 그리고 육아와 청소 같은 가사를 돈을 주고 남에게 시킬 능력을 얻었다는 면에서 엄청난 보상을 얻었다. 1997년 새로 자격을 취득한 변호사의 52퍼센트, 관리·행정직의 32퍼센트, 투자자·중개인·대리점주의 27퍼센트, 의료 전문직의 34퍼센트를 여성이 차지했다.[87] 관리직에서 여성이 차지하는 비율은 1989년 6.9퍼센트에서 1998년에는 14퍼센트로 증가했다. 2007년 3월에는 고위 관리직의 19퍼센트를 여성이 차지했다.[88] 그렇다 해도 사회 최상층부에 속한 여성의 지위가 최상층부 남성과 평등한 것은 결코 아니다(여성 이사의 비율은 1989년 2퍼센트에서 1998년 7퍼센트로 증가했다). 물론 여성이 국회의원의 18퍼센트, 판사의 10퍼센트, 경위 이상 경찰관의 4퍼센트밖에 안 되는 세상임을 고려하면 중요한 변화였다.[89]

그러나 이런 여성들은 여성이 여성이어서 불이익을 받는다는 면에 대해서는 별로 신경 쓰지 않는 경향이 있었다. 유럽 전역의 고위직 여성을 대상으로 한 설문 조사 결과 그 여성들에게 보육에 대한 복지는 관심 밖의 일이었다. 그들은 "그저 돈을 더 많이 벌고 싶어 하고, 보육 문제는 자신이 알아서 해결하고 싶어" 하기 때문이다.[90] 그들은 자신이 속한 계급의 남성보다는 불리한 면이 있겠지만, 대다수 노동계급 여성을 관리하며 흔히 그들과 대립하는 관계다. 이제 사람들은 명품 옷을 입고 비싼 차를 타는 여성을 직장 생활 중에 흔히 볼 수 있게 됐지만, 대다수 노동계급 여성들은 여성 관리자라는 새로운 종족이 여성에게 어떤 특별한 호의를 보이는 것은 아니라는 사실을 알아차리고 있다.

정장 — 다만 [의류 브랜드] 넥스트나 BHS 같은 곳에서 대량생산된 정장 — 이나 유니폼을 입은 다른 여성들이 또 한편에 있다. 그들은 사무직 노동자, 유니폼 차림의 은행 직원, [주택자금을 대출해 주는] 주택 금융 조합의 직원, 간호사, 세인즈버리스나 테스코 등 마트 노동자들이다. 여기에 교사, 보육·사회복지 노동자, 콜 센터의 젊은 여성 노동자들까지 더하면 오늘날 노동계급 여성의 직업 대부분을 언급한 셈이 될 것이다. 콜 센터에서는 86만 7000명 이상이 일하는데 그중 56퍼센트가 여성이다.[91] 1990년대 이후 빠르게 증가하는 직업들에서는 여성의 비율이 매우 높다. 판매 보조원, 데이터 입력 직원, 가게 점원, 안내 데스크 직원, 교육·보건 서비스 노동자, 그리고 간병인, 사회복지 노동자, 그리고 보육원 간호사 등 돌봄 노동자가 이에 해당한다.

이런 여성들은 대부분 임금 수준이 낮고, 흔히 틀에 박히고 반복적인 업무를 하며, 과거에는 주로 육체 노동자들에게만 가해졌던 전통적 노동 통제를 당한다. 사무 노동에 기계가 도입되면서 복사기가 인쇄공의 역할을 대체하고 거의 모든 노동이 기계에 얽매이는 방식으로 일의 성격이 변화했다. 전산화의 결과 기계가 노동을 감시할수 있게 됐고 그래서 관리자는 노동자가 언제 무엇을 하는지를 정확하게 알 수 있다. 상점의 계산대는 판매량을 측정해서 현재 재고의 양을 계산해 주며 무엇이 얼마나 팔리는지 알려 줘서 새로 주문을 할 수 있다. 간호사나 강사 같이 과거에는 전문직으로 여겨지던 일들도 이제는 전통적인 공장 노동의 규율과 많은 부분 비슷할 정도로 관리자의 통제를 훨씬 더 많이 받는다.

이 노동자들은 시간제 노동자들과 근본적으로는 다르지 않다. 앞에서 살펴봤듯이 점점 더 많은 여성이 할 수만 있으면 전일제로 일을 하지만, 전일제로 일하기 어렵게 만드는 실질적 장벽이 있다. 저임금, 육아, 그밖의 여러 가사가 그것이며, 그래서 많은 여성들이 직장생활에서 최소한 일부는 시간제로 일을 한다. 사회학자 캐서린 하킴은 대다수 여성이 직장 경력에는 관심이 없고 육아와 가정 일을 중심으로 사는 것을 선호한다고 주장했다. 오직 소수 여성만이 고위직에서 전일제로 일하기를 원한다는 것이다.[92] 이런 주장은 낮은 지위에 있는 저소득 여성이 자신의 삶에 만족하며 살고 있다고 가정하며 고소득 여성과 시간제로 일하는 여성 간에 격차가 존재하는 현상태를 정당화하는 기능을 할 뿐이다. 그러나 여성들이 시간제로 일하는 것과 가정을 돌봐야 할 책임을 맡고 있는 것 사이에 상관관계가 있음은 명백하다. 가정에서의 돌봄을 개인이 책임지는 상황에서 수많은 여성들은 일에 대한 야심과는 상관없이 시간제로 계속 일을 할 것이다. 다른 선택의 여지가 없기 때문이다.

《여성과 고용》에 담긴 연구 결과는 여성 시간제 노동자들이 "여성만의" 직종에서 일하는 경향이 있음을 보여 줬다. 그들 중 대부분은 주당 16~31시간 일을 했다. 여성 전일제 노동자의 평균 노동 시간은 하루 8.8시간(식사와 이동 시간 포함)인데 시간제는 5.2시간이었다. 여성 시간제 노동자의 절반 이상이 4시 전에 일을 마치고, 하교하는 아이를 데리러 갔다.[93] 배우자와 함께 아이를 기르며 시간제로 일하는 여성들은 전일제 여성 노동자들보다 저녁 시간에 일하는 비율이 높았다(각각 12퍼센트와 8퍼센트). 그리고 아이가 있는 여성 시간제 노동자들은 거의 20명 중 한 명꼴로 야간 근무를 했다. 이것은 아이의 아버지나 다른 가족 구성원이 아이를 돌볼 수 있는 시간에 여성이 시간제로 일을 한다는 것을 보여 준다.[94] 시간제 일자리에 대한 만족도는 분명 상대적이다. 1990년대에 수행된 한 연구는 여성 시간제 노동자들이 직무에 필요한 것 이상의 능력을 갖추고 있음을 보여 줬다. 여성 시간제 노동자 중 절반 이상이 자신의 능력과 경험을 고려하면 더 나은 일을 할 수도 있다고 생각했다. 그들 중 현재의 일이 자신이 가장 원하는 일이라고 응답한 비율은 전일제 노동자보다 적었다.[95] 최근에는 시간제 노동자 중에서 전일제로 일하고 싶어 하는 비율이 증가했다.[96] 여성 시간제 노동자들이 현재의 일에 만족을 느끼게 하는 요인도 여럿 있으며, 실제로 만족하는 노동자들도 분명 있을 것이다. 그러나 《여성과 고용》의 저자들은 다음과 같이 말한다.

어떻게 보면 그렇게 많은 시간제 노동자들이 현재의 노동시간에 만족한다는 점은 그다지 놀랍지 않다. 그들은 적절한 노동시간의 일자리를 찾지 못하면 아예 일을 못할 가능성이 높기 때문이다.[97]

힘든 시대

일할 권리는 역사의 여러 시기에 여성들에게 중요한 슬로건이었다. 19세기에 여성들이 특정한 종류의 일을(광업과 다른 산업들 그리고 야간 근무) 하는 것이 법률로 금지됐을 때 노동의 권리가 제기됐다. 1930년대와 1940년대에는 여성들이 결혼 후에도 일을 할 권리를 요구했다. 일할 권리는 1960년대 후반 이후 여성해방운동의 핵심 요구 중 하나이기도 했다. 그런 요구 중 여럿이 실현됐지만, 대가가 따랐다. 1970년대 많은 페미니스트들은 불황이나 경기 수축 국면에서는 여성들이 고용되지 않을 것이라고 예측했으나 실제로는 그런 때에도 여성들이 고용됐다. 그러나 여성들은 저임금을 특징으로 하는 노동자가 됐으며 특히 시간제 노동자의 급여는 전일제 노동자보다 낮게 매겨졌다.

그러나 오늘날의 노동조건이 딱히 성별에 따라 차등적으로 악화되고 있는 것은 아니라는 점은 주목할 만하다. 남성과 여성, 시간제와 전일제의 노동조건은 모두 1990년대에 뚜렷이 악화됐다. 1990년대 말, 두 명의 성인이 있는 평균적인 영국 가정의 노동시간은 1980년대 초보다 주당 7시간 늘어났다. 노동강도는 남성보다 여성에게서 더 빨리 강해졌다. 많은 산업에서 (특히 공공 부문이었다가 민영화된 산업에서) 이뤄진 작업 속도 가속화, '유연성 증대', 임금 삭감은 모두 노동강도를 강화하는 요인이었고, 휴식 시간과 "약간이라도 게으름을 부릴 수 있는 자투리 시간"도 제거해 버리려는 더 공격적인 경영도 마찬가지 요인이었다.[98] 남성의 주당 노동시간은 40시간인 경우가 가장 많은데, 그다음으로 흔한 노동시간은 주당 60시간이다. 그리고 거의 150만 명의 남성들이 주당 60시간 이상 노동한다. 여성의 주당 노동시간은 38시간인 경우가 가장 많고 그 다음으로 흔한 것은 40시간이다.[99] 자녀가 있는 남성들은 전보다 더 오래 일하는 경향이 있는데, 1980년대 말보다 주당 2시간가량 더 일한다. 그들은 주당 평균 47시간 일하며, 3분의 1 정도는 주당 50시간 이상 일을 한다. 자녀가 있는 여성도 마찬가지로 더 장시간 노동한다. 1988~1998년에 자녀가 있는 여성의 주당 평균 노동시간은 27시간에서 33시간으로 6시간이 증가했고, 자녀가 없는 여성은 주당 35시간에서 39시간으로 4시간이 증가했다. 자녀가 있는 가정은 자녀가 없는 가정보다 남녀 모두 저녁이나 야간에 일을 하는 경향이 더 강하며, 네 가구 중 한 가구는 부모 중 최소한 한 명이 정기적으로 저녁 시간에 일을 한다. 노동시간이 가장 짧은 여성의 수는 1988~1999년 사이에 실질적으로 줄어들었고, 노동시간이 가장 긴 여성의 수는 급격히 증가했다. 같은 기간 자녀가 있는 경우와 없는 경우를 합해 20시간 이하로 일하는 여성의 수는 절반으로 줄어들었다. 자녀가 없는 여성 중 40시간 이상 일하는 여성의 비율은 28.4퍼센트에서 42.1퍼센트로 급격히 증가했다. 자녀가 없는 여성 중 50시간 이상 일을 하는 여성의 비율은 4.8퍼센트에서 12퍼센트로 증가했다. 자녀가 있는 여성들은 이렇게 장시간 일하는 경향이 덜하기는 했지만, 그래도 40~50시간 일하는 비율이 15.9퍼센트에서 25.3퍼센트로 증가했다. 1998년에 여성은 남성과 거의 비슷한 비율로 연장 근무를 했는데, 여성의 연장 근무에는 수당이 지급되지 않을 가능성이 훨씬 높았다. 또한 야간에 일을 하는 여성들은 주간에 일하는 여성보다 저임금일 확률이 2배로 높았다.[100]

다양한 추세가 있지만, 핵심은 분명하다. [첫째,] 모든 사람의 노동 시간이 상당히 길어졌다는 것, 아주 많은 여성이 시간제로 일하고는 있지만 그들의 노동 패턴이 노동시간과 사용자의 연장 근무 요구 면에서 남성과 점점 더 비슷해지고 있다는 것이다. 시간제 노동자들은 계속 시간제로 일하면서도 노동시간이 늘어나는 경향이 있다. 이런 변화는 남성보다는 여성에게서 더 강하다. 둘째, 노동시간의 증가로 가정생활이 더 짜부라지고 있다. 부모들은 자녀가 없는 사람들보다 인간관계가 단절된 채로 일하는 시간이 더 길다. 셋째, 1998년에 저녁이나 야간에 근무를 하는 직종은 대부분 대인 서비스직이거나 공장 설비 및 기계 조작업이었는데, 판매직과 전문직에서 저녁과 야간 근무가 가장 크게 증가했다는 것이다.[101] 새로운 집단이 전통적인 교대 근무 방식에 가세하고 있다는 뜻이다. 간호사, 일부 서비스업 및 요식업 노동자, 운수 노동자와 공장 노동자들은 언제나 교대 근무를 했다. 이제 상점 노동자와 콜 센터의 영업원·상담원 노동자들도 교대 근무를 한다. 따라서 시간이 흐를수록 여성들이 교대 근무 노동자 중에서 더 큰 부분을 차지하게 될 가능성이 높다.

이 모든 변화는 여성에게 새롭고 흥미로운 진로가 된다거나 여성이 남성의 역할에 도전할 계기가 될 리 없다. 급여가 높은 공장의 교대 근무는 여성 노동자에게 개방되지 않는 경우가 많다. 콜 센터와 마트 같은 곳의 임금과 노동조건은 최악에 속한다. 20년 동안의 규제 완화, 노동조합의 약화, 교대 근무의 증가를 겪은 여성과 남성은 모두 불만이 쌓이고 있으며 때로는 계속 악화되는 상황을 조금이라도 막아 보기 위해 저항할 수밖에 없는 처지로 내몰린다.

여성이 일터에서 조직화될 수 있을까?

여성의 대규모 노동 진입은 전체 노동계급의 노동조건이 악화되는 상황과 맞물렸다. 대처주의의 온갖 부정적 측면들 — 노동자 권리에 대한 공격, 노조 약화, 복지와 공공서비스 감축, 노동강도 강화 — 이 1980년대와 1990년대의 특징이었다. 이런 정책들은 그 뒤 10년간의 신노동당 정부에서도 지속됐다. 그래서 많은 여성의 권리가 남성과 마찬가지로 공격당했다. 1960년대 말 동일 임금을 요구하는 투쟁과 함께 여성운동이 성장하고 노동계급의 투쟁성이 고양됐지만, [1980년대와 1990년대에는] 노동계급 여성이 노동조건 악화에 맞서 싸울 자신감을 줄 수 있는 그만한 운동이 벌어지지 않았다. 그럼에도, 놀라울 정도로 많은 여성이 노조에 가입했다. 그리고 오늘날 여성의 노조 조직률이 남성보다 더 빠르게 증가하고 있다는 것을 보여 주는 징후들이 있다. 여성들은 공공 부문에 집중해 있어서 조직화 가능성이 더 큰데, 공공 부문 노조들이 민간 부문 노조들보다 더 잘 버텨 왔기 때문이다. 그러나 가사를 돌볼 책임과 이데올로기적 제약 때문에, 여성들은 어떤 규모의 노조에서는 활동가가 되는 데서 흔히 어려움을 겪는 것도 사실이다. 전통적으로 여성이 노조 지도자가 되는 것은 극히 예외적인 일로 여겨졌다. 여성을 조직하는 것은 어렵고 여성은 노조에 별로 관심이 없다는 것이 남성 조합원 사이에 널리 받아들여지는 유력한 견해였다.

그러나 현실에서는, 싸울 쟁점이 있고 노조가 쓸모 있다고 생각할 때 여성들은 언제나 조직해서 투쟁했다. 1888년 런던 이스트엔드에서 벌어진 성냥 공장 여성 노동자들의 파업부터 그랬다. 이 파업은 1880년대 말에 여성과 비숙련 노동자를 조직하기 시작한 '신노동조합운동'을 탄생시킨 대규모 파업들의 시발점이었다. 1911년의 뜨거운 여름, 파업의 열기가 나라를 뒤흔들었을 때, 버몬지의 잼·피클 공장 여성 노동자들은 자신의 가장 좋은 옷을 입고 깃털 장식을 하고 피케팅 원정을* 조직했다.** 1930년대에서 1960년대까지 여성들은 동일임금을 위한 투쟁을 전개했다. 그러나 노동계급 내의 구조적 [성별] 분업, 그리고 기혼 여성은 소수만 일을 하고 1950년대 이후로는 시간제 일자리가 확대된 상황 때문에, 여성을 조직하는 것이 어려웠고 여성들의 노조 참여가 '눈에 보이지 않았던 것'도 사실이었다. 이런 상황이 변하기 시작한 것은 1960년대 말에 이르러서였다. 1970년 리

----

* 피케팅 동료 노동자들에게 파업 동참을 호소하고 파업 참가자의 이탈을 막는 파업 노동자들의 활동을 말한다. 피케팅 원정은 한 공장의 노동자들이 파업 확대를 위해 다른 공장까지 행진하고 피케팅하는 것을 말한다.

** 여성들이 대규모로 시위에 참여하는 것이 드물던 당시, 여성 노동자들은 무더운 여름이었음에도 여성용 정장을 차려입고 깃털 장식이 달린 모자를 쓰고 시위에 참여했다. 파업에 참여한 여성들의 존재를 부각하기 위해서였다.

즈의 의류 공장 여성 노동자들은' 포드[의 대거넘 공장] 여성 노동자들의 뒤를 이어 대규모 파업을 벌였다. 1971년에는 런던의 야간 청소 노동자들이 더 나은 노동조건을 요구하며 파업을 하고 캠페인을 벌였다. 교사, 간호사, 공무원, 지자체 노동자들은 모두 스스로를 박봉을 감내해야 하며 파업과는 무관한 '전문직'이 아니라 노동자로 인식하기 시작하면서 최초로 파업 투쟁을 벌였다. 1979년에 공공 부문 노동자들이 악화하는 노동조건과 임금에 맞서 벌인 대규모 파업 기간을 이른바 '불만의 겨울'이라고 하는데, 흔히 이 사건은 거친 남성 노동자들이 주도해 노동당 정권을 무너뜨린 일련의 파업들로 묘사되지만, 사실은 그렇지 않다. 그것은 남성과 여성이 모두 참가한 운동이었고, 여성도 제임스 캘러헌 노동당 정부의 공격에 맞서 자신들의 권리를 지키기 위해 파업과 피케팅과 시위에 대거 참여했다.

캘러헌 정부가 착수한 정책들은 1979년 이후로는 마거릿 대처에 의해 계승되고 확대돼 노조를 약화시키고 제2차세계대전 종전 이후에 노동계급이 쟁취한 성과들을 무위로 돌려 버렸다. 복지가 지속적으로 공격받은 것은 여성에게 이중의 타격을 입혔다. 여성들이 공공서비스 부문, 특히 보건과 교육 분야에서 많이 일했던 데다가, 복지 삭감으로 인해 늘어난 가정의 부담도 떠안았기 때문이다. 그렇지만 아마도 더 중요하게 봐야 할 것은 대처 정부가 고용주들과 합심해 여러 노동자 집단을 다각도로 공격했고 이것 때문에 전체 노동계

---

* 리즈는 영국의 대표적인 의류 공업 지역이었다. 리즈의 여성 노동자들은 남성과의 임금 격차에 항의하며 2주간 파업한 끝에, 요구했던 임금 인상을 쟁취했다.

급의 처지가 악화했다는 사실이다. 1980년대 말과 1990년대에 영국 노동계급 전체의 노동시간을 연장할 수 있었던 것은 1980년대에 고용주들이 노동계급을 꺾고 엄청난 승리를 거뒀기 때문이다. 가장 두드러진 두 가지 사건은 1984~1985년의 광원 파업과 와핑 분규(루퍼트 머독이 [런던 인쇄소에서 인쇄공 파업이 벌어지자] 자기 소유의 신문사들을 영국 동부의 와핑으로 옮기고 노조를 파괴한 사건)였다.

결정적으로 중요했던 이 두 사건에서 주된 공격 대상은 전통이 오래되고 조직력이 강력한, 남성이 다수인 노조였지만, 여성의 직장 생활과 노조 활동도 심대한 영향을 받았다. 첫째로 모든 노조 조직들이 약화되면서 여성이 다수인 노조도 약화됐다. 전통적인 노동조합들이 여성에게 별로 도움이 되지 않는다는 주장은 어느 정도 진실을 담고 있다. 실제로 인쇄 노조는 여성들을 여러 해 동안 배제했고 1970년대부터 새로운 인쇄 기술이 도입됐는데도 여성들을 받아들이는 데 매우 소극적이었다. 또 광원 노조는 페미니스트들의 강한 항의에도 불구하고 1984년 대파업 직전까지 노조 기관지에 노출이 심한 여성 모델의 사진을 게재했다. 그러나 이런 노조가 약화된다고 해서 여성의 처우 개선에 도움이 된 것은 전혀 아니었다. 1960년대 말과 1970년대 초에 노동자들이 중요한 승리들을 거두자 여성의 처우도 향상됐고 노동계급이 패퇴할 때는 여성의 처우도 악화됐다. 여성들은 노동자 중에서도 가장 취약한 위치에 있었기 때문에 피해도 크게 입었고, 그래서 더 고되게 더 오래 일하고 더 적은 급여를 받아야 했던 것이다.

그런데 이런 파업들은 또 다른 측면이 있다. 파업을 지지하는 여성들의 운동이 등장했다는 것이다. 광원의 부인들이 벌인 운동으로 새 세대 여성 투사들이 탄생했다. 그들은 피케팅을 하고 전국을 돌며 광산 지역에서 연설을 하고 파업을 지지하는 지역사회 네트워크를 조직했다. 이런 활동에 참여한 많은 여성들은 이후 대학에 진학하기도 하고 남편과 결별하기도 했는데, 대다수는 그것이 인생의 새로운 출발이라고 느꼈다. 인쇄공의 부인과 가족들은 그와 동일한 영향력이나 결집력을 발휘하지는 못했지만, 그들 또한 경찰의 혹독한 공격에 맞서서 피케팅과 연설과 파업 지원을 조직해 냈다.

[광원과 인쇄공] 부인들의 집단적인 대처는 노동계급 여성과 남성이 자신들의 이해관계가 서로 연결돼 있다는 사실을 이해했음을 보여 주는 데서 대단히 중요했다. 1970년대 말에 시작된 패배기를 거치며 파업 수위가 떨어지고 남녀 모두 자신의 이익을 지키기 위한 행동에 나서기가 어려워졌다. 이런 상황은 교사, 언론인, 집배원, 의료 노동자, 공무원들이 새로이 전투성을 발휘하면서 최근 변화하기 시작했다. 이제 많은 파업 현장에서 여성들의 참여가 두드러진다. 물론 이것은 다수의 대형 노조에 여성 조합원이 매우 많아진 현실의 직접적 결과이다. 공공서비스노조UNISON는 72퍼센트가 여성 조합원이고, 상업유통노조USDAW는 60퍼센트, 전국교원노조NUT는 76퍼센트, 영국일반노조GMB는 38퍼센트가 여성 조합원이다.[102] 오늘날 어느 파업 현장에서든지 여성들이 예전에는 남성의 몫으로 여겨지던 활동에 참여하고 있는 장면을 볼 수 있으며 오히려 투쟁성 면에서는 남성들에게 본보기가 되는 일도 흔하다. 이런 투쟁들에서 여성들은 남성 고용주·관리자에 맞서는 것과 마찬가지로 여성 고용주·관리자

에 맞서서도 싸워야 할 것이다. 오늘날에도 노동조합들의 구조가 매우 남성 중심적이기는 하지만, 2005년에 영국의 노동조합 조직률은 여성이 남성을 앞질렀다.[103] 여성들은 한 세대 전에만 해도 하지 않았던 위원장 등의 역할들을 수행하기 시작했다. 또한 어린이·노인·환자에 대한 돌봄 노동 등 전통적으로 '여성의 일'로 여겨지던 직종에서도 전보다 훨씬 더 많은 여성들이 노조로 조직돼 있다.

그러나 여성들은 노조에서 제대로 대표되지 못하는 어려움에 처해 있다. '유리 천장'은 고위 관리직과 마찬가지로 노조에도 존재한다. 많은 노조에서 여성 조합원이 다수를 차지하고 있지만, 여성들은 현장위원이나 대의원에서 과소 대표되고 있다. 그러나 이조차 노조의 상근 간부 구조에 견주면 새 발의 피다. 여성이 상층 간부를 맡는 경우는 아주 드물다. 그래서 21세기 들어서도 영국 노총TUC 가맹 노조 62곳 중 위원장이 남성인 노조는 47곳인 반면, 여성인 노조는 15곳이다. 상근 간부 중에서도 여성의 상대적 비중은 심하게 적다.[104] 이런 상황을 변화시키기 위해서는 고용주에 맞설 뿐 아니라 노조 내에서도 싸워야 할 것이다.

그럼에도, 조직과 투쟁에 여성들이 참여하고 있는 현실은 여성의 삶에서 노동이 중심적인 부분이 됐으며 그에 따라 여성들이 행동에 나서고 있음을 보여 준다. 이제 남성뿐 아니라 여성도 노동계급에 포함돼 있다는 사실을 분명히 하지 않고서는 노동계급에 대해 이야기할 수 없다. 이로써 여성들은 이제 고립된 가정주부로서 살던 시대에서 벗어나 훨씬 더 강력한 잠재력을 가진 사회 세력이 됐다.

5장

남자들은 어쩌다 …

남성들이 위기에 처했다는 이야기가 온갖 곳에서 들려온다. 여성에게 성적으로 괴롭힘당하는 남성, 가족을 부양하지 못해 자존감을 잃은 가장, 학교에서 '뒤처지는' 남학생 이야기가 감당하지 못할 정도로 넘쳐 난다. 〈추락〉이나 〈폭로〉** 같이 요즘 세상에는 남성성의 가치가 사라졌고 직장에서 여성들이 우위에 서서 남성을 괴롭힌다는 이야기를 그린 할리우드 영화들이 1990년대에 등장하기 시작했다. 이런 영화들이 그리는 세계에서는 남성이 여성에게 일자리를 빼앗기고, 성적 괴롭힘을 당하고, 여성에게 차별당한다. 이 모든 것 때문에 남성들이 신경질적이게 되고 아프다는 것이다(한때는 여성들이 그랬다고 여겨졌다). 미국에서는 "러셀 크로와 브래드 피트 같은 근육질의 주인공이 나오는 영화 때문에 남성들이 열등감에 시달린

---

* 〈추락〉(Falling Down) 직장을 잃고 아내와 이혼한 남성이 세상에 대한 분노를 폭력적으로 표출하며 파멸해 가는 모습을 블랙코미디로 그린 1993년의 영화. 한국에서는 〈폴링 다운〉이라는 제목으로 개봉했다.

** 〈폭로〉(Disclosure) 여성 부사장의 유혹을 거부한 남자 주인공이 부사장을 성희롱했다는 누명을 쓰고 해고 위험에 처하자, 이에 맞서서 부사장이 오히려 성희롱을 했음을 밝히려 분투하는 모습을 그린 1994년의 영화.

다"는 보도가 있었다. 기록적인 수의 남성이 헬스클럽에 등록했고, 미국의 심리 치료사인 로버토 올리바디아는 "남성들이 자존감을 외모와 결부시키고 있는데 이것은 큰 문제"라고 말했다.[1] 남성들이 외모를 대하는 태도는 이제 여성들과 아주 비슷해졌다. 남성들도 유행을 따르고 미용 제품을 구입하며 몸매와 외모에 신경을 쓴다. "섭식 장애를 겪는 사람 중 약 10퍼센트가 남성이며, 청소년에서 25퍼센트에 이르기도 한다."[2] 그러나 남성들은 여성보다 중증 질환에 걸릴 가능성이 높고, 평균수명이 짧으며, 자살률이 높다. 남성들은 제대로 되는 일이 없어 보인다. 남성들은 점점 더 '커리어 우먼'들에게 치이고, 실패할까 봐 마음 졸이며, 남성과 여성의 역할이 뚜렷이 구분됐던 과거의 '황금기'가 지나 버린 것에 지독한 상실감을 느낀다.

물론 우리는 이런 상황을 더 넓은 시야로 봐야 한다. 삶의 많은 영역들은 여전히 남성들의 세상이다. 이 사회에서 권력과 명망이 강한 영역일수록 남성이 압도적으로 많은 경향이 강하다. 이런 차별은 사회의 도처에 존재한다. 우리가 살펴봤듯이, 성별에 따라 일자리가 나뉘는 경향이 강하고, 광고와 미디어에 등장하는 성차별적인 성적 이미지들은 여전히 압도적으로 여성의 이미지다.

그러나 보통의 시각에도 한 가지 중요한 진실이 포함돼 있다. 남성의 위기라는 생각은 바로 남성과 여성의 사회적 지위가 지난 반세기 동안 극적으로 변화했다는 점, 그런데 남녀 모두 이런 사회적 변화의 의미를 제대로 이해하지는 못한다는 점을 반영한다. 여러 세대가 이런 변화를 거쳤고 지금도 계속 변화를 겪으며 살고 있다. 그들은 세계와 인생을 바라보는 새로운 시각들을 받아들이는데, 언제나 전체 맥락을 볼 수 있는 것은 아니다. 게다가 남녀 역할 구분의 약화는 계속 진행 중인 또 다른 종류의 변화들과 얽혀 있다. 바로 최근 몇십 년간 이뤄진 산업의 구조조정과 노동계급의 재편이다. 이것이 소위 '남성의 위기'와 긴밀하게 연관돼 있다. 제2차세계대전 이래로 노동계급의 생활수준과 복지 수준이 오르내린 것도 그와 관련 있다. 이런 영역에서의 상실이 수많은 사람들의 인식 속에서는 직감적으로 '남자다움'의 쇠퇴로 연결된다.

현재의 논쟁을 깊이 관통하는 급속한 변화와 과거 가치의 상실에 대해 무엇을 해야 할까? 보수주의자들은 남자가 가장이던, 좋았던 그 시절로 돌아가야 한다고 울부짖는다. [〈가디언〉 칼럼니스트] 멜러니 필립스는 다음과 같이 썼다. "소위 '남성성의 위기'라는 것은 아버지들만의 고유한 역할이 있다는 것을 부정하려는 자들이 발명해 낸 위기다."[3] 오늘날에도 남성들이 가장이라는 전통적 역할을 맡기만 한다면 모든 일이 제대로 돌아갈 것이라는 말이다. 남성과 가정에 관한 어느 연구의 인터뷰에서 한 남성은 그렇게 하면 모든 "자연적" 질서가 분명 회복될 것이라고 말한다. "제가 일을 열심히 해서 가족을 부양할 수 있는 임금을 받는 것이 정말이지 가장 합리적인 것 같습니다. 제 아내도 사실은 그걸 더 좋아할 거라고 생각합니다."[4]

이렇게 보는 사람들에게는 참 안된 일이지만, 옛날로 돌아가는 것은 불가능하다. 여성들은 이제 노동인구의 영속적 일부가 됐고 따라서 과거에 남녀에게 부과된 성 역할은 바뀔 수밖에 없다. '전통적 가족'을 되돌리자는 주장은 마치 인간관계를 더는 맞지 않게 된 틀에 강제로 욱여넣자는 말과 다름없다. 그리고 옛날의 방식으로 완전히 돌아가는 것을 대다수가 바라는 것도 아니다. 대다수 여성들은 결혼을 할지, 자녀를 가질지, 일을 할지 말지, 언제 어디서 일할지 제한적이나마 선택할 수 있고, 자신의 사고와 재능을 교육을 통해 발전시킬 기회가 있는 현실을 귀하게 여긴다. 여성들이 사회·경제적으로 남성에게 전적으로 의존하지 않는 현실을 남성들도 받아들이고 있으며 대부분은 반기고 있을 것이다. 그러나 우리는 역사에서 어렵고도 겁 나는 순간에 처해 있다. 예전의 생활 방식은 급속히 변화하고 있는데, 누구의 가치가 새로운 생활 방식에서 우세할 것인가?

남성적 질서: 전후의 안정

1930년대에는 수많은 사람들이 파시즘, 전쟁, 경제 불황으로 끔찍한 고통을 겪었다. 남성들은 제2차세계대전에서 싸웠고 전례 없이 많은 수의 여성도 그랬다. 민간인들도 정규군과 마찬가지로 전쟁의 여러 부분에 참여했다. 당시 사람들은 삶이 나아지기를, 내 집을 마련하기를, 아이들이 건강하게 자라서 부모 세대는 누리지 못한 다양한 기회들을 누리게 되기를 원했다. 아버지는 가족을 부양하고 어머니는 이제 그만 군수 공장에서 집으로 돌아와 아이들을 돌보는, 그런 가족을 중심으로 한 단란한 가정을 꾸리는 것이 그들의 간절한 염원이었다. 이런 꿈과 함께 가족 임금이라는 개념과 여성들에게 '노동을 강제해서는 안 된다'는 생각도 부활했다. 리버풀의 스코틀랜드 로路에서 벽돌공으로 일했던 한 남성은 제2차세계대전 발발 전후의 시기 자신의 젊을 적 생활과 생각에 대해 다음과 같이 회상했다.

남자가 대장이었고, 남자가 돈을 벌었고, 남자가 가족을 부양했어요. 그렇지만 신사는 언제나 숙녀를 정중하게 대해야 한다는 말을 항상 들었죠. 남자가 여자를 위해 문을 열어 줬고, 남자가 여자를 보호했고, 거리에서는 남자가 여자보다 바깥쪽에서 걸었어요.[5]

많은 사람들은 여전히 육아를 남자답지 못한 일이라고 생각했다. 1930년대에 어린아이를 키운 한 사무직 노동자는 다음과 같이 회상했다. "남자가 유모차를 끌다니요. 거의 듣도 보도 못한 일이었습니다. 저는 '빌어먹을 유모차 끄는 일 따위는 안 할 거야'라고 말한 적이 있는 걸 기억합니다. 그건 부끄러운 일로 여겨졌어요."[6] 랭커셔에서는 유모차를 끄는 남자를 메리 앤이라고* 불렀다.[7] 아버지가 육아를 기피하면, 아이도 자라서 똑같이 행동했다. 아버지의 역할이 가족을 부양하는 권위적 존재였던 1940년대에 솔퍼드에 살았던 한 남성은 다음과 같이 말했다.

퇴근해서 집에 오면 아내는 [아이들이 저지른] 이런저런 일이 있었다고 말해 주곤 했습니다. … 그러면 저는 [아이들에게] 벌을 내렸습니다. … 그건 마치 셰익스피어 연극의 배역 같았죠. 아빠가 나쁜 놈 역할이었던 거예요.[8]

---

* 메리 앤 대표적인 여성의 이름인 메리와 앤을 합해 여성이 할 일을 남성이 한다고 조롱하는 말이다.

당시까지만 해도 대다수 남성과 여성은 이것을 완벽하게 자연스러운 일로 여겼다. 전시에 많은 변화가 있었지만 말이다. 남성이 가정의 우두머리로서 돈을 벌고 가족을 부양했다. 취직하고 일하는 것이 노동계급의 삶에서 아마도 가장 중요한 사건이었을 것이다. 스티브 험프리스와 패멀라 고든은 남성들의 삶을 연구한 구술사 저서에서 다음과 같이 말한다. "다 커서 어른 대접을 받기 시작한 결정적 순간이 언제였는지 물으면 인터뷰 참여자들은 전일제 일자리를 얻었을 때라고 대답했다." 남성들은 대개 14살이 되면 일을 하기 시작했다. 그러면 [아동용 반바지가 아닌] 긴바지를 입을 수 있었고 집에서 동생들보다 더 많은 음식을 분배받았다. 그리고 어머니에게 월급 봉투를 건네 주면 그 대가로 여러 가지 혜택을 받았다. 특히 그들은 술을 마시고 담배를 피우고 근사한 옷을 입을 수 있었다. 이 모든 것은 그들을 성인 남성으로 인정하는 것이었다. 그들은 마침내 유년기를 끝내고 집안에서 어른 지위를 누릴 수 있었다. 어른이 된다는 것은 일해서 돈을 번다는 것이었다.[9]

전후 호황기의 밝은 전망으로 초기에는 남성성의 가치가 올라갔다. 완전고용과 복지국가 확대로 생활수준이 실제로 물질적으로 향상되고 교육부터 국내 소비까지 모든 기회가 확대됐다. 그 대신 노동자들은 자기 몫의 의무를 이행해야 했다. 즉, 그들은 임금이 늘어난 만큼 직장에서 열심히 일해야 했으며 안정적인 가정을 꾸려야 했다. 그러기 위해서는, 여성의 삶에서 벌어진 많은 변화들에도 불구하고, 19세기에 확립된 성별 분업을 적어도 원칙으로는 유지해야 했다. 그러나 전쟁이 끝난 후 귀국한 미국인 병사들이 맞이한 모순적

상황에 관해 수전 팔루디가 쓴 내용은 영국에도 마찬가지로 적용할
수 있다.

공동의 목표, 공동의 적, 그리고 분명한 전선이 있던 상황에서 생겨난
전시의 남성성은 평화적 시기에도 이어질 것이라고 기대됐다. … 그러
나 제2차세계대전은 남성성을 정점에 이르게 한 사건이 아니라, 그것이
내쉰 마지막 숨이었음이 드러났다.[10]

물론 완전고용은 남성에 한정된 완전고용이었다. 그러나 우리가
살펴봤듯이 얼마 지나지 않아 여성들도 일을 하기 시작했고, 비록
여성들이 버는 임금은 시간제로 일해 번 [적은] 돈일지라도 많은 노
동자들의 기대만큼 생활수준을 향상시키는 데 매우 중요한 요소
가 됐다. 여성들은 주부라는 지위가 가하는 제약을 더 분명히 깨닫
기 시작했다. 그 제약에 따른 좌절감과 불만은 1950년대에도 온갖
방식으로 표출되고 있었다. 베티 프리던이나 시몬 드 보부아르 그리
고 도리스 레싱의 뛰어난 소설들은 지식인 여성들이 독립을 원하고
흔히 결혼과 출산을 거부하며 느끼는 딜레마를 표현했고, 제한적으
로나마 여성해방의 요구를 분명하게 드러냈다.[11] 교외의 멋진 집에서
단란한 핵가족을 꾸리고 싶어 하는 이데올로기를 가진 전후 중간계
급 남성들이 느낀 좌절감을 표현하거나 여성을 자신의 자유와 창의
성을 제약하는 존재로 바라본 남성 작가들도 있었다.[12] 겉으로는 고
요하지만 속으로는 안정성이 침식되고 있던 사회가 보인 징후들이
문학적으로 표현된 것이었다.

1940년대 말에 호황기가 시작되고 20년이 지나자, 젊은 여성들은 어머니 세대보다 훨씬 더 높은 수준의 교육을 받길 기대하게 됐고 결혼 후에도 일을 하고 싶어 했다. 젊은이들은 [먹고살 만해져] 안락하지만 숨 막히게 답답했던 전후 호황기 사회의 가치에 반항했다. 1960년대와 1970년대 초에 베트남전쟁에 참전했던 미국 젊은이들이 전쟁이 끝나고 귀국해서 맞닥뜨린 반응은 [제2차세계대전 종전 후] 1945년에 귀국한 병사들과는 매우 달랐다.

남성들이 돌아오자 여성들은 입을 맞추며 환영한 것이 아니라 그들의 노고에 대해 무관심하거나 심지어 적대감을 드러냈다. 여성들은 남성들이 돌아왔어도 일을 그만두지 않았다. 대다수는 돌아온 남성에게 다시 의존해야 하는 상황을 받아들이지 않거나, 받아들이더라도 매우 못마땅해 했다. 남성들은 자신이 부양하고 보호하고 있다고 상상했던, 사랑하는 여성이 혼자서도 잘만 살고 있는 것을 발견했고, 여성들은 남성들이 권위를 얻기 위해 들인 노고의 가치를 별로 인정하지도 않았다. 오히려 이제 여성들은 자기 남편을 억압자로 바라보기도 했다.[13]

옛 관념들은 매우 빠른 속도로 붕괴되기 시작했다. 여성들은 더는 [남성에게] 종속된 관계로 살고 싶어 하지 않았으며 많은 남성들 또한 더 평등한 관계를 원했다. 그래서 미국에서는 남성 외벌이 가구(결혼한 부부가 있는 가구가 남편의 임금에만 의존하는 경우)가 1950년에는 거의 60퍼센트였지만 1990년에는 불과 14퍼센트로 감소했다.[14] 1957년에는 미국인 53퍼센트가 결혼을 하지 않고 사는 사람들을 "병이 있"거나, "비도덕"적이거나 "정신적으로 문제가 있다"고 여겼지만, 1976년에는 단지 33퍼센트만이 비혼자를 부정적으로 봤고, 51퍼센트는 중립적, 15퍼센트는 긍정적 반응을 보였다.[15] 1960년대에는 "대안적 라이프 스타일"이 등장해, 전통적 이성애 관계뿐 아니라 핵가족의 근간 전체를 흔들었다.

1970년대에는 전후 호황기가 급속히 막을 내렸으며 '남성 일자리'가 매우 많이 사라졌고 여성의 역할 변화가 체감되기 시작했다. 아마도 이때, 오늘날 널리 받아들여지는 이른바 '남성의 위기'라는 관념이 처음 등장했다. 제조업의 축소가 직업 구조 변화의 핵심이었다. 이렇게 서비스업이 증가하고 제조업이 줄어드는 추세는 모든 서구 나라들의 전후 경제구조에서 계속 이어졌다. 기술이 발전하고 노동 생산성이 증가하자 이제는 더 적은 노동자로 더 많은 상품을 생산할 수 있게 됐다. 제조업 노동자들의 생산성이 증가하고 제조업을 뒷받침해 주는 서비스 산업 — 운수업, 금융업, 요식업 등 — 에서는 노동에 대한 수요가 늘어나면서, 제조업 노동자의 비중은 줄어들 수밖에 없었다.

그러나 1970년대에는 또 다른 질적 변화도 일어났다. 최소한 전후 세대에게는 그랬다. 바로 오랜 호황기가 끝나자 실업률은 다시 높아졌고, 복지는 1930년대 이래 최악의 공격을 받았으며, 일련의 중대한 불황들로 제조업 분야에서 매우 광범한 구조조정이 벌어진 것이다. 이 때문에 제조업 일자리가 많이 사라져 특히 남성들이 심각한 타격을 입었다. 영국에서는 기계·자동차·철강 산업에서 1970년대 말부터 1980년대 초까지 많은 일자리가 없어졌다. 1975년의 철강

생산은 1970년보다 적었다. 1975년 자동차 생산은 160만 대에 그쳤는데, 1970년에는 210만 대였다.[16] 전후 호황기에는 2퍼센트 이하였던 실업률은 급격히 상승했다. 1979년에 실업자 수는 127만 명이었고 1981년에는 거의 250만 명으로 늘어났으며, 1983년 300만 명을 넘어섰다. 그 후 몇 년 동안 이 수준에 머물다가 1991년에는 약 250만 명이 됐다.[17]

전체 고용에서 공업과 제조업에서의 고용이 차지하는 비율은 1961년 47.8퍼센트에서 1981년 37.5퍼센트로 떨어졌고, 1987년에는 30.6퍼센트로 떨어졌다. 같은 기간 상업과 서비스업의 고용은 성장해서 제조업을 앞질렀고 전체 일자리에서 차지하는 비율이 절반을 넘어섰다. 전체 피고용인 남성 중 육체 노동자의 비율은 1971년 61.79퍼센트였고 1979년에는 57.6퍼센트였다. 숙련 남성 육체 노동자들의 비중은 1971년 29.08퍼센트에서 1979년 19.2퍼센트로 훨씬 더 빨리 떨어졌다.

이런 변화는 (주로 남성이었던) 해당 노동자들의 일자리 상실을 넘어서는 온갖 결과를 가져왔다. 숙련직 일자리를 잃는 것은 가족 내에서 몇 대에 걸쳐 이어져 내려온 [가장으로서] 지위의 상실을 뜻했다. 또, 전통적으로 노동조합에 가장 잘 조직돼 있던 사람들이 일터에서 발휘하는 힘을 전부 상실했다는 뜻이기도 했다. 그리고 남성이 부양자라는 생각에 기초해 있던 가정생활의 패턴도 전체적으로 영향을 받았다. 무엇보다도, 남성들이 스스로 존재 가치가 없다고 생각하게 됐다. 즉, 이제 월급을 받지 못하게 됐으니 세상에 어떤 기여도 할 수 없고 국가나 다른 가족 구성원에게 의지해야 할 처지로 전락했다고 생각하게 됐다. 이런 낙담과 자괴감은 남성들 자신이 가장 강렬하게 느꼈는데, 이 감정은 기대만큼 '번듯한' 일자리를 구하지 못하면 살면서 거듭거듭 느끼는 것이다.[18]

그와 동시에 두 가지 커다란 변화도 벌어지고 있었다. 항만 노동자처럼 서비스 산업의 육체노동에 종사하는 남성들도 호황기에 오랜 세월 비슷한 전통을 쌓으며 강력한 조직을 건설했는데, 이들 또한 제조업 노동자들과 마찬가지의 위험에 처했다. 동시에, 서비스업의 다른 부문, 특히 금융업이나 첨단 기술 산업이 호황을 맞아 점점 더 많은 여성 노동자를 고용했다. 남성이 하던 일을 여성이 대신하는 것은 드문 일이었으며, 제조업에 종사하던 여성들도 마찬가지로 일자리를 많이 잃어서 1970년대에 제조업 종사 여성의 수는 감소했다.[19] 그러나 팽창하던 분야에 새로이 취직한 여성의 수가 제조업에서 일자리를 잃은 여성의 수를 훨씬 넘어섰다. 또한 정리 해고된 남성들은 다른 일을 할 능력은 없는 나이 든 노동자가 많았고, 다른 일을 할 의욕도 가능성도 없었다. 나이 든 남성들은 다른 어느 집단보다도 크게 자신이 쓸모없는 폐품 신세가 됐다고 느꼈다.

그러나 남녀의 고용 패턴이 바뀌었다고 해서 여성이 남성보다 위로 올라간 것은 아니었다. 여성들은 여전히 저임금 일자리에 매여 있었다. 여성들은 여전히 시간제로 일할 공산이 더 컸고, 남성 실업률이 여성 실업률의 거의 2배였는데도[20] 남성 전일제 노동자가 여성 전일제 노동자보다 훨씬 더 많았다.[21] 1999년에 남성이 고용된 일자리의 23퍼센트는 제조업 부문이었다. 분명 다른 부문의 남성 일자리보다는 낮은 비율이긴 하지만, 그래도 거의 4분의 1이니 결코 무시할 수 없는 규모다.[22] 여성들은 분명 새로 생긴 일자리를, 특히 관리직과 전문직 일자리를 얻었다. 그러나 전체로 볼 때 여성들은 여성이 다수인 직업에 몰려 있는 경향이 여전했다.

가정주부의 선택?

남성은 이제 여성과 가정에 필요 없는 존재가 돼 버린 것일까? 30~40년 전에는 아무도 이런 질문을 하지 않았다. 가족이 엄청나게 변화하고 여성이 스스로 가정을 꾸릴 능력과 바람을 갖게 되면서 이런 질문이 제기되기 시작했다. 여성들이 직장을 갖고 어느 정도 경제적 독립성을 획득하고 자녀를 적게 낳게 되자, 1장에서 살펴봤듯 여성들은 집에 남성이 있길 바라거나 남성이 필요하다고 여기는 일이 예전보다 현저히 줄어들었다. 그래서 1970년대 초 이래로 혼자 아이를 기르는 여성이 3배로 증가했다. 그러나 어린이 중 4분의 3은 여전히 부모가 둘 다 있는 가정에서 자란다. 게다가 가사와 양육에 남성들이 전보다 많이 참여하고 있기 때문에, 가정에서 남성이 하는 구실이 별로 또는 전혀 없다는 말은 현실과 거의 부합하지 않는다. [이혼 후] 자녀와 함께 살지 않는 아버지들이 대부분 양육비도 안 보내 주는 무책임한 아버지인 것은 아니며, 그것은 타블로이드 신문이 퍼뜨리는 과장일 뿐이다. 대다수는 자녀들과 계속 접촉하고 지낸다. 자녀와 함께 살지 않는 아버지 중 70퍼센트가 자녀와 어느 정도 연락을 하고 지내며, 50퍼센트는 매주 자녀를 만난다.[23] 그러니 아이들은 대부분 아버지와 함께 살거나 아버지와 접촉을 하며 지내는 것이다. 따라서 남성들이 자녀와 아내에게 제 책임을 다하지 않아서 남성이 큰 위기에 빠지고 있다는 말은 근거가 빈약하다.

남성들의 행동 변화에서 가장 두드러지는 점 하나는 가사 참여 증가이다. 이것은 논쟁이 매우 격렬한 주제다. 연구마다 결과가 다르며, 누가 가사를 돌보는가에 관한 연구는 연구자와 참여자의 주관이 개입할 여지가 크기로 악명 높다. 그러나 대체로 인정되는 사실은, 여성들이 전업 가정주부 생활을 벗어나면서 가정에서 하는 일의 양이 줄었다는 점이다. 여성이 전일세로 노동하게 되면, 아내와 남편의 가사량 격차는 준다. 1961년 남성이 가사에 쓰는 시간은 하루 평균 17분이었는데 1985년에는 하루 평균 40분으로 증가했다.[24] 같은 기간에 영국 여성이 일상적으로 가사에 소비하는 시간은 하루 평균 55분, 일주일에 6.5시간 감소했다. 이 기간의 전반기[1960년대]에는 남성이 하는 가사의 양도 줄어들었는데, 이것은 장기 호황 덕에 사람들이 가전제품을 구입할 수 있게 돼 가사에 소비되는 총 시간이 감소했기 때문이다. 그러나 1970년대에는 남성들이 가사에 쓰는 시간이 전체적으로 하루 평균 15분에서 40분으로 늘어났고 전일제 노동을 하는 남성은 13분에서 35분으로 늘어났다. 이것은 "대부분 기혼 여성이 일을 하게 되면서 발생한 현실적인 압박과 이데올로기적 변화가 반영된 결과일 것이다."[25] 가사에 소비하는 시간은 모든 여성에게서 감소했지만, 모두 똑같이 감소한 것은 아니었다. 전일제 노동을 하는 여성에게서 가장 적게 줄어들었고, 일을 하지 않는 여성에게서 가장 많이 줄어들었다.[26]

한편, 일하는 부모들은 남녀 모두 육아에 더 많은 시간을 쓴다.

자녀가 5세 이하일 때 특히 더 그렇다. 1985년에 일하는 남성은 하루 평균 44분을 육아에 소비했는데 1961년에는 11분에 불과했다. 물론 1985년에 여성들이 하루 평균 107분을 육아에 소비한 것보다는 훨씬 적지만, 그래도 상당히 늘었다.[27] 많은 남성들은 어렸을 때 자신의 아버지가 했던 것보다 더 많은 역할을 자녀들의 삶에서 하고 싶다고 말한다.[28] 그러나 성별 분업 때문에, 지난 몇십 년간의 아주 많은 변화에도 불구하고 여성들이 여전히 가사 노동의 상당 부분을 떠안고 있다. 1990년대 중반에 실시된 한 연구 결과를 보면, 자녀가 있는 여성은 요리와 가사에 남성보다 훨씬 더 많은 시간을 소비하며(하루 평균 여성은 2.59시간, 남성은 0.41시간), 자녀와 성인 가족들을 돌보는 데도 더 많은 시간을 소비했다(여성 1.56시간, 남성 0.54시간). 남성은 직장 일에 더 많은 시간을 소비했으며(하루 평균 남성은 5.31시간, 여성은 2.06시간) 출퇴근에 소비하는 시간이 남성은 하루 평균 1시간, 여성은 30분이었다. 그러나 여성은 수면과 친교 활동에 남성보다 많은 시간을 소비했다.[29]

자녀를 둔 부부는 둘 중 한 명이나 둘 다가 직장에서 얼마나 오랜 시간 일하는지에 따라 가사 노동에 쓰는 시간이 결정적으로 달라진다. 자녀를 둔 젊은 부부가 가정에서 어떻게 가사를 분담하는지에 관해 응답한 내용이 이 점을 잘 보여 준다. 부부가 둘 다 전일제로 일할 때도, 집안일에 대한 더 큰 책임은 여전히 여성이 맡았다. 그런데 이때 28퍼센트의 남성들은 부부가 요리와 식사 준비를 똑같이 분담하고 있다고, 40퍼센트는 장을 보는 일을 똑같이 분담하고 있다고, 35퍼센트는 청소를 똑같이 분담하고 있다고 응답했다. 여성이 시간제로 일할 때는 집안일을 똑같이 분담한다고 응답하는 남성의 비율이 감소했다(각각 15퍼센트, 28퍼센트, 16퍼센트). 여성이 직장 일을 하지 않는 전업주부일 때는, 단지 10퍼센트의 남성들만이 식사 준비를 분담한다고, 11퍼센트만이 청소를 분담한다고 답했다. 동일한 질문을 여성들에게 했을 때 그 응답은 약간 차이가 있기는 했지만 크게 불일치하지는 않았다. 일반적으로 여성들은 집안일을 대부분 자신이 한다고 응답하는 경향이 약간 더 높았고, 부부가 똑같이 분담한다고 생각하는 경향은 약간 더 적었다.[30]

이런 조사 결과들을 통해 알 수 있는 분명한 결론은, 부부가 둘다 전일제로 일할 때 집안일을 분담할 가능성이 가장 크지만, 그럴 때도 부부가 똑같이 분담하는 것은 결코 아니라는 점이다. 전통적인 성별 분업이 여전히 작동하고 있어서, 남성들은 물건을 조립하거나 수리하는 일을 대부분 맡는다. 결혼이나 동거는 이런 성별 분업을 완화하는 데 별 도움이 되지 않는 것으로 보인다. 결혼이나 동거 관계인 남녀의 성 역할 균형을 조사한 한 연구 결과에 따르면, 가사에 소비하는 시간은 혼자 사는 여성이 일주일에 평균 10시간, 혼자 사는 남성이 7시간인데, 남녀가 함께 살 때는 여성은 15시간인 반면 남성은 5시간에 불과했다.[31]

그래도 아내가 일하고 남편이 집에 머무를 때는 남성이 차지하는 몫이 증가하기는 한다. 그럼에도 성 역할이 역전될 정도는 아니다. 그리고 이 경우에는 남녀 응답의 불일치가 가장 크기도 하다. 아내만 직장을 다닐 때, 남성은 28퍼센트가 자신이 식사 준비를 대부분 한다고 생각한 반면, 여성은 6퍼센트만이 그렇다고 대답했다.[32] 심지어 어떤 평론가는 전일제로 일하는 남성이 전업 가정주부인 남성보다 사실상 집안일을 더 많이 한다고 넌지시 말하기도 했다.[33] 그래서 여자가 일을 하고 남자가 집에 머무르는 경우처럼 성 역할이 명백히 바뀐 것으로 보이는 상황에서도, 남자들은 '가정주부'의 역할에 적응하는 데 특히 어려움을 겪는 것으로 보인다. 반면, 여성들은 밖에서 일을 하면서도 가사 부담을 상당히 짊어져야 한다. 이런 현실을 보면, 많은 남성들이 가사 돌보기를 꺼리는 데는 실용적인 요인뿐 아니라 이데올로기적 요인도 있음을 알 수 있다. 그리고 이것은 자본주의 사회 내에서 가사 노동이 단순 반복적 무보수 노동이라고 하찮게 여겨지는 현실이 낳은 결과다.

자신의 의사와 어긋나게 노동시장에서 퇴출된 남성들이 당혹스러워하며 사회적으로 쓸모없는 존재가 된 듯한 느낌을 받는 것은 그리 놀랄 일이 아니다. 사실 많은 [여성] 가정주부들도 그런 감정을 느꼈고 지금도 느끼지만, 남성들이 그런 감정에 적응할 사회적 여건은 마련돼 있지 않고, 그래서 남성들은 '좋은 주부'가 되기도 힘들다. 실직 후 아이를 돌보며 사는 남성 대다수는 자신을 '실패한 가장'이라고 생각하지 아이를 잘 돌보는 좋은 아버지라고 생각하지 않는다.[34] 수전 팔루디는 운수 업체 관리자였다가 정리 해고를 당한 후 업무 보조로 일하는 미국인 남성이 스스로를 다음과 같이 묘사한다고 말한다. "저도 한때는 잘나갔습니다. … 하지만 이제는 아무것도 아니에요. 그저 임시직일 뿐이죠."[35]

1993년에 폐쇄된 요크셔의 그라임소프 탄광에서 일하던 광원들은 이런 상황에 처한 남성의 감정을 묘사한다. 한 남성은 다음과 같이 말한다, "하루를 어떻게 보내냐고? 일어나서, 빨래해서 널고, 애들 학교 보내지. 그리고 장도 좀 보고. 아내가 집에 오면 차를 끓여 주고 … 정부는 직업훈련이네 교육이네 떠들어 대지만, 그게 다 무슨 소용이겠어?"[36] 또 다른 사람은 말한다. "우리는 우리 일에 자부심이 있었어. 세상에 기여를 했다고. 나름의 자리가 있고 쓰임새가 있었지. 다 지난 일이야. 이제 난 가정주부 신세라고."[37]

남성들은 이렇게 반응했나?

어떤 면에서 이것은 잘못된 질문이다. 남성들은 각자 다르게 반응하기 때문이다. 남성들은 계급과 이데올로기와 사회적 지향에 따라 다 다르다. 남성의 행동에 관해 논평하는 사람들도 똑같다. 즉, 그들의 논점도 계급 전체에 퍼져 있는 의견들과 여러 정치 성향의 의견들을 반영한다. 그 의견들에는 특정 유형의 행동이나 가족 형태를 선호하는 이데올로기가 많이 담겨 있을 수 있다.

남성들이 삶에서 일어나는 변화에 대응할 때는 공격성이 커지고 과격한 남자다움을 더 노골적으로 과시한다고 보는 시각이 흔한데, 이런 시각에는 폭력적 행동을 곧 남자다운 행동이라고 규정하는 경향이 점점 심해진다고 보는 주장이 따라붙는다. 그래서 "요즘에는 남성성을 보이는 가장 구체적인 형태가 폭력성과 연관돼 있다"는 것이다.[38] 이렇게 보면, 남성으로 산다는 것은 여성적 특징들을 거부하고 여성에게는 없다고 여겨지는 특징들을 받아들이는 것이게 된다. 그런데 여자들도 일을 하고 교육을 받고 전에는 배제됐던 사회적 영역들에 진출하고 있으니 남성들은 여성에게는 없는 특별한 특성을 찾아내야 하는데, 이 경우 그것은 바로 폭력적 행동이라는 것이다. 그러나 이런 설명은 남성들의 실제 행동 변화 과정과 일치하지 않는다. 남성은 범죄를 저지를 가능성이 더 크지만 피해자가 될 가능성도 더 크다. 남성이 폭력 범죄의 피해자가 될 가능성은 여성의 2배다. "젊은 남성들이 특히 더 취약하다. 거리에서 벌어지는 폭력 범죄의 피해자 53퍼센트가 20대 남성이며 청소년에서는 10~20세 남성이 여성보다 공격당할 확률이 2배로 높다."[39] 2005~2006년에 16~24세 남성은 12.6퍼센트가 폭력 범죄를 당한 경험이 있는데, 전국 평균은 3.4퍼센트에 불과하다.[40]

과격한 남성 옹호 성향이라고 볼 수 있는 단체가 여럿 설립됐는데, 그들은 여성이 모든 혜택을 누리고 있으며 남자들을 뜯어먹으려는 전처前妻와 여자 상사들에게 탈탈 털리지 않으려면 남성들이 단결해야 한다고 주장한다. 영국에는 '가정에는 아버지가 필요하다'와 '정의를 지키는 아버지들' 같은 단체가 있으며 미국에는 복음주의 성향의 단체인 '약속을 지키는 사람들'이 있다. 이들은 남성들이 '주제를 모르는' '건방진' 여자들에게 빼앗긴 것을 되찾아야 한다는 전제를 기반으로 가정 내에서 전통적인 남녀 성 역할을 회복해야 한다고 주장한다. 그러나 이런 단체나 그 견해가 지배적이라고 보는 것은 오류일 것이다. 자녀를 돌보고 여성 차별에 반대하고 전통적인 성 역할을 거부하는 남성이 증가하는 현실은 많은 남성들이 그런 단체의 사상에 별 관심이 없음을 보여 준다. 커밍아웃을 한 게이 남성도 증가했는데, 이것은 자신의 섹슈얼리티를 긍정적으로 받아들이러는 경향이 남성들 사이에서도 증가했음을 보여 준다. 소수 남성들은 전통적 의미의 '남자다움'이 종말을 맞는 것을 분명히 환영하며 새로운 삶의 방식에 꽤 쉽게 적응했다. 그러나 대다수 남성들의 모습은 아마도 훨씬 더 모순적일 것이다. 많은 남성들은 자신의 감정을 더 잘 드러낼 수 있고 아이를 돌보는 것이 부끄러운 일이 아니며 한때는 '여성적'이라고 여겨졌을 직업이나 취미를 추구할 수 있는 세상이 좋다고 생각할 것이다. 그러나 현실에서는 선택할 수 있는 대안들이 그다지 많지 않기 때문에, '남자다운 직업'을 가지거나 '가정의 가장'이 되거나 '남성적인' 환경에서 다른 남성들과 유대감을 형성하는 것이 매우 중요하게 여겨질 수 있다.

많은 남성들의 태도가 그렇게 모순되는 이유 중 하나는 사회가 그들에게 보내는 메시지 또한 모순되기 때문이다. 영국 같은 나라들에서는 지배적인 여러 이데올로기가 말로는 인간 평등을 내세운다. 오늘날 지배층과 언론의 다수는 남녀가 모두 일하는 것을 당연하다고 여긴다(오히려 집에만 있으면서 아이를 기르고 국가로부터 수당을 받길 기대하는 여성들은 이제 못마땅하게 여겨진다). 또한 가능하면 남녀가 가사와 육아를 분담해야 하고 가정은 모든 구성원들에게 민주적인 선택을 어느 정도 허용하는, 만족스러운 소비의 단위가 돼야 한다고 여겨진다. 권위적으로 행동하는 아버지들은 이제 매우 드문 데다가 고루하고 편협한 사람으로 간주된다. 토니 블레어나 데이비드 베컴 같은 사례는 아버지가 아이를 돌보는 것이 자연스러운 일로 여겨진다는 것을 보여 준다. 그들이 유모차를 끈다 해서 아무도 그들을 '메리 앤'이라 부르지 않을 것이다(그들이 유모차를 자주 끈다는 말은 아니다. 그것은 그들에게 고용된 보모가 하는 일일 것이다). 그러나 남성들도 자신의 감정을 드러내도록 격려되고는 있지만, 남성들이 자기 자신을 바라보는 태도에 이데올로기적 효과를 끼치는 달갑지 않은 일도 벌어지고 있다. 그래서 일부 남성들이 전통적인 남성적 가치들을 다시 세우려 하는 모습이 나타난다. 랩댄스 클럽과 야한 남성 잡지가 성행하고, '데이트 강간' 개념에 반대하는 운동이 은밀히 퍼지고, 성차별적 언어들이 부흥하고, 개인적으로 여성에게 심각한 폭력을 휘두르는 일이 지속되고 있다.

흔히 사람들은 가장 지독한 성차별적 태도와 가장 역겨운 성적 행동은 육체 노동자 사이에서 나타나고 교육받은 중간계급은 어째서인지 그런 행동과 거리가 멀 것이라고들 생각하지만, 런던 금융가에서 벌어지는 사회적·사업적 관행들을 살펴보거나 '남성 잡지' 독자층의 면면을 보면, 현실은 그런 생각과는 영 딴판이라는 것을 알 수 있다. 자본주의 사회의 가장 추앙받고 권위 있는 기관의 다수가 남성 지배적 관념을 부추기고 퍼뜨린다. 대기업, 사법부, 증권거래소, 군대는 심각하게 남성 중심적이다. 게다가 1980년대 이래로는 남성 우월주의가 암묵적인 수준을 넘어서 노골적으로 표출되고 있다. 그래서 영국의 텔레비전 시트콤 〈나쁜 남자들〉의 작가인 사이먼 나이는 여성에 대한 낡은 인식을 가진 이 새로운 '상남자'들을* 하나의 현상으로 묘사한다.

---

* 상남자 영어 lad의 번역어다. lad는 술과 스포츠를 좋아하고 여자를 밝히는 원기 넘치는 젊은 남성을 가리키는 영국의 속어다.

1979년 마거릿 대처가 부추긴 능력주의(혹은 정치적 성향에 따라서는 신금권주의)가 상남자들을 탄생시켰다. 이 시끄러운 젊은 남자들은 런던의 증권가를 주름잡으며 떼돈을 벌었다. 길퍼드에서 무리 지어 다니는 거만한 증권 중개인들도 이들을 보면 쫄아서 피할 지경이었다. 이들은 마치 트로이의 목마처럼 금융기관의 뱃속에 숨어서 지배층의 벽 내부로 살금살금 굴러 들어갔다. 이들은 욕을 하거나 성차별적 언사를 늘어놓는 것 정도는 대수롭지 않게 여긴다. 왜냐하면 자신이 '열라' 열심히 일했기 때문이다.[41]

'상남자' 문화는 화려한 고가의 '남성 잡지'의 성장으로 주로 표출됐다. 이 잡지들은 비싼 광고로 채워져 있었는데 1990년대 후반에는 남성들 사이에서 한 달에 150만 부씩 팔렸다.[42] 제목을 보면 다양한 교양과 정보를 제공하는 것처럼 보이지만, 이 잡지의 판매 주안점이 무엇인지는 의심의 여지가 없다. 표지가 언제나 갖가지 방식으로 노출을 한 여성들의 사진으로 채워지기 때문이다. 내용도 별로 다르지 않다. 섹스에 관한 내용이 한가득, 축구에 관한 내용이 또 한가득, 그리고 과시적 소비에 관한 관심을 매우 강하게 불러일으키는 내용이 한가득이다. 이 잡지들은 '외국인'을 이상하고 어리석으며 열등한 존재로 그리고, 여자들도 속으로는 '하고 싶어 한다'는 가장 전형적인 남성 판타지를 보여 주며, 맥주와 스포츠와 '여자 따먹는 일'에만 관심이 있는 것이 진짜 남자라고 여긴다. 그리고 이런 야심만만한 남성들은 '나쁜 남자'처럼 행동한다고 한다. 《지큐 액티브》의 편집장은, 평균 독자층이 25~35세의 남성으로 "아우디 자동차 지붕에

산악자전거를 신고 고속도로를 질주하는" 사람들이라고 말했다.[43] 잡지의 광고들은 가처분소득이 많은 20~30대를 겨냥해 자동차, 의류, 군인 모집을 주로 홍보한다.

어떤 사람들은 상남자 현상과 남성 잡지에 긍정적 효과가 있다고 말한다. 이것이 "제2물결 여성운동이 일어나고 전통적 형태의 젠더 정체성이 침식되는 세상에서 이성애자 남성들이 자신의 새로운 위치에 적응하려는 시도"라는 것이다.[44] 그러나 이런 잡지들을 살펴보면 제2물결 여성운동은커녕 제1물결에 대한 이해조차도 거의 없음을 알 수 있다. 《로디드》의 몇몇 특집 기사 제목은 다음과 같다. "문 닫기 전에 가 보라! 아직 합법적으로 운영 중인 성인 유흥업소 모음." "섹스 사냥꾼, 프라하에 가다. 세계 최초로 촬영한 사창가 영상을 보고 직접 경험도 해 보기." "사람들이 좋아하는 과자 톱 텐."[45] 《FHM》은 좀 더 세련된 잡지로 여겨지는데 다음과 같은 기사들을 싣는다. "남자의 85가지 기술. 빨리 배우면 하루 만에도 마스터할 수 있습니다." "우리의 바지를 내려가게 하는 영국 최고의 섹시녀, 킬리." "아, 너무 좋아 — 후끈 달아오른 침대! 그녀 자신도 몰랐던 비밀의 성감대." "영국 정보부가 나를 감옥에서 썩게 만들었다! 아프간 감옥에 버려진 특수부대 스파이."[46] 이런 잡지의 국제 이슈 분석은 어린이 만화 수준이다. 탈레반은 "여자들에게 이래라저래라 하는 데 많은 시간을 보낸다. 여자친구의 잔소리에 지친 당신에게 이것은 꽤 부러운 일로 들릴 수도 있다. 그러나 분명 말하지만, 이 녀석들은 여자를 제대로 다룰 줄 모른다." [이런 잡지의 묘사에 따르면] 독일인들은 전쟁이나 일으키고 씻지 않는 프랑스인들은 달팽이나 먹으며 고마워할 줄도 모른다. "지난 80년 동안 우리는 두 번이나 프랑스에 가서 독일 군을 쫓아내 줬는데 고맙다는 말 한 마디 듣지 못했다." 멕시코 사람들은 "2달러만 주면 지나가는 미국인한테 자기 여동생도 판다."[47] 더 저속한 잡지인 《너츠》는 21세기 판 "독자의 아내"를 보여 준다.

《너츠》는 여러분들이 가장 섹시한 '리얼 걸'들을 보실 수 있는 곳인데요, 이번 주도 정말 끝내줍니다. 트레이시는 "리얼 걸"에서 자기 침실을 전격 공개합니다! 윔블던 출신의 사랑스런 리앤은 아름다운 여자의 몸이 얼마나 순식간에 우리의 혼을 쏙 빼 놓을 수 있는지 보여 줍니다. "리얼 걸, 섹스를 말하다" 코너의 이번 주 주제는 유혹인데요, 언제나 그렇듯이 "여자들의 속마음" 편은 여러분 모두를 유혹의 달인으로 만들어 줄 것입니다.[48]

이런 내용이 지겹도록 이어진다. 남성 잡지들은 고리타분한 성차별, 인종차별, 민족주의, 동성애 혐오로 가득한데, 이것들을 위트 넘치고 재미있는 농담으로 포장한다. 이것은 21세기 버전의 베니힐 쇼다.** 이것에는 보수적 가치관이 깊이 깔려 있고 이런 점에서는 1950년대와도 비슷하다. 이런 [성적인] 이미지들을 싫어하는 여성들,

---

* "독자의 아내" 1966년에 창간된 영국의 성인 잡지 《피에스타》의 한 섹션으로, 독자의 아내나 여자 친구라고 소개되는 여성의 나체 사진을 실었다.

** 베니 힐 20세기에 활동한 영국의 인기 코미디언이다. 그의 유머에는 저속한 성차별적 언사가 많이 포함돼 있었다.

성차별적 농담을 웃기다고 생각하지 않는 여성들, 어떤 방식으로든 규범에서 벗어나는 여성들은 유머 감각이 없거나, 남자에게 매력이 없거나, 레즈비언이라고 취급된다.

우리는 여자를 사랑한다, 하는 것이 새로운 상남자들의 외침이다. 그러나 그들은 여자를 사랑하는 것이 결코 아니다. 그들은 특정하게 정형화되고 대상화된 여성의 이미지를 좋아하는데, 이것이 자신의 남성성과 지위를 강화한다고 믿기 때문이다.

남성 잡지의 경우, 전성기 《플레이보이》 스타일의 여성상에 대한 향수 뿐 아니라, 상상 속 '과격한' 페미니스트의 쯧쯧거림 따위는 신경 쓰지 않고 남자들이 할 수 있는 온갖 저속한 언사를 지껄이고 싶어 하는 욕망을 담고 있다. 남성 잡지들은 30년 전이라면 페미니스트들이 주저 없이 비판했을 이미지를 찬양한다. 그러나 이런 요즘의 이미지들은 우리가 왈가왈부할 권리를 부정하는 맥락에 위치해 있다.[49]

1953년에 창간된 미국의 《플레이보이》는 "집안[에서의 권위를] 되찾"는 것과 1950년대 전통적 중간계급 여성의 의존성에 맞선 남성들의 반란을 벌이는 것을 자기 역할로 삼았다.[50] 이제 여성들은 집 안에만 갇혀 있지 않으며 섹슈얼리티에 대해 훨씬 개방적 태도를 보인다. 이런 상황에서 남성 잡지들이 전하려는 메시지는 남성들이 해방된 여성들의 위협에 맞서서 자신의 우월함을 여전히 당당히 드러낼 수 있다는 것이고 누가 감히 불평하겠느냐는 것이다. 여성을 살림 잘하는 순종적인 가정주부 아니면 성적으로 적극적인 창녀로 나누는 이분

법은 아이들과의 스킨십을 아끼지 않는 새로운 아버지 아니면 공격적이고 성차별적인 새로운 상남자로 대조하는 것과 상응한다.

자본주의 사회의 다양한 제도들은 성별 분업을 강화하고 매우 전통적인 삶의 방식을 옹호하는 방향으로 남성성에 관한 시각을 주입하는 데서 매우 중요한 역할을 한다. 다른 어느 영역보다 군대에서 이런 경향이 특히 강할 것이다. 군사적 가치는 전쟁으로 점철된 세상에서 더욱더 중요한 위치를 획득해 가고 있다. 아프가니스탄이나 이라크에서 전쟁을 치르는 병사들은 매우 끔찍한 '남성성'을 보여 주도록 부추겨지며, 특수부대의 무용담을 담은 저질 회고록은 베스트셀러에 오른다. 입대한 여성들은 전통적인 '여성적' 특징을 버리고 군사적 목적에 맞게 유사 남성이 되라고 요구받는다. 군대의 근간인 폭력 문화는 사회 전체와 병사들의 가정생활에 쉽게 침투한다. 수전 팔루디는 미국 남부의 조지아주 사관학교 시터델에 입학한 최초의 여성 생도가 그녀를 겨냥해 쏟아진 추잡한 남성 우월주의적 행위들 탓에 학교를 그만둘 수밖에 없었던 일을 묘사한다. 시터델에서는 남성이 남성에게 가하는 폭력 행위도 많았다. 사이클 팀의 한 학생을 철봉에 매달리게 한 후 가랑이 2인치 아래에 장검을 세워 놓고 버티라고 강요하는 일이 있었고, 한 흑인 신입생이 〈딕시〉를* 부르지 않겠다고 하자, 침대 위에 교수형에 쓰이는 올가미를 걸어 놓는 일이 있었다. 살아 있는 너구리를 "쌍년 죽여 버려!"라는 구호에 맞춰 칼

---

* 〈딕시〉(Dixie) 미국의 남북전쟁 당시 노예해방에 반대한 남부 연합의 비공식적 국가(國歌)였다.

로 찔러 대는 일도 있었다.[51] 지속적인 괴롭힘으로 자살을 생각했던 한 생도는 이런 가혹 행위들을 성별 간 전쟁으로 봤다. 남성들 간에 벌어진 일이지만, 공격 대상은 "여성"이었다는 것이다.

그는 자신에게 가해진 사실상 모든 조롱이 자신을 여자 취급하는 것이었다고 회상했다. 그가 두려운 기색을 내비칠 때마다 그들은 다음과 같이 말하곤 했다. "브라이언트, 너 얼굴이 왜 그래? 낙태라도 하냐?" "브라이언트, 너 이번 달에 생리 하냐?"[52]

그들에게 진짜 여자가 사관학교에 오는 것은 도저히 참을 수 없는 일이었다.

남성적 가치들은 영원불멸하다 여겨지지만, 그것을 주입하는 사회 제도 자체가 이데올로기적·물질적 구성물이고, 그조차도 유구한 전통에 의해 형성된 것이 아니라, 비교적 현대에 벌어진 자본주의 발전의 결과다. 전통적 군대의 가치라고 여겨지는 것은 실은 기술이 고도로 발전한 전쟁을 수행하게 된 현대의 가치관이다. 여러 면에서 이런 가치관은 오늘날 남녀의 변화하는 삶과는 부합하지 않는다. 그러나 그것이 아직도 강한 영향력을 미치는 이유는 몇 가지가 있다. 전쟁은 매일매일의 지루한 노동과 달리 매우 색다른 흥미를 고조시킬 수 있다. 그래서 전쟁은 판에 박힌 직장 생활과 가정생활에서 벗어날 수 있는, 도전 의식을 북돋는 대안인 것처럼 보인다. 전쟁을 통해 남성들은 조국을 수호하고, 가정을 지키고, 약자를 보호하며 자신의 남자다움을 확인받을 수 있다고 느낀다. 이런 생각은 남성·여성·가족에 관한 우파적 사상들, 즉 남성은 보호자이자 부양자이며 여성은 종속적 지위에 있다는 관념을 강화하는 사상에 딱 들어맞는다. 그러나 전쟁을 이런 식으로 미화하는 것에도 한계가 있다. 오늘날 전쟁에 대한 인식이 제2차세계대전 직후와 얼마나 다른지 보면 이 점을 알 수 있다. 오늘날 사람들은 전쟁을 훨씬 더 부정적으로 바라본다. 베트남전쟁과 뒤이어 중동과 남아시아에서 벌어진 전쟁을 통해 전쟁의 잔혹한 실상을 깨닫게 된 결과다.

스포츠 경기도 남성들 간의 결속, 그리고 강인함과 용감함이라는 남성성 숭배를 강화한다. 동시에 스포츠 경기에는 치어리더는 물론이고 유명 스포츠 스타의 매력적인 아내나 여자친구가 등장하기도 한다. 경기 동안 근육질 남자들의 몸만 계속 쳐다보고 있으면 자신이 피 끓는 이성애자라는 걸 잊어버릴까 봐 걱정이라도 되는 모양이다. 남성이 하는 노동의 양상이 변화했지만, 남성의 노동과 스포츠 간의 밀접한 관계가 전부 사라진 것은 아니다. 오히려 삶의 다른 영역에서 [무엇이 남자다운 것인지에 관한] 확신이 감소하면서 더 중요해졌을 수도 있다. 남성들은 권태와 혼란을 느낄 때 스포츠나 여가 활동에 더 열중하게 될 수 있다.[53]

스포츠는 19세기 자본주의 성장의 일부로서 조직적으로 성장했다. 19세기 말의 대량 발행 신문과 오늘날의 위성 텔레비전 중계에 이르는 대중매체 발전은 스포츠 발전에 매우 큰 영향을 끼쳤다. 대중매체는 스포츠에서의 성공을 화려한 남성의 이미지와 결부시켰다. 이 남성의 이미지란 목표를 향한 전념, 불굴의 의지, 적당한 무자비함, 높은 수준의 신체적 강인함, 고강도 훈련과 연결된다. 이것들은 남성적 특징으로 여겨지며, 이것들을 성공적으로 해내면 영웅의 지위와 아름다운 여성의 사랑을 보상으로 얻는다. 또한 스포츠 경기는 쳇바퀴 도는 듯한 일상생활에서 도피할 수 있는, 격앙된 감정을 만들어 낸다. 이 감정은 대체로는 무해한 수준이지만, 민족주의적·성차별적·인종차별적 정서를 상당히 자아낸다.

남성을 둘러싼 논쟁의 한편에는 낡은 가족 가치를 떠받치려 애쓰는 보수주의자들이 있다. 점점 더 많은 사람들이 전통적 핵가족을 이루며 살기를 원하지 않는데도 말이다. [우파 언론인] 멜러니 필립스는 자기 목표를 매우 투명하게 밝힌다. 남성들을 일하게 만들면 오늘날 사회를 운영하는 사람들이 직면한 많은 사회문제들을 해결할 수 있다는 것이다.

남성이 부양자여야 한다는 것은 … 독단적인 주장도 아니고 시대착오적인 것도 아닙니다. 이것은 남성 정체성을 공고히 하고 남성의 공격적 성향을 길들이는 데 중요합니다. 바로 이 때문에 실업이 젊은 남성들의 사회화에 해악을 끼친 것이고, 그들 아버지 세대의 정신적·신체적 건강을 산산이 부순 것입니다. 직장에서 일하는 것은 극히 중요한 목표 지향적 활동으로, 남성들이 경쟁을 거쳐 자기 가족을 부양하게 해 줍니다. 이렇게 하면 남성들의 공격성을 사회 친화적 목표에 부합하는 방향으로 이끌 수 있습니다.[54]

남성에 대한 필립스의 시각은 젊은 남자들이 전쟁도 안 겪고 군대도 안 가서 문제라고 개탄하던 1960년대 사고방식의 최신 버전이다. 외부적 규율로 강제하지 않으면 남자들은 머리나 기르고, 마약이나 하고, 시끄러운 음악이나 듣게 된다는 것이다. 오늘날 남성들은 직장에서 쫓겨나면 욱하는 성질을 못 참아서 그렇게 된 거라고 비난받는다. 더 심하면 자기 가족도 건사하지 못해서 국가에 의존이나 한다는 비난도 받는다. 남자들은 자기 자리를 알아야 한다. 그 자리란 바로 일터다. 그리고 필립스의 오싹한 표현을 따르자면, 남자를 "길들일" 유일한 방법은 바로 일하게 하는 것이다. 남성은 부양자가 되고 여성은 현모양처의 역할을 받아들이는 것이 세상의 순리라는 이런 권위주의적 시각에는 남성에게 폭력과 악행을 저지르려는 성향이 내재돼 있다는 가정이 깔려 있다. 이런 주장은 결코 독특한 것이 아니다. 가정을 꾸려야 남성이 구원을 받고 길들여진다는 생각은 꽤 널리 퍼져 있으며 멜러니 필립스 같이 정치성향이 극우적인 사람들만 그런 생각을 하는 것은 아니다.

남자들은 원래 다 그렇다?

오늘날 사람들이 제멋대로이고 폭력적인 젊은 남성들을 두려워하는 데는 계급적 편견이 강력하게 내재해 있다. 사람들이 특히 젊은 남성을 두려워하는 이유는 그들이 자주 범죄를 저지르고 폭력적 행동을 한다고 생각하기 때문이다. 그러나 더 나이 든 노동계급 부모들도 자식을 제대로 키우지 못했다는 비난을 받는데, 이 비난에는 자녀 세대가 부모 세대의 사회문제를 답습하게 돼 있다는 일종의 숙명론이 스며들어 있다. 한 소년비행 전담팀 팀장이 [영국의 페미니스트]

비어트릭스 캠벨에게 한 다음의 말은 이런 점을 잘 보여 준다.

이 남자애들은 어머니가 아버지한테 두들겨 맞는 것을 보고 자랐습니다. 이 애들은 전부 여성 혐오주의자입니다. 우리는 이런 젠더 문제들을 해결하려고 계속 애는 쓰지만 인생에서 16년 동안 주입된 신조의 효과를 쉽게 없앨 수가 없습니다.[55]

캠벨은 어머니를 마지막 보루, 즉 10대 소년이 완전히 야만인이 되는 것을 막아 주는 문명 세계의 유일한 방패로 본다. "일부 여성들은 자신이 아니면 아무도 책임지고 돌봐 줄 수 없는 이 남자아이들과의 관계에 문제가 생길까 봐 두려워한다."[56]

페미니스트 앤절라 필립스는 젊은 남성들의 높은 범죄율을 비난하며 이것은 와이γ 염색체와 연관돼 있다고 말한다. "우리는 이제 남자아이들이 양육되는 데서 어떤 병적인 것이 사회에 있는 것은 아닌지 진지하게 고민해 봐야 합니다."[57]

청소년 비행의 문제를 성별과 연관짓는 설명은 편리할지 모른다. 그러나 현실은 그보다 훨씬 복잡하다. 먼저 그런 비난은 남자 청소년 전체를 겨냥한 것이 아니라 특히 노동계급 청소년, 그중에서도 (최소한 암묵적으로는) 흑인 청소년을 겨냥한 것이다. [영국 전] 총리의 아들인 유언 블레어가 중등교육 검정 시험 성적표를 받고 나서 술을 퍼마시고 레스터 광장에서 만취한 상태로 발견됐을 때 이것을 더 큰 사회문제의 징후로 생각한 사람은 없었다. 유언 블레어는 런던 최고의 학교에 다녔고 나중에 엘리트가 될 수 있는 학벌과 사회적 배경을 갖췄다. 그러나 사람들이 브릭스턴이나 핸즈워스의* 남자 아이들을 두려워하는 것은 그들에게 예비된 미래가 유언 블레어와 전혀 다르기 때문이다. 그들에게는 중산층이나 상류층 아이들이 누리는 경제적 지원이 없으며 존경받거나 돈 잘 버는 직업을 가질 전망이 거의 없다. 그들이 미성년 음주나 마약 문제를 일으키면 사람들은 잘사는 동네의 부유층 자제들이 그런 문제를 일으켰을 때와는 완전히 다른 시선으로 본다. 앞에서 시터델의 사관생도에 대해 살펴봤듯이, 어떤 곳에서는 끔찍한 수준의 집단적 폭력이 용인되는 경우가 많다. 부유층이 다니는 명문 사립학교에서는 남자아이들 간에 폭력 사건이 자주 발생하지만 학교 안에서라면 별 대수롭지 않게 여겨진다. 사회와는 철저히 분리돼 높은 담장으로 둘러싸인 별세계에서 벌어지는 일로 치부되는 것이다.

사람들은 흔히 노동계급 남자아이들이 폭력성과 범죄 성향을 가지고 있다고 생각한다. 그리고 이것은 남자아이들이 여자아이들보다 사회적 열등감이 커져서 스스로 무능함을 느낀 결과라고 여긴다. 이런 열등감은 특히 교육을 받을 때 두드러진다. 최근의 통계를 보면 여학생이 남학생보다 대체로 성적이 더 좋다. 그러나 사람들의 인식이 언제나 현실과 일치하는 것은 아니다. 강도짓을 하고, 다른 사람을 구타하고, 절도를 하고, 자동차를 훔치고, 폭동을 일으키는 사람이 대부분 남성인 것은 사실이다. 그러나 청소년 범죄는 "절대다수가 폭력 범죄가 아니다."[58] 1980년대 중반에서 1990년대 중반까지

---

* 브릭스턴, 핸즈워스 흑인 주민의 비율이 높은 동네다.

유죄판결을 받거나 경고 처분을 받은 남자 청소년의 비율은 감소했다.[59] 범죄는 실업과 연관 있고 성별 간 실업률 격차는 큰데, 남성이 여성보다 실직할 가능성이 훨씬 더 크다. 1993년에 선임 보호관찰관들이 조사한 결과 중범죄의 70퍼센트는 실직자들이 저지른 것으로 드러났다.[60] 불경기와 범죄 사이의 상관관계는 도심 지역에서 특히 강한 것으로 보인다. 도심은 빈곤율이 높고 청년들이 주변화되는 경향이 강하다. 개인의 소비수준이 낮을수록 재산 범죄를 저지르는 경향이 높아지며 빈곤과 실업도 이와 관련 있다. 그러나 대인 범죄는 다르다. 대인 범죄는 젊은 남성이 가장 많이 저지르고, 개인의 소비 수준이 높을수록 대인 범죄를 저지를 확률이 높다.[61] 사회의 최하위 5퍼센트는 상위 50퍼센트보다 행동 장애, 경찰과의 접촉, 대마초 흡입, 기분 장애, 알코올 중독 등 여러 문제를 겪을 확률이 100배 더 높다. 투옥돼 있는 청년 중 63퍼센트가 체포 당시 실직 상태였다는 통계도 있다.[62]

[젠더 사회학자] 샌디 럭스턴은 남성성과 범죄의 상관관계는 남녀가 성인이 될 때 받아들이는 성 역할로 설명할 수 있다고 주장한다. 남자아이가 성인이 될 때 겪는 모순은 여자아이가 성인이 될 때 겪는 모순보다 크다는 것이다.

남성성에 대한 지배적 시각은 남성이 거칠고 강인하며 공격적이고 독립적이며 이성적이고 지적이어야 한다는 것이다. 그러나 어린이에 대한 지배적 인식은 연약하고 힘이 없으며 미성숙하고 수동적이며 의존적이라는 것이다. 이 때문에 남자아이들에게는 특별한 모순이 생겨나는데,

성인기가 다가오면서 이것이 심해진다. 아이다움의 구조 속에서는 남성이 되는 것을 이룰 수 없기 때문이다.[63]

이것이 사실이라면, 남자가 된다는 것은 남자답다고 여겨지는 행동이나 태도를 받아들이는 것이 아니라 아이다움과 밀접하게 연관된, 마찬가지로 흔히 '여성성'과도 연관된 특징들을 모두 철저히 거부하는 것이다. 스포츠 영웅에 열광하는 것을 비롯해 패거리를 이루고, 범죄적 행동을 하고, 치고받고 싸우고, 무언가 배우는 것을 유치하다고 여겨 경멸하는 것도 모두 이런 과정의 일부다. 여기에는 계급의 요소가 있다. 상위권 학교들은 오래된 명문 사립학교의 기풍을 자유주의적으로 계승해 학생들에게 가르친다. 운동도 잘하고 공부에 대한 목적의식도 분명히 하도록 교육하며 학생들이 사회에서 중요한 위치를 차지할 것이라는 기대를 학교의 모든 관계자들에게 전달하는 기풍 말이다. 중·상층 계급은 어느 정도 일반 대중과는 다르게, 개인의 능력을 발전시키는 것을 중요시하며 [아이들이] 직업적 성공에 대한 야망을 형성하는 것을 목표로 한다. 이런 배경에서 자란 남자 청소년들은 자신이 그런 미래를 위한 준비를 하고 있다고 생각할 것이다. 노동계급 남자아이들은 길거리와 대중문화에서 훨씬 더 많은 것을 배우며 청소년기를 보낸다. 스포츠나 음악에 재능이 있는 개인에게 집단적으로 열광하며, 학문적인 능력보다는 실용적이고 신체적인 능력을 더 중시한다. 평론가들이 그토록 반대하는 남성성은 바로 후자 같은 남성성이다. 그러나 이 남성성은 일반 대중이 아니라 지배적 이데올로기, 즉 노동계급 아이들에게 분수를 알라고 면박을 주는 이데올로기에 대한 위협을 상징한다. 왜 브레이크 댄스는 골프보다 수준이 떨어진다는 말인가? 왜 노래 가사를 외우는 능력은 구구단을 외우는 능력만큼 가치 있게 여겨지지 않는가? 유행 따라 옷을 입는 것, 교복을 리폼해서 입는 것, 학교에서 마치 구속복처럼 부과되는 협소한 중간계급 이데올로기를 거부하는 것 등은 모두 학생들이 자신의 삶에서 약간의 통제력과 지위를 확보하기 위한 수단으로 흔히 공격성을 강조하는, 반항의 형태들이다.

여기에서도 우리는 약간 넓게 볼 필요가 있다. 대다수 소년은 극도로 폭력적이지도 않고 상습적으로 범죄를 저지르지도 않는다. 가장 흔하게 발생하는 범죄는 '남성적'이라기보다는 '여성적'이다. 내무부 통계를 보면, 기록된 전체 범죄 중 8분의 1이 상점에서 물건을 훔치는 것이며 이 범죄로 징계를 받은 사람은 남성보다 여성이 많다. 특히, 젊은 여성들이 상점 절도를 많이 저지르며 해마다 13~15세 여자 청소년 7528명이 이 때문에 징계를 받는다. 남자 청소년은 해마다 6370명이다.[64] 2006년 크리스마스 시즌 상점 절도범 중 여성은 41.3퍼센트였다.[65] 한 설문 조사 결과를 보면, 16세 노동계급 여자 청소년 중 89퍼센트는 살면서 최소한 한 번은 주먹싸움을 해 봤다.[66] 남자아이들이 공부하기 싫어하는 무식한 명청이라는 것도 사실이 아니다. 사람들의 격분을 자아내는 최근의 소동들을 보면 청소년 범죄가 대유행이 아니라는 결론을 내리기가 어려울지도 모른다.* 또한

---

* 2000년대 초 영국에서는 청소년들이 칼이나 총기를 사용한 범죄가 일어나 큰 이슈가 됐다.

남학생들이 과거보다 성적이 나아졌으며 문맹률이 젊은 층보다 노년층에서 더 높다는 것을 믿기도 마찬가지로 어려울 것이다(그렇지만 이것들은 사실이다). 교육의 많은 분야에서 여학생이 남학생보다 우수한 성과를 내고 있는 것은 사실이며 성적이 향상되는 속도도 여학생이 더 빠른 경향이 있다. 그러나 일과 교육에 대한 여성의 기대가 지난 수십 년간 변화했다는 것을 고려하면 그다지 놀랍지 않은 일이다. 1950년대와 1960년대에 여학생이 남학생보다 성적이 안 좋았던 이유는 여학생들이 직업적으로 성공할 기대가 낮고 차별을 내면화했기 때문으로 여겨졌다. 오늘날에는 남녀 모두 교육 수준이 노동시장에서 중요시된다는 사정을 고려하면, 여학생이 남학생과 마찬가지로 경쟁력을 갖추려 노력하는 것은 놀랄 만한 일이 아니다. 또한 여학생들은 사무직과 화이트칼라 직종에 많이 취직하기 때문에 그 분야에 필요한 자격을 얻기 위해 남학생보다 좀 더 애쓰는 것일지도 모른다.

이것은 성별 간의 평등화 과정이다. 이 때문에 남학생들은 자신들이 상대적으로 뒤처진다고 느끼고 그 결과 자존감이 떨어질 수도 있다. 그러나 남학생 또한 성적이 향상하고 있다는 것도 사실이다. 단지 그 속도가 훨씬 더딜 뿐이다. 1970년대 중반부터 현재[2007년]까지 A 레벨* 과목을 둘 이상 수료한 학생 중 여학생의 비율은 두 배로 증가한 반면, 같은 성취를 보인 남학생의 증가율은 50퍼센트

---

* A 레벨 영국의 중등교육 과정의 하나이자 학업 성취도 시험. 대학에 진학하기 위해서는 A 레벨 과목들을 수료해야 한다.

에 조금 못 미친다. 그래도 A 레벨을 수료하는 학생 수는 상당히 많이 증가했다.[67] 여자 대학생 수는 1970/1971학년도 17만 3000명에서 2004/2005학년도 68만 명으로 증가했다. 남자 대학생은 24만 1000명에서 54만 9000명으로 증가했다.[68] 사회 활동에 참여하고 직업 능력을 갖추는 여성의 수는 주로 1980년대부터 크게 증가한 것으로 보이는데 아마도 이 10년이 여성들이 자기 계발을 해야 한다고 결심한 가장 결정적인 시기였을 것이다. 이런 경향은 1990년대를 지나 2000년대 초 현재까지도 분명히 지속되고 있다. 앞으로도 이런 경향이 계속돼 성별 간 격차가 더욱 커질 것인지, 아니면 여성이 약간의 우위를 점한 채로 남녀 간의 전반적 평등화 경향이 안착할 것인지는 아직 말하기 어렵다.

그러나 계급이 교육 수준에 영향을 미친다는 점만큼은 논쟁의 여지가 없으며, 학업 성취에 끼치는 영향은 성별보다 계급이 훨씬 더 큰 것으로 보인다. 도시의 가장 빈곤한 동네 학생들의 중등교육 검정 시험 합격률은 도시의 더 잘사는 동네 학생들의 절반이다.[69] 1991/1992학년도에 부모가 전문직인 21세 이하 청소년은 55퍼센트가 고등교육기관에 진학했다. 1998/1999학년도에는 72퍼센트로 올랐다. 부모가 비숙련 노동자인 청소년의 고등교육기관 진학률은 1991/1992학년도 6퍼센트에서 1990년대 말 겨우 13퍼센트로 증가했을 뿐이다. 전문직 가정 학생의 고등교육기관 진학률은 전국 평균의 2배 이상인 반면, 비숙련 노동계급의 학생은 전국 평균의 절반이다.[70] 노동계급 소년·소녀가 자신의 미래에 대해 심드렁하고 씁쓸히 느끼는 것은, 고등교육기관에 진학해야 그 뒤에 금전적으로든 사회적으로든 유리할 텐데 그럴 수 없는 현실과 관련 있는 것이 틀림없다. 시험을 통과하지 못한 학생들을 보면 남학생과 여학생 사이에 큰 격차가 없다. 1997/1998학년도에 남학생 중 8퍼센트, 여학생 중 5퍼센트가 중등교육 검정 시험을 통과하지 못했다. 반면 남학생 중 26퍼센트, 여학생 중 33퍼센트가 A 레벨 과목을 둘 이상 수료했다.[71] 성별 간 학업 성취도 격차에 주목하는 것은 계급 간 격차라는 훨씬 더 중대한 문제를 흐리는데, 이 계급 간 격차야말로 우파 평론가들이 애써 부인하려는 것이다.

어떤 사회가 여성을 위협으로 보는가?

이제는 남성들도 여성들이 어떤 일을 겪고 살아 왔는지 좀 알겠냐 하는 것이 남성의 위기에 대한 이야기를 들으며 고소해하는 많은 여성들의 흔한 반응이다. 여성들로서는 자신은 항상 그런 일을 견디며 살아 왔는데 남성들도 비슷한 일을 겪는 것이 뭐 대수일까 하는 생각을 하지 않을 수 없다. 실직을 하거나 원래 하던 일보다 지위가 낮은 일을 해야 하는 처지가 된 남성들의 경험은 집에만 머물러야 했던 여성들의 오랜 불만과 자주 비교된다. 육류 가공 노동자로 일하다 실직한 34세의 미국인 빌 커스타스는 다음과 같이 토로한다. "이제는 아무도 만나지 않아요. 같이 일하던 동료들이 곧 내 친구였어요. 퇴근하면 같이 맥주도 마시고 이런저런 얘기도 떠들어 대곤 했죠. 이제는 그 친구들이 뭐 하고 사는지도 몰라요."[72] 어떤 사람들은 남성들이 겪는 문제가 바로 전통적으로 '여성이 하는' 역할을 남성들이 하기 때문이라고 믿는다.

그러나 당연히도 남성들이 전통적인 여성의 역할을 하고 있는 것은 아니다. 남성들은 여전히 대다수가 직장에 일을 나가고, 자본주의 사회의 힘 있는 자리는 거의 모두 여전히 남성이 차지하고 있으며, 남성들은 여전히 아이 돌보는 일을 대부분 여성 손에 맡기고 있다. 그렇게 아이를 돌보는 여성은 아이를 사랑하는 아내일 수도, 돈을 벌고자 하는 보모나 돌보미일 수도 있다. 남성이 전업주부인 경우는 아주 흔치 않다. 그리고 전업주부라는 남성들도 알고 보면 흔히는 일의 자율성은 크고 급여는 비교적 괜찮아서 집에서 적은 시간을 들여 일하는 직업을 가지고 있다. 낮은 지위, 고립감, 우울감, 권태, 신경쇠약 등을 겪는 [여성] 전업주부의 처지와는 하늘과 땅 차이인 것이다. 남성 중에서 이런 처지와 가장 가까운 사람은 오랫동안 직장이 없고, 보통 아이를 돌볼 직접적 책임은 지지 않고, 흔히 고령이며, 노동력을 팔 수 없어 자신은 가치가 없다고 느끼는 남성들이다.

여기서 정말 중요한 변화는 남성과 여성이 일과 가정생활 면에서 점점 더 비슷해지고 있다는 점이다. 다만 그들은 자발적으로 선택하지 않은 조건 속에서 그 일들을 해내려 분투하고 있다. 또한 여성 차별이 지속되고 남성과 여성 모두에 대한 착취가 심화하는 사정도 그 배경에 있다. 따라서 그렇게 많은 사람들이 위기감을 느끼는 것은 놀랄 일이 아니다. 남성과 여성을 그런 처지로 몰아넣는 사회에 점점 더 많은 사람들이 문제를 제기하기 시작하는 것 역시 놀랄 일이 아니다. 자본주의 사회에서 겪는 경험은 노동계급 사람들을 결속

할 잠재성이 있다. 착취 과정 자체가 수많은 사람들을 노동자로 만들어 한데 모으기 때문이다. 그들은 낮은 임금, 시시콜콜한 작업 통제, 시간 엄수라는 굴레, 쉼 없이 기계에 얽매이는 것 등 비슷한 경험을 공유한다. 그들은 고용주가 공동의 적임을 알게 된다. 그러나 일터에는 또 다른 힘도 작용한다. 가장 중요하게는 자본주의 사회가 노동계급을 분열시키는 기능도 한다는 것이다. 이 분열은 수천 가지의 크고 작은 방식으로, 이데올로기적 요인과 물질적 요인이 결합해 작동한다. 예를 들어 여성들은 임금 면에서 물질적 불이익을 받는데, 이것은 여성의 주된 구실을 어머니나 성적 대상으로만 보는, 여전히 만연한 생각에 의해 뒷받침된다. 인종차별적 주장과 민족주의적 주장의 기반은 풍요 속의 희소성 때문에 노동자들이 한정된 자원을 두고 경쟁할 수밖에 없는 자본주의 사회에 있다. 그래서 일자리나 주거·교육 조건을 두고 노동자들 간에 벌어지는 경쟁은 인종차별적 생각을 강화하는 기능을 할 수 있다. 사회는 남성과 여성, 흑인과 백인, 심지어 가톨릭교도와 개신교도를 대립시키려 한다. 차별받는 어떤 집단이 뭔가를 성취할 때 그와 경쟁 관계라고 여겨지는 다른 집단에 피해가 생기면, 분란이 발생할 수 있다. 노동자들은 문제의 진정한 근원이 더 넓은 사회체제 속에 놓여 있다고 보지 못하고, 희소한 자원들을 두고 대립하는 눈앞의 경쟁자가 문제라고 보기가 너무나 쉽다.

여기서 남성과 여성의 관계에 대해 살펴봐야 할 두 가지 중요한 점이 있다. 첫째, 남성을 희생시켜 여성이 이익을 취해 온 것이 아니라는 점이다. 여성들은 여전히 가정에서도 일터에서도 일을 한다.

남녀 모두 더 큰 압박을 받고 있으며 남녀 노동자의 삶은 한두 세대 전과 비교했을 때 몰라보게 변했다. 가족 모두가 먹고살 만한 소득을 올리기 위해서는 이제 남녀가 모두 일해야 한다. 남녀 모두 자녀가 오늘날의 노동시장이 요구하는 교육 수준과 능력을 갖추게 해야 한다는 압력을 받는다. 바쁜 생활 속에서도 아이를 돌보고 집안일을 하기 위해 발버둥치는 것도 마찬가지다. 가족이 강화된 소비의 중심지가 되면서, 남녀 개인들은 돈을 버는 부양자와 살림하는 주부라는 과거의 역할을 크게 벗어난 남녀의 모습을 인정한다. 이제 사람들은 과거의 성 역할을 벗어났고, 예전에는 다른 성별의 특성으로 여겨지던 역할을 최소한 일부라도 받아들일 것이다. 새로운 역할에 맞춰 간다는 것은 보람이 있을 수도 즐거울 수도 있겠지만, 대개는 힘들다. 그래서 여성들은 동일 임금에 미치지 못하는 급여를 받으며 일하고 남성들은 무보수 육아에 참여하라고 요구받는다.

둘째, 변화한 상황에 대해 남성들이 불편함을 느낀다는 것은 사실 과거의 상황이 얼마나 인위적이었는지 보여 줄 뿐이다.《영국 노동계급의 상황》에서 프리드리히 엥겔스는 남성들이 섬유산업에서 일자리를 잃고서 아내나 딸이 자신이 벌던 것보다 더 많이 버는 것을 보며 느끼는 불편함에 대해 썼다.[73] 엥겔스는 이 체제가 얼마나 정신 나간 체제인지, 어떻게 남녀 모두의 존엄을 훼손하는지 썼다. 이 체제는 "남성에게서 남성성을 빼앗고 여성에게서 여성성을 빼앗는다. 그렇다고 남성에게 진정한 여성성을 부여하거나 여성에게 진정한 남성성을 부여할 수도 없다."[74] 남녀에게 부여된 성 역할이나 품행이나 지위, 그 어떤 것도 자연스럽지 않다.

남녀 간의 위치가 완전히 바뀌는 일이 일어난 것은 남녀의 위치가 애초부터 잘못 자리매김됐기 때문이다. 공장 시스템이 필연적으로 초래한 일, 즉 아내가 남편을 휘어잡는 것이 비인간적이라면, 애초에 남편이 아내를 휘어잡았던 것도 마찬가지로 비인간적이었음이 분명하다.[75]

미국인 저술가 쉐어 하이트는 성별 간 관계를 다룬 획기적인 저서들을 써 왔는데, 최신작에서 다음과 같이 썼다.

오늘날 수많은 개인들 사이에서 벌어지고 있는 미묘한 변화들은 현재의 사회보다 더 큰 사랑과 다정함과 보살핌으로 가득 찬 새로운 사회 질서를 가리키고 있다. 이 새로운 질서는, 여성에게는 남성의 권위에 복종하라고, 남성에게는 '주도권'을 쥐고 모두를 '책임'져야 하며 다른 사람과 평등하게 상호작용을 할 것이 아니라 '다른 사람보다 더 우월해야 하며 그것을 증명하라고' 강요하는 헤게모니를 가진 한물간 가족제도를 더는 기반으로 하지 않는다. 이것은 사적 생활의 민주화이며, 더 나은 세상을 향한 발전이다.[76]

불평등한 사회에서는 누군가가 다른 누군가의 위에 있을 수밖에 없다. 그러나 이것은 자연스럽지도 공정하지도 않다. 이런 생각에 기반해 생각을 발전시킨 엥겔스는 다른 저작에서 가족과 가족 내 성역할이 인위적 구성물이라고 주장했다.[77] 남성의 위기는 인간을 모두 평등한 구성원으로 대하지 않고 그들에게서 삶에 대한 통제력을 박탈한 사회가 만들어 낸 결과물이다. 남성의 위기에 대해 특히 남성들은 이중적 반응을 보인다. 남성들은 한편으로 이른바 남성적 가치나 특징을 정체성으로 삼거나 자부심의 원천으로 삼는 데 집착한다. 그런 가치나 특징이 자신을 여성(또는 '여자 같은' 남자)과 구별해 준다고 여겨서다. 그러나 동시에 남성들은 자신의 세계에서 일어나는 일을 전혀 통제할 수 없어 불안과 무력감을 느낀다. 이렇게 보면, 모순돼 보이는 오늘날 남성들의 행동이 많은 부분 설명된다. 또한 이것이 가리키는 미래는 끔찍할 수도 있지만, 가슴 벅차게 즐거울 수 있는 잠재성도 있다. 낡은 관계가 얼마나 천박하고 불평등한지 이해하면서 세계가 어떻게 운영돼야 하는지 질문을 품게 될 수 있기 때문이다.

6장

전쟁: 좋든 싫든 해방시켜 주마

2001년 11월 17일, 로라 부시가 대통령의 주례週例 라디오 연설을 대신 했다. 대중 연설을 좋아하시도 않았고 전에는 여성해방을 소리 높여 외친 적도 없는 이 미국의 영부인은 남편 조지 부시가 아프가니스탄에서 벌이던 전쟁을 지지하자고 호소하며 전쟁이 그곳의 여성과 어린이들을 구해 줄 것이라고 말했다.

여성에 대한 야만적 억압은 테러리스트들의 핵심 목표입니다. … 의료 시설 부족으로 유아 4명 중 1명이 5세를 넘기지 못합니다. 여성은 아파도 진료를 받지 못합니다. 탈레반 치하의 삶은 매우 힘들고 억압적이며 약간의 즐거움을 표출하는 것조차 불법입니다. 어린이들은 연을 날리지 못합니다. 그들의 어머니는 큰 소리로 웃기만 해도 구타당합니다.

점점 더 열정적으로 그녀는 다음과 같이 말을 이어 간다.

오직 테러리스트와 탈레반만이 여성 교육을 금지합니다. 오직 테러리스트와 탈레반만이 매니큐어를 발랐다는 이유로 여성의 손톱을 뽑겠다고 위협합니다.[1]

같은 주 주말에는 [당시 영국 총리] 토니 블레어의 아내인 셰리도 동참해(이때 부스라는 대외적 성이 아니라 결혼 후 성을 사용했다*) 아프간 여성의 권리와 교육을 개선하는 운동을 시작했다. 총리실은 블레어 여사가 탈레반 치하에서 여성이 얼마나 차별받아 왔는지에 대해 보고 읽은 후 "도움을 보태고" 싶어 했다고 밝혔다. 총리실 대변인은 다음과 같이 말했다.

그들은 인권을 부정당했고 축구장에서 열광하는 관중 앞에서 처형당했으며 여자아이들은 몰래 교육을 받아야 했습니다. 우리가 계속 해야만 하는 이야기가 있습니다.[2]

확실히 그들은 끊임없이 이야기했다. 미국의 전 영부인 힐러리 클린턴도 동참했다. 그녀는 다른 상원 의원들과 함께 국회의사당에서 아프간 여성 인권 활동가들을 지지하는 기자회견을 열고 《타임》에 다음과 같이 썼다. "해방자인 우리는 탈레반 [몰락] 이후의 모습에 관심이 있습니다."[3] 큰 변화였다. 미국 페미니스트들이 그 몇 년 전부터 여성 인권 문제로 탈레반을 압박하라고 클린턴 정부에 로비했지만, 힐러리의 남편[이자 대통령] 빌 클린턴은 전쟁 전에는 아프가니스탄 여성의 처지에 아무 관심이 없었다. 부시도 마찬가지였다.[4]

---

* 결혼 후에도 대외 활동은 셰리 부스라는 결혼 전 이름으로 하다가 갑자기 셰리 블레어라는 이름을 내세운 것은 자신이 토니 블레어의 아내라는 것을 강조하며 그에 대한 지지를 보여 주는 행동이었다.

그러나 해방을 위한 전쟁, 게다가 여성해방을 위한 전쟁을 이제 누가 감히 반대하겠는가? 매니큐어를 바른 손톱이 뽑히고, 크게 웃었다는 이유로 구타를 당하고, 어린이들의 연 날리기가 금지되는 모습을 상상하면 사람들은 등골이 오싹해졌고 그 결과 서구적 가치의 우수성만이 강조됐다. 그런 주장은 계산된 것이었다. 조지 부시가 2001년 9월 테러와의 전쟁을 선포했을 때, 그의 언사는 군사적이고 '남성적'이었다. 빈라덴을 죽이든 살리든 잡아야 한다, 한판 붙어 보자, 지들을 색출하자 등. 그러나 사람들은 2001년 9월 11일의 테러는 끔찍하게 여겼지만, 세계 유일의 초강대국이 아프가니스탄의 이슬람 근본주의 정부가 오사마 빈라덴과 알카에다를 숨겨 주고 있다는 이유로 세계에서 가장 가난한 나라 중 하나에 폭탄을 퍼붓는 것에는 그 정도로 관심을 기울이지 않았다.

미국과 영국 정부에게는 여성해방 운운하는 주장이 매우 중요했다. 그것은 "2001년의 매우 잔혹한 폭격에 여성주의적 색채를 입히는 것"이었다. 일부 페미니스트들은 기꺼이 이에 동조했다. 페미니스트머조리티의* 회장 엘리너 스밀은 미군 장성들과 만난 후 다음과 같이 말했다. "그분들은 이 활동에서 여성의 역할에 대해, 그리고 공군과 해군의 여러 계급에 여성이 얼마나 필수적인지에 대해 열정적으로 말씀하셨습니다."[5] 2001년의 전쟁 동안 약 1만 명의 민간인을 죽게 만든 폭격에 여성이 참여했다는 사실에 스밀은 아무런 꺼림칙

---

* 페미니스트머조리티재단(FMF) 1987년에 설립된 미국의 여성단체로 아프가니스탄 전쟁을 지지해 논란이 됐다.

함도 느끼지 않았다. "이것은 종류가 다른 전쟁"이었기 때문이다.[6]

자유주의 언론도 그 비슷한 말을 충실하게 반복했다. 백악관에 있는 여성들은 "전략을 세울 뿐 아니라 그들의 성별 자체가 전략의 일부이며 … 아프간 여성들에 대한 탈레반의 잔혹한 대우를 공격하는 무기다."[7] 탈레반이 여성을 대하는 방식은 단 하나의 이미지, 즉 부르카(아프가니스탄의 많은 여성들이 착용하는, 머리부터 몸까지를 가리는 긴 덮개)를 입은 여성들로 압축적으로 제시됐다. 많은 뉴스 보도가 이 문제에 초점을 맞췄다.

교육, 의료, 개인적 안전과 참정권 같은 핵심적 권리들을 위한 여성들의 투쟁에 관한 보도보다 부르카에 관한 보도가 압도적으로 많았다. 미국이 동맹으로 삼은 사람들이 그런 권리를 보장하는 데서는 이력이 형편없었기 때문으로 보인다.[8]

탈레반 정권은 잔혹했고 그것이 무너졌을 때 슬퍼한 사람은 거의 없었다. 그러나 탈레반은 정권을 잡기 전 20년 동안 아프가니스탄을 지배한 침략과 전쟁과 내전으로 인한 공포 속에서 성장했다. 탈레반의 정책이 억압적이고 반여성적이었음에도 어떤 사람들 눈에는 그들이 안정을 가져다줄 세력으로 보인 것이다. 탈레반의 여러 실천은, 아프간 전쟁에서 미국의 동맹이었고 나중에 아프가니스탄 정부의 일원이 된 세력들의 실천이기도 했다. 미국의 주요 동맹이었던 북부동맹은 폭력적이고 부패하기로 악명 높은 군벌들의 조직이었고 탈레반과 마찬가지로 [이슬람교의 율법] 샤리아에 충실했다. 한 아프간 판사는 2001년 12월 프랑스 언론 AFP와의 인터뷰에서 공개 처형과 손발 절단 형이 계속될 것이라고 말했다. 그러면서 희생자의 사체를 전시하는 시간은 탈레반보다 줄이겠다고 밝혔다! 2001년 11월 국제 앰네스티 미국지부의 대변인은 다음과 같이 말했다. "탈레반이 저지른 것으로 보고된 강간 사건보다 북부동맹이 저지른 것으로 보고된 강간 사건이 훨씬 더 많다."[9]

그러나 이 군벌들은 이제 후진성에 맞선 현대성의 편이자, 아프간 사람들 일반은 물론이고 특히 여성들에게 해방을 가져다줄 세력의 일부가 됐다. 이 논쟁에서 오가는 말은 물론 매우 이데올로기적이다. 후진성이란 여성이 온몸을 가리는 것으로 표상되는 반면 현대성이란 여성이 옷을 벗는 것으로 표상된다. 미국의 방송사들이 부르카를 집어 던지는 아프가니스탄 여성들의 모습을 방송한 날, 에로틱한 속옷으로 유명한 빅토리아시크릿의 텔레비전 패션쇼가 첫 방영을 했다.[10] 질라 아이젠스타인은 다음과 같이 쓴다. "보스니아의 강간 수용소나 제2차세계대전 중 일본군 성 노예는 왜 전통주의적이라거나 '후진적'이라고 불리지 않는지 모르겠다."[11]

2002년 초 조지 부시는 국정 연설에서 다음과 같이 말했다.

우리가 지난번에 이 의사당실에서 만났을 때 아프가니스탄의 어머니와 딸들은 집에 갇힌 포로였으며, 일을 하는 것도 학교에 가는 것도 금지돼 있었습니다. 이제 여성들은 자유로우며, 새 아프가니스탄 정부의 구성원으로 참여하고 있습니다.[12]

뭐, 마지막 부분은 어쨌든 사실이기는 하다. 점령자들은 선거제도에서 여성 우대 정책을 펴서 일정 비율의 여성 대표들이 선출됐다. 그러나 전쟁이 끝나고 부시가 연설을 한 지 5년 넘게 지나도록 아프간 사람들의 삶은 나아진 것이 거의 없으며 때로는 더 악화되기도 했다.

〈가디언〉 기자 너태샤 월터는 전쟁 발발 5년 후에 아프가니스탄을 취재했다. "상황은 악화되고 있을 뿐이다"라는 제목의 기사에서 그녀는 종전 직후에 왔을 때보다 몇 가지 점은 나아졌다는 데 동의했다.

이제 여성들이 5년 전에는 불가능했던 차림으로 카불 시내를 돌아다닐 수 있다. 여성들 다수는 부르카를 입지 않으며 대신 샬와르 카미즈를* 입거나 밝은 색 머릿수건에 짧은 코트를 걸치는 등 다양한 이슬람식 복장을 뽐내고 있다.

그러나 그녀는 국제인권감시기구를 인용해, 3분의 1의 지역에 여성이 다닐 학교가 없으며 조혼 같은 옛 관행이 여전히 계속되고 있다는 사실도 보도했다. 그녀가 인터뷰한 많은 사람들은 미래에 대해 불안해했다.[13]

전쟁 발발 5년 후인 2006년 10월에 [아프가니스탄] 여성의 처지

---

*   샬와르 카미즈 아프가니스탄·파키스탄·인도 등지에서 널리 입는 전통 복장. 샬와르는 헐렁하고 통이 넓은 바지를 뜻하고 카미즈는 긴 셔츠를 뜻한다.

를 다룬 기사는 이보다 훨씬 더 암울한 모습을 그린다. 이 기사는 2005년 새로 구성된 아프가니스탄 의회의 여성 의원 수가 여성 할당제 비율인 25퍼센트를 초과했지만 이런 서류상의 권리는 현실과 괴리가 있다고 보도한다. 일부 지역에서는 여성의 안전이 2001년보다 더 악화됐고 명예 살인은 증가 추세다. 그리고

지난 2년 동안 여성 구호 요원들이 살해됐고, 선거 업무를 하던 여성들이 공격당했으며, 심각한 수준의 가정 폭력, 여성 인신매매와 성매매가 지속됐고, 분신* 사건은 천문학적으로 증가했으며, 조혼과 여아 납치 사건이 빈발하며, 강간과 폭력으로부터의 보호 장치가 거의 없다.[14]

재건을 위해 약속된 기금은 제공되지 않았고, 깨끗한 물은 구하기 어려우며, 교육과 의료 수준은 형편없고, 생계 수단도 찾기 힘들다. 위험과 가난은 밀접히 연관돼 있다. 그 실상을 밝히 보여 주는 말은 아마도 "현재 군사비 지출이 개발과 재건을 위해 사용되는 비용의 900퍼센트"라는 사실일 것이다.[15] 2007년에 탈레반은 다시 성장하고 있었으며 수천 명의 민간인이 죽어 갔는데 다수가 미국의 공습 때문이었다. 미국은 탈레반을 겨냥했다고 주장했지만 정작 폭격을 당한 것은 민간인들이었다.

---

* 조혼, 가정 폭력, 성적 학대를 견디다 못해 매년 수많은 아프간 여성들이 분신한다.

인도주의적 전쟁의 인명 살상

이라크 전쟁 사례는 타의 추종을 불허한다. 사담 후세인 정권하의 이라크에서 여성들은 중동을 통틀어 정치 참여 수준이 가장 높았고 교육 수준도 높았다. 이라크는 [아프가니스탄보다] 훨씬 더 발전되고 세속화된 사회였다. 따라서 이라크 전쟁 지지 주장은 인권 침해에 더 초점을 맞췄다. 1991년 제1차 걸프전 전에는 끔찍한 소문이 하나 퍼졌다. 쿠웨이트를 침공한 이라크 군인들이 쿠웨이트시 병원에서 인큐베이터에 있던 신생아들을 꺼내 무참히 찢어 죽였다는 이야기였다. 이것은 헛소문이었다.[16] 그러나 이 소문은 2003년의 전쟁 때까지도 계속 유포됐다.

부시 정부와 그를 지지하는 영국[의 지배자들]은 인권이 중요하다는 이야기를 빠뜨리지 않고 해 댔다. 그들은 이라크가 대량 살상 무기를 보유하고 있다는 이야기로 사람들을 겁주려고도 했지만, 사람들의 측은지심에도 호소했다. 특히 사담 후세인이 "자국민을 죽인" 독재자라는 점을 강조하며 그랬다. 사담 후세인은 실제로 자국민을 죽인 독재자였다. 그렇지만 그가 죽였다는 200만 명의 이라크인 중에는 이란-이라크 전쟁과 걸프전에서 죽은 사람도 포함돼 있는데, 이란-이라크 전쟁에서는 미국이 사담 후세인을 지원했다. 2003년의 전쟁을 앞두고는 사담 후세인이 저지른 한 가지 잔혹한 만행이 반복적으로 언급됐다. 1988년 할라브자에서 쿠르드인 5000명을 학살한 사건이다. 그런데 이 학살 사건은 1991년 제1차 걸프전 때는 그다지 언급되지 않았는데, 미국이 깊이 개입하고 공모한 사건이었기 때문이다. 1990년 8월 이라크의 쿠웨이트 침공부터 1991년 2월 제1차 걸프전이 끝날 때까지 이 사건은 미국 언론에 39회 언급됐을 뿐이 다. 이와 대조적으로 2003년에는 2월에만 57회 언급됐고, 전쟁이 일 어난 3월에는 143회 언급됐다.[17]

2003년 3월 20일에 시작된 침공은 한 달도 안 돼 끝이 났다. 그 러나 점령은 쉽지 않았다. 이라크의 여러 지역들에서 저항이 거세졌 다. 점령군은 대규모 체포와 주택 급습으로 화답했고 여성들을 경멸 적으로 대했으며 때로는 남성들과 한 장소에 가두기도 했다. 이것은 더 광범한 저항에 기름을 부을 뿐이었다. 기반 시설을 보수하지 않 고 이라크인들의 삶을 개선하지 못한 것도 마찬가지로 저항을 촉진 했다. 전기와 수도는 간헐적으로만 공급됐고, 학교와 병원은 무너지 고 있었던 데다가 필수 기자재도 부족했다. 반면 재건 업무를 맡은 서방의 대형 건설 회사들은 수백만 달러의 돈을 챙겼다.[18]

여성들의 처지는 악화됐다. 아프가니스탄에서와 마찬가지로, 서 류상으로는 여성의 권리가 증진됐다. 2003년 5월 22일에 채택된 유 엔 안전보장이사회 결의안 제1483호는 "인종·종교·성별에 관계없이 모든 이라크 시민에게 평등한 권리와 정의를 보장하는 법률에 따른 통치"를 약속했다.[19] 그러나 여기서도 마찬가지로 대다수 여성들에게 는 사실상 아무것도 달라지지 않았다. 국제인권감시기구는 침공 과 정과 그 직후에 강간을 당한 성인·청소년 여성을 최소 400명으로 추산하며 실제로는 이보다 훨씬 더 많을 것이라고 봤는데, 사회적 낙인에 대한 두려움 때문에 많은 강간 사건이 신고되지 않기 때문 이다.[20] 범죄 조직에 의한 납치와 살인 사건도 많았다. 많은 여성들이 인질로 붙잡혔는데 그중에는 영국 여성 마거릿 하산과 이탈리아 여성 시모나 토레타, 시모나 파리도 있었다. 마거릿 하산은 결국 살해됐다. 점령군이 구금한 여성들도 고문과 학대를 당했는데 특히 아부그라이브 교도소는 악명 높았다. "헌병이 저지른 고의적 학대"로는 "남성 헌병이 여성 수감자와 성관계를 한 것"과 "나체 상태인 남녀 수감자의 사진과 영상을 찍은 것" 등이 있었다. 여성 인권 운동가이자 정치학자인 후다 샤케르 알누아이미는 2004년에 미군의 바그다드의 검문소에서 핸드백 수색을 거부하자 겪었던 일을 묘사했다. 한 군인이 그녀에게 총구를 겨누고 자기 성기를 가리키며 말했다. "따라와, 이 개년아. 확 박아 줄 테니까."[21]

여성의 시민권을 약화시키고, 결혼이나 이혼 같은 문제를 처리하려면 반드시 종교 기관을 통하도록 법률을 개정하려는 움직임도 있었다. 그러나 미국이 설치한 이라크 과도통치위원회가 도입하려 한 이 개정안은 여성 단체들의 항의와 탄원을 받고 철회됐다.[22] 전쟁이 보건과 건강에 미친 악영향도 끔찍했다. 특히 위험한 것은 1991년 제1차 걸프전 때부터 사용된 열화우라늄 무기의 영향이었다. 이라크 의사들은 1991년 이래로 기형아 출생률이 2~6배 증가했고 소아암과 소아 백혈병 발병률이 3~12배 증가했다고 추산한다. 아이가 유산되는 사례도 많았다.[23]

전쟁 4주년에 이라크인을 대상으로 실시한 여론 조사에서 67퍼센트는 이라크 재건 노력이 효과가 없다고 응답했다. 나라의 상황이 전쟁 전보다 나아졌다고 답한 사람은 겨우 38퍼센트였고, 50퍼센트는 더 나빠졌다고 말했다.[24] 사회가 불안정하고 전반적으로 무너져 내리는 상황 탓에 여성들의 처지가 크게 악화됐다. 그런 지독한 상황에서도 여성들이 가족을 돌볼 책임을 지고 있었기 때문이다. 많은 젊은 여성들과 여자아이들은 상황이 너무 위험해서 교육을 받지 않기로 했다. 어떤 지역에서는 여성들이 베일을 써야만 했는데, 그것이 강요되는 경우도 있었지만 여성들 스스로가 그렇게 해야 안전하다고 느끼는 경우도 있었다. 이라크의 여성 작가 하이파 장가나는 사담 후세인에 반대하는 정치 활동 때문에 오랫동안 영국으로 망명해 있었는데, 개전 4년 후인 2007년에 세계 여성의 날을 맞아 다음과 같이 날카롭게 비판했다.

> 바그다드의 녹색 지대에* 있는 정권은 이번 3월 8일 세계 여성의 날을 맞아 여러 기념행사를 준비하느라고 분주하다. 그중 하이라이트는 이라크 여성 4명의 처형식이 될 것이다. 한 젊은 여성에 대한 강간 혐의가 제기된 네 명의 이라크 장교에게 포상을 내리기로 한 결정에 뒤이은 일이다. ⋯ 자신들의 성취를 기념하는 이라크 여성들의 화려한 퍼레이드는 이제 옛일이 됐다. 이제 우리에게는 죽음의 퍼레이드만 있을 뿐이다. 이곳에서 "해방되고" "능력을 발휘할 수 있게 된" 이라크 여성과 소녀들은, 머리부터 발끝까지 히잡과 긴 천을 두르고, 경찰서, 감옥, 수용소, 병원의 사체 보관 냉동고, 그리고 붐비는 영안실 앞에 줄을 서서 실종·납치되거나 살해당한 가족과 친구를 찾아 헤매고 있다.[25]

---

* 녹색 지대 바그다드의 중심 구역으로, 군대가 엄격하게 통제하고 보호하는 구역이었다.

장가나는 "이라크에서 여성의 기본권이 침해되고 있다"고 결론을 짓는다. 말로는 인권에 대해서 온갖 미사여구를 늘어놓지만 행동은 그와 모순되는 점령 세력이 이라크에서 상황을 이끌어 가고 있는 것이다.

서구 페미니즘과 무슬림 여성

이미 매우 열악한 상황 속에 있는 아프가니스탄과 이라크의 여성들은 많은 서구 페미니스트들의 생색내기도 감당해야 한다. 서구의 현대 페미니즘은 제국주의 반대 운동과 베트남전쟁 반대 운동 속에서 성장했다. 많은 페미니스트들은 여전히 당시의 이상을 견지하고 있지만, 어떤 페미니스트들은 서구 부유층과 권력층이 전쟁과 식민주의라는 목적을 위해 페미니즘을 끌어다 쓰는 것을 수수방관해 왔다. 모두 그런 것은 아니지만 이런 페미니스트들을 보면, 종교보다 나쁜 것은 없고 서구보다 좋은 곳은 세상에 없다고 여기는 듯한 인상을 강하게 받는다. 그래서 '후진성'을 극복한다는 명목으로 전쟁과 억압과 식민 지배가 정당화될 수 있다는 것이다. 또, 여성학 수업을 쉽게 들을 수 있고, 여성들이 원하는 만큼 굽이 높은 하이힐을 신을 수 있고, 원하는 만큼 짧은 치마를 입을 수 있는 나라가 본질적으로 우월한 것이 명백하다는 것이다.

그런 페미니스트들은 자신을 세속적이라고 여기지만, 그들이 문제 삼는 것은 모든 종교가 아니라 하나의 종교, 바로 이슬람이며 그에 대해 매우 큰 반감을 품고 있다. 이 지점에서 그들은 이슬람이 특히 후진적이고 억압적인 종교라는 메시지를 은연 중 퍼뜨리는 많은 서구 주류 언론의 정치 기사들에 동조하게 된다. 이런 시각은 20세기 말과 21세기 초의 전쟁과 제국주의라는 쟁점과 분명히 연관돼 있지만, 이 페미니스트들은 여성의 복장 문제를 특히 중요시한다.

한 아프간 여성은 다음과 같이 묘사했다.

1990년대 말, 우리는 미국의 페미니스트들에게 아프간 여성들이 겪는 고통을 설명하려 애썼습니다. 우리는 [미국의 페미니즘 단체] 페미니스트 머조리티와 함께 일을 했습니다. 그러나 우리는 곧 그들이 아프간 여성들을 돕는 것이 아닌 그들만의 의제를 갖고 있다는 사실을 깨달았습니다. 그들에게는 부르카 문제가 가장 중요했습니다. 우리에게 중요한 것은 여성의 교육·보건·고용 문제였습니다. 탈레반 정권이 무너진 후, 미국의 페미니스트들은 아프가니스탄에서 부르카를 잔뜩 가져다가 얼굴을 가리는 부분을 잘라 내고는 기금을 모금한다며 그것을 판매했습니다. 우리는 불쾌했고 이에 항의했습니다. 우리를 연단에서 배제하는 것이 그들의 대응이었습니다.[26]

더 근본적인 사회·경제적 문제를 제쳐 두고 복장 문제에만 집착하는 현상은 2001년 '테러와의 전쟁'이 시작된 이래 광범하게 퍼졌다. 그러나 이것은 19세기 식민주의 시대에 인도·이집트를 지배한 영국과, 알제리를 지배한 프랑스가 몸을 가리는 천을 여성 차별과 무슬림 사회의 열등함을 보여 주는 상징이라고 비난했던 것의 되풀이다.[27] 1883~1907년에 이집트 주재 영국 총영사였던* 크로머 경은 이슬람 문화가 여성을 대하는 방식을 비난했고, 베일을 쓰고 남녀를 분리하는 것이 "서구 문명이 도입돼야 이룰 수 있을 사상과 인품의 고양을 달성"하는 데 "치명적인 장애물"이라고 믿었다.[28] 그렇지만 여성의 권리에 대한 크로머의 신념은 딱 거기까지였다. 그는 이집트의 학교 등록금을 인상했는데 그 결과 여학생들이 교육을 받거나 여성이 의사가 되는 훈련을 받기가 더 어려워졌다. 게다가 그는 영국으로 돌아와 '여성 참정권에 반대하는 남성 연합'을 창설했는데, 이 정도면 조지 부시 뺨칠 정도의 뻔뻔함이다.[29]

오늘날 일부 서구인들은 과거 식민지였던 나라의 무슬림 여성들을 수동적인 피억압자로 보며 그들을 억압자들로부터 떼어 내 보호해야 한다고 여긴다. 이런 가정은, 이 여성들에게는 자신의 이익을 위해 스스로 행동할 능력이 없고, 그들이 특정한 문화나 종교적 신념을 고수하면서 필연적으로 차별과 천대를 자초한다고 보는 식민주의적·제국주의적 세계관과 연결돼 있다. 이 연약한 여성들을 강자가 보호해야 한다고 보는 사람들의 의도는 선하겠지만, 결국 자국에서도 불평등을 조장하고 정복지에도 평등을 가져다줄 수 없는 프로젝트에 자신의 신념이 이용되도록 놔 두는 셈이다.

때로 페미니스트들은 피해받는 연약한 여성들을 남성이 보호해야 한다는 식의 관점을 받아들이기도 한다. 그러나 보호자-피보호자 관계

---

* 당시 총영사는 이집트 재정과 통치를 사실상 좌우할 수 있는 권력이 있었다.

는 남성과 여성의 관계에서 평등하지 않은 것과 마찬가지로 여성들 간
의 관계에서도 평등하지 않다.[30]

왜 아프가니스탄, 이라크, 이란 같은 나라들의 무슬림 여성들만
종교적 편협함에 반대한다는 명목의 특별한 도움이 필요하다는 것
인가? 예를 들어 폴란드, 포르투갈, 아일랜드 등 여러 유럽 나라에
서는 주로 가톨릭의 영향으로 낙태가 불법이거나 심하게 규제되고
있다.* 그러나 다른 나라들이 나서서 이 국가들이 얼마나 억압적인
지 격렬하게 성토하거나 낙태할 권리를 옹호하는 운동을 벌이는 일
은 별로 없다. 서구 페미니스트들은 이 유럽 나라의 여성들이 자신
의 권리를 위해 싸울 능력이 없다고 여기지도 않고, 아일랜드나 폴
란드의 여성들에게 개입해 어떻게 운동을 벌여야 하는지 본을 보여
야 한다고 생각하지도 않는다. 그런데 왜 그들은 인도네시아나 파키
스탄의 여성들을 대할 때는 태도가 다른 것일까? 또 다른 예를 들
자면, 2006~2007년 폴란드에서 동성애자 탄압이 증가했다. 이는 주
로 정부 정책이 낳은 결과였고, 우익 깡패들이 그에 가세했다. 그러
나 폴란드는 유럽연합 회원국이어서 그런지 별 문제 제기가 없다. 인
구의 다수가 무슬림인 나라에서 똑같은 일이 일어났다면 어떻게 묘
사될 것인지는 깊이 생각하지 않아도 충분히 알 수 있을 것이다.

이런 태도는 이슬람 내부의 차이, 이슬람 나라들 내부에서 여성

---

* 아일랜드는 2018년 국민투표에서 낙태죄 폐지 측이 승리해 현재 부분적으로
낙태가 허용되고 있다.

들과 그들을 지지하는 남성들이 벌이는 정치적 저항을 무시하는 것이기도 하다. 엘라헤 로스타미포베이가 지적하듯이 "무슬림이 다수인 사회들에서 페미니즘은 역사적으로 다양한 형태를 띠었다." 그녀는 이어서 다음과 같이 말한다.

이슬람 문화에 동질감을 느끼는 무슬림 페미니스트와 세속적 페미니스트가 쓴 문헌이 풍부하다. 수십 년 동안 그들은 이슬람 문화와 역사의 긍정적인 면들을 논의해 왔다. 할레 아프샤르, 레일라 아흐마드, 리피아트 하산, 파테마 메르니시 등은 카디자 — 예언자 무함마드의 첫째 아내이자 최초의 이슬람 개종자 — 에서 아이샤 — 무함마드의 마지막 아내로 이슬람 율법에 대한 가장 신뢰할 만한 권위자로 여겨짐 — 에 이르는 영향력 있고 존경받는 이슬람 여성들의 역사를 다뤄 왔다. 그들은 이슬람식 결혼을 일종의 계약, 즉 여성의 일이 존재감 없이 취급되는 것이 아니라 그에 대해 보수가 주어지고 가치를 인정받는 일로 본다. … 그들은 이슬람의 전통 중에서 보수적이고 가부장적으로 여성의 권리를 박탈하고 여성을 불평등하게 대하는 부류를 비판했다. 동시에 그들은 무슬림 여성들에 대한 서구의 인식에도 문제를 제기했다. 그들은 이슬람 문화 속 여성의 지위에 관한 서구의 지나치게 단순한 시각이 열등성·타자성 내러티브의 맥락에 놓인 그 일부라고 주장했다.[31]

[이슬람 내에도] 이렇게 진보적 시각들과 커다란 정치적 차이가 존재한다는 사실을 무시하는 것은 이란에 대한 페미니스트들의 태도에서 특히 두드러진다. 이란은 조지 부시가 벌이는 테러와의 전쟁에

서 다음 표적이 될 수도 있다고 흔히 지목되는 이슬람 국가다. 이란은 훨씬 더 빈곤하고 발전이 덜 된 이웃 나라 아프가니스탄이나 전쟁으로 황폐화된 전후 이라크와는 매우 다른 나라로, 인구가 많고 젊은 층이 많으며 경제도 성장하고 있다. 게다가 이 지역의 주요 강국으로 발전하고 있다. 이 이슬람 공화국의 법률은 여성을 옭아매고 차별하는 면이 있다. 여성은 공공장소에서 머리를 가려야 하는 등 많은 차별을 겪는다. 그러나 이 이슬람 공화국의 이데올로기와 1979년 혁명 이래 변화해 온 여성의 지위 사이에는 모순이 있고, 이 모순으로 말미암아 여성 문제가 거듭 정치 의제로 부상했다. 이제 이란에는 여성 직능 협회와 여성 NGO 등 민주화 운동의 일부인 여러 단체가 있다. 여성의 문자 해독률은 1986~1987년 52퍼센트에서 2004년 94퍼센트로 올라갔으며 대학생 중 62퍼센트가 여성이다. 피임을 하는 비율은 74퍼센트다. 여성은 투표권이 있고 성별 간 균형을 증진하려는 가족법과 고용법이 존재한다.[32]

이란의 페미니즘 내에는 많은 논쟁이 있으며 많은 여성들이 정치에서 중요한 역할을 해 왔고 지금도 하고 있다. 인권 운동을 벌여 정권에 의해 투옥됐던 변호사이자 노벨 평화상 수상자인 시린 에바디도 그런 주요한 여성들 가운데 한 명이다. 에바디는 2006년 '액션 이란'이[*] 런던에서 주최한 회의에서 이란 공격에 반대하는 연설을 했다.[33] 또한 이란·이라크·영국의 여성들이 연서해 〈파이낸셜 타임스〉

---

[*] 액션 이란 이란에 대한 미국의 제재 및 군사행동에 반대하는 운동을 하는 영국의 단체.

에 보낸 서한은 이란의 여성운동이 "매일매일 성장하고 있으며, 이 운동을 멈추기 위해서는 전쟁 정도는 필요할 것이다"라고 밝혔다.[34]

비서구권 나라에서 여성해방 사상에 관심을 갖는 여성들이 꼭 서구의 일부 여성들이 받아들이는 페미니즘에도 관심을 갖는 것은 아닌데, 사실 별로 놀랍지 않다. 식민주의가 옛일이 됐다는 지금까지도 서구의 여성과 남성은 왜 자신들의 가치관을 중동·아프리카·아시아의 여성들에게 강요하려 하는지 그들이 묻는 것은 당연하다. 페미니즘의 일부가 제국주의적 의제와 연결돼 있고 인종과 계급의 문제를 무시한다고 보는 것도 당연하다.

몇몇 저술가들은 서구를 여성의 낙원으로, 중동을 여성들이 수동적으로 피해를 보는 후진적인 지역으로 묘사하는 시각을 '오리엔탈리즘적 페미니즘'이라고 부른다. 록사나 바흐라미타시는 북미에서 이런 시각이 널리 퍼져 있다고 말한다. "오리엔탈리즘적 페미니즘은 소설과 영화를 통해 유포된다. 그리고 이것은 '호황 산업'이 돼 무슬림에게 거대한 문제들을 안겨 주고 있다."[35]

무슬림이 다수인 나라에서는 흔히 서구적 가치관이 부정적으로 여겨지는 상황에서, 이슬람 나라 여성들의 삶에 변화를 바란다는 이런 사람들은 페미니즘 이데올로기가 서구적 가치관과 손잡는 것이 역효과를 낼 수도 있다는 생각은 하지 못하는 모양이다.

영국의 정치와 무슬림 여성

영국은 제국주의적 과거가 있기 때문에, 무슬림 여성과 그들에 대한 차별을 둘러싼 논쟁은 아프가니스탄·이라크·이란에서 일어나는 일에만 국한되는 것이 아니다. 영국의 남녀에게도 중요한 문제다. 영국에는 주로 남아시아에서 온 150만~200만 명의 무슬림이 거주하고 있다고 추산된다. 젊은 무슬림의 대다수는 영국에서 태어났거나 삶의 대부분을 영국에서 보냈다. 그들의 부모 세대는 1950년대와 1960년대의 장기 호황기에 처음 영국으로 대거 이주해 와서 런던 동부와 버밍엄, 웨스트요크셔·랭커셔·미들랜드의 섬유산업 지대에 징착했다. 당시에 그들은 출신 지역에 따라 구분돼 불리는 경향이 있었다. 즉, 인도인, 파키스탄인, (1971년 [분리 독립] 이후의) 방글라데시인, 동아프리카인 등으로 불렸다. 이런 소수 인종 집단들이 주로 종교에 따라 구분되게 된 것은 훨씬 더 나중이었다.

대부분의 영국 무슬림들은 이주해 왔을 때 빈곤했고, 수십 년 동안 고되게 일했지만 지금도 그들과 그 자녀들은 대개 빈곤하다. 무슬림, 특히 파키스탄과 방글라데시 출신 무슬림들은 지금도 최빈곤층이다. 그들은 영국 사회의 그 어느 집단보다 실업률은 높고 주거·교육·보건 수준은 열악한 축에 속한다.[36] 파키스탄계나 방글라데시계 여성들은 일자리를 얻을 확률이 백인 남녀보다 30퍼센트 낮다.[37]

영국의 절대다수 무슬림은 노동계급이며 그래서 역사적으로 노동당을 지지해 왔고 노조에 가입하는 사람도 많다. 그들은 의회에서든 노조 조직에서든 영국 정치에서 여전히 과소 대표되고 있다(최근에는 약간 개선되고 있기는 하다). 그러나 최근에 영국의 무슬림들은 다양한 정치 이슈, 예를 들어 1980년대 후반에 나온 살만 루슈디의 책《악마의 시》,[*] 1990년대 보스니아와 체첸 간의 전쟁, 그리고 최근에는 테러와의 전쟁과 [미국의] 아프가니스탄·이라크 공격 등의 문제에 대해 적극적으로 나서고 있다.

테러와의 전쟁은 이슬람교와 무슬림의 쟁점을 확 부각시켰다. 어떤 사람들은 그 전쟁을 문명 간 충돌로 보고, 어떤 사람들은 서구 사회를 파괴하기 위해 무슬림들에게 테러를 선동하는 광신자 오사마 빈라덴을 필두로 하며 도처에 퍼진 극악한 적인 알카에다에 대항한 전쟁이라고 본다. 대부분의 무슬림들은 이런 묘사에 동의하지 않는다. 오히려 빈라덴은 냉전 막바지에 아프가니스탄이 러시아에 맞서 싸우도록 서구의 경제적 지원이 동원된, 서구의 창조물이라는 사실을 지적할지도 모른다. 빈라덴이 세력을 키울 수 있었던 것은 서구의 정책 덕분이었다. 오늘날에도 영국의 절대다수 무슬림들은 빈라덴과의 어떤 정치적 연관도 거부할 것이다. 그들은 영국 사회의 일부가 되길 원하며, 자녀들이 영국에서 자신들보다 더 나은 미래를 누리길 바란다.

그러나 무슬림 나라들을 두 차례 침공하고 점령한 전력이 있고 앞으로도 전쟁을 할 가능성이 있는 [영국] 정부로서는 이 상태를 그대로 놔둘 수는 없다고 여기며 무슬림들에게 점점 더 큰 압박을 가하고 있다. 외무 장관 데니스 맥셰인은 2003년에 다음과 같이 말했

---

[*] 《악마의 시》 살만 루슈디는 식민주의와 제국주의를 비판하고 인종차별에 반대하는 것으로 잘 알려진 인도 출신의 작가로, 이 책에서 무함마드를 호색한이자 무원칙한 인물로 묘사해 이슬람 나라들과 일부 무슬림의 항의와 위협을 겪었다.

다. "이제 영국 무슬림의 선출된 대표들과 지도자들은 선택해야 할 때입니다."[38] 이 말은 영국인으로 살 것인지 아니면 무슬림으로 살 것인지 선택하라는 것이다. 이 선택에서도 초점은 또다시 무슬림 여성들이 무엇을 입어야 할지 하는 문제로 귀결되기 일쑤다.

전 외무 장관으로 '테러와의 전쟁'의 핵심 관여자였던 잭 스트로는 2006년 10월에 의도적으로 대중적 논란을 일으켰다. 그는 자신과 면담하러 의원실에 온 여성들이 얼굴에 베일이나 니캅을 쓰고 있자 "불편함"을 느꼈으며 그래서 그들에게 의원실에 있는 동안에는 베일을 벗어 줄 것을 요청했다고 지역 신문 〈랭커셔 이브닝 텔레그래프〉에 밝혔다. 그리고 스트로는 베일 문제에 관한 공개적 토론을 원한다고 말했다.[39] 배경을 좀 더 설명하자면, 스트로는 27년 동안 블랙번에서 당선한 [노동당 소속] 의원이었는데, 블랙번은 랭커셔에 위치한, 무슬림 인구가 매우 많은 도시다. 그는 이전에는 베일에 대한 불편함을 공개적으로 밝힌 적이 결코 없다. 그는 틀림없이 많은 면담을 했을 것이고, 많은 선거에서 베일을 쓴 여성들이 자신에게 표를 던지는 것을 기꺼이 환영했을 것이다. 게다가 그는 여러 차례 사우디아라비아를 방문했는데, 그곳에서는 여성들이 베일을 착용해야만 한다. 그러나 그는 주최 측에 베일이 불편하다는 말은 하지 않은 것으로 보인다.

그러나 테러와의 전쟁이 본격화하고, 정부가 시민의 자유를 한층 더 강하게 제한하려 하고, 무슬림들이 노동당 정부의 전쟁 수행과 관련 문제들에서 불만을 품자,[40] 스트로는 몇 명 되지도 않는 무슬림 여성들의 복장 문제를 가지고 토론을 하고 싶다고 나선 것이다.

이 모든 것은 무슬림에 대한 공격이었으며, 공적 생활과 담론에서 인종차별을 부추겼다. 그 과정에서, 전에는 일부 극우파 패거리나 가지고 있던 시각이 널리 퍼지게 됐다.

히잡을 쓰느냐 마느냐

무슬림 여성의 복장에 대한 논란이 영국에서 시작된 것은 아니다. 2004년 프랑스에서 여학생들이 학교에서 히잡을 착용하는 것이 금지됐는데, 프랑스 교육은 세속적이어야 하고 종교적 상징물을 드러내 놓고 보여서는 안 된다는 이유에서였다. 이 조치는 다른 종교에도 영향을 끼치기는 했지만, 대다수가 북아프리카 출신인 600만 명 규모의 무슬림을 겨냥하는 것이 분명했다.[41] 2006년에는 네덜란드 선거에서 여당이 부르카 금지를 거론했다. 네덜란드를 통틀어 부르카를 착용하는 여성은 아마도 50명 정도밖에 되지 않을 것인데 말이다.[42]

히잡을 비롯한 여러 복장을 바라보는 이런 시각들은 모두 어쨌든 무슬림 여성들 자신도 문제라는 견해를 받아들이며 더 넓은 사회적 맥락은 보지 않는다. 히잡을 착용하는 여성들이 해당 사회에 동화되기를 거부하는 것이 전혀 아닌데도 그들에게 멸시와 인종차별적 공격이 점점 더 많이 가해진다. 이슬람인권위원회는 히잡을 착용하는 여성들이 점점 더 많이 차별과 괴롭힘과 폭력을 겪고 있다고 보고했다.

그들을 대하는 태도는 일반적으로 부정적이며, 무슬림으로 보이는 여성들에 대한 혐오, 공격, 경멸적 시선, 모욕, 비하가 뚜렷이 증가했다. 심지어 어린아이들도 히잡을 착용한 여성에게 폭력적으로 군다는 보고가 있다.[43]

학교에서 히잡 착용을 금지하는 사례가 여럿 보도되고 있고, 심지어 어느 사립학교는 무슬림 여학생이 학교 밖에서 히잡을 착용하는 것도 금지했다![44]

색 스트로의 발언 전에도 영국에서는 히잡과 니캅 착용에 대한 논란이 있었지만, 프랑스에서 금지 조치가 도입됐을 때 영국 정치인과 평론가는 대부분 그런 조치에 반대했다. 그런데 2005년 7월 7일 런던에서 벌어진 지하철·버스 폭탄 테러의 여파로 분위기가 반전되기 시작했으며, 정부와 언론은 무슬림들에게 '집안 단속을 잘하고' 영국 사회에 '동화'되라는 압박을 늘렸다. 많은 무슬림들이 직면한 인종차별의 현실은 또다시 무시되며, 무슬림 여성은 자신의 복장을 고수하려는 극단주의자로 거듭 묘사된다. 방송인 울리카 존슨은 다음과 같이 말하며 학교에서의 히잡 착용을 반대했다. "물론 사람들의 신념과 전통을 존중해야 하고 그것을 보장해 주는 데서 융통성을 발휘해야 합니다. 그렇지만 적당한 선이라는 것은 분명 있어야 합니다."[45] 이 말이 담고 있는 함의는 분명하다. 무슬림 여성들은 전통적인 복장을 입어야겠다고 고집부리면서 울리카 존슨 같이 가장 포용적이고 합리적인 사람들의 인내심까지 시험하고 있다는 것이다.

페미니스트들도 자기 몸을 가리는 여성들에 대해 주장을 내놓았다. 〈인디펜던트〉의 칼럼니스트 데버라 오어는 런던의 거리에서 니캅을 착용하고 있는 두 여성의 사진과 함께 "이 사진이 나를 불쾌하게 하는 이유"라는 제목으로 발표된 기사에서 아이들을 학교에 데려다 주는 한 여성을 본 장면을 묘사했다. 그 여성은 "고대의 종교적 계율을 고수한다는 것을 드러내는 기이한 복장을 하고 있었는데, 그 계율은 이 나라의 법률과는 어긋나게 남녀의 기회의 평등을 부정한다." 데버라는 다음과 같이 이어 간다. "이런 복장에 담긴 가치관은 나에게 역겹고 모욕적이다. 나는 이 옷이 시대에 뒤떨어진 전통적 관행 … 즉, 여성을 억압하고 피해자로 만드는 관행, 그것도 때로는 가장 잔인하고 야만적이고 인간의 존엄성을 훼손하는 방식을 동원하는 관행의 물리적 표현체라고 본다."[46]

그 복장에 대해 아무리 불쾌하게 느꼈다 해도, 천 조각 하나에 상당히 많은 이데올로기적 의미를 부여하는 것 같다. 복장만 보고 자동으로 그 사람의 됨됨이를 다 알 수 있다고 여기는 것도, 그것도 마치 서구의 복장은 아무 문제도 없다는 듯이 말하며 그러는 것도 무슬림 여성들에게 상당히 모욕적인 일이다. 놀랍겠지만, 무슬림 여성들의 복장이 반드시 그들의 정치적 성향이나 남성과의 관계를 말해 주는 것은 아니다. 남편이 시켰거나 여성이 남성에게 순종해야 한다고 믿어서 몸을 가리는 여성들도 있다. 그러나 종교적·사회적 입장을 드러내기 위해 니캅이나 히잡을 착용하는 여성들도 있다. 예를 들어 런던 서부의 액턴에 사는 19세의 결혼한 학생인 세라 후세인의 경우를 보자.

나는 [베일을 썼다는 이유로 — 지은이] 굉장히 여러 번 욕설을 들었습니다. 저는 어린 시절에는 베일을 쓰지 않았다가 종교적인 이유로 베일을 착용하기로 결심했습니다. … 저는 잘못된 일을 하는 것이 아닙니다. 저는 사회와 상호작용하며 사회를 배우고 있는 것입니다.[47]

무슬림들 사이에도 이 문제와 관련해 코란을 해석하는 데서 견해 차이가 있다. 영국에 사는 절대다수의 무슬림 여성들은 얼굴과 몸 전체를 가려야 한다는 견해를 받아들이지 않는다. 히잡이나 머릿수건을 두른 사람도 있고, 헐거운 스카프를 착용한 사람도 있고, 아무 것도 쓰지 않은 사람도 있다. 다른 종교와 마찬가지로 해석의 여지가 있는 것이다. 세라 후세인처럼 종교적 신념으로 얼굴을 가리는 사람도 있지만, 서구에 사는 여성들이 히잡이나 니캅을 쓰는 데는 단지 종교적인 이유를 넘어선 문화적·정치적 이유가 분명 존재한다. 전보다 많은 무슬림 여성들이 머리를 가리기로 결심한 이유, 어린 시절에는 히잡을 거의 쓰지 않았다가 성인이 돼서야 쓰기로 결심한 이유를 얼핏 보여 주는 사례가 많다. 요크대학교와 리즈대학교의 연구자들이 실시한 한 연구는 영국에 사는 여러 세대의 많은 무슬림 여성을 인터뷰하고서 다음과 같이 주장했다.

9·11 이후 이슬람 혐오의 분위기 속에서 모하제베라는 머릿수건을 쓰는 여성들은 정치적 선택을 하고 있는 것이다. 그들은 자신이 무슬림이라고 공개적으로 드러내는데, 그것이 노골적인 적대감을 불러일으킬 수 있다는 잠재적 두려움에도 불구하고 그렇게 한다.[48]

이 연구는 이민자 자녀들 사이에서 새로운 형태의 이슬람이 등장하고 있다고 묘사한다. 이것은 분명 정체성 문제와 연관돼 있고 1990년대부터 진행된 무슬림의 정치화도 보여 준다. 그들은 1세대 이민자들처럼 단지 '고국'에서 입었던 전통 의상을 계속 입는 것이 아니다. 그 복장을 통해 영국 무슬림의 정체성을 표현한다.

베일을 착용하는 여성들은 대부분 남녀 분리를 실천하거나 히잡 착용을 고수하는 가정 출신이 아니다. 그들의 어머니와 할머니들은 그냥 단정한 옷을 입는다. 인도 출신이라면 흔히 '전통적인' 사리나 샬와르 카미즈를 입지, 히잡은 쓰지 않는다. 젊은 여성, 특히 서구의 젊은 [무슬림] 여성들이 착용하는 머릿수건은 20세기 말의 산물이라고 할 수 있다. 그것은 재구성된 상징물로서, 청바지나 재킷과 같이 착용할 수도 있다. 최신 스타일로는 키튼 힐을* 신고 히잡을 쓴다.[49]

이런 사례들을 살펴보면 두 가지 사실을 확실히 알 수 있다. 첫째로, 영국 무슬림들이 특정한 옷을 입거나 종교적 신념을 실천하는 것은 최소한 부분적으로는 인종차별에 대한 반응이자 그것에 맞서는 한 가지 방식이다. 둘째로, 무슬림 인구 내에는 영국에서 무슬림으로 산다는 것의 의미를 둘러싼 이데올로기적 전투가 벌어지고 있으며, 히잡을 쓰는 여성과 그들을 지지하는 남성들은 보수적 관념에 맞서서 싸우고 있다. 그러나 모든 이슬람식 복장을 불쾌하게 여기는

* 키튼 힐 가느다랗고 짧은 굽이 있는 여성용 구두.

영국의 페미니스트들은 이 두 가지 점을 간과하고 있는 것으로 보인다. 소수 인종으로 사는 삶의 주된 특징이자 통합과 다문화주의로 나아가는 데 걸림돌이 되는 인종차별을 고려하지 않고서 소수 인종 여성들이 겪는 차별을 이해하기란 특히 어려운 일이다. 인종차별이 구조화된 상황에서 소수 인종은 교육·주거·치안·고용에서 차별을 겪기 때문에 [인종 간의] 통합은 평평한 운동장에서 이뤄지지 않는다. 여기에 이슬람 혐오도 밀접한 관련이 있다. 이슬람 혐오는 유럽에 능장한 가장 부끄러운 형태의 인종차별로서 인종차별적 욕설, 신체적 공격, 그리고 살해의 형태로 표출되기도 하지만, 무슬림을 끊임없이 "외부인", "광신도", "후진적인 인간들"로 묘사하는 것도 이에 속한다.

칼럼니스트 조앤 스미스는 다음과 같이 쓴다.

> 그러나 만약 내가 이라크나 아프가니스탄에서 여성이 니캅이나 부르카를 쓴 모습을 볼 때는 질색하면서 내가 사는 곳의 시내 중심가에서 같은 모습을 보고도 불편하지 않은 척한다면 그것은 위선일 것이다.[50]

조앤 스미스는 다른 집단의 여성에게는 하지 않을 대상화를 무슬림 여성들에게는 하는 것이다. 실제로, 페미니스트들의 주장 중 일부에는 이중 잣대가 반영돼 있는 것으로 보인다. 예를 들어 강간 사건으로 기소된 남성이 무죄판결을 받거나, 여성 쉼터가 예산 삭감으로 폐쇄되면 "불편"하지 않은가? 정통 유대교 여성이 가발을 쓰는 것을 보거나(이것은 무슬림 여성들이 머리를 가리는 것과 유사한 종교적 이유에서이다), 가톨릭 수녀들이 머리와 몸을 가리고 종교적 서약에 따라 남자를 멀리하는 것을 보고 사람들이 "질색"하는가? 그 여성들의 종교적 믿음이나 관행에 아무리 동조하지 않는다 해도, 우리 중 대다수는 아마도 사는 곳 주변의 중심가에서 벌어지는 그보다 훨씬 더 불쾌한 광경을 얼마든 떠올릴 수 있을 것이다.

히잡이든 다른 형태의 복장이든 그 자체가 억압적이라고 여겨서는 안 된다. 그리고 서구 정치인과 페미니스트들은 무슬림 여성들에게 뭘 입으라 말라 해서는 안 된다. 물론 이란이나 사우디아라비아 같은 나라에서 여성들이 몸을 가리라고 강요당하는 것에는 반대해야 한다. 국가나 종교가 여성들에게 특정 옷을 입으라고 강요해서는 안 된다. 동시에 여성들에게 베일이나 스카프를 벗으라고 요구하는 편견과 차별에도 반대해야 한다. 여성들에게는 언제 무엇을 입을지 선택할 권리가 있다.

반전운동

2001년 9월에 창설된 전쟁저지연합은 곧바로 대중운동이 돼서, 아프가니스탄 전쟁 반대 운동을 조직하고 그 뒤에는 이라크에 대한 전쟁 위협 반대 운동을 벌였다. 여기에는 많은 여성의 참여가 눈에 띄었는데, 전쟁저지연합 의장과 반핵군축운동CND 의장이 여성이었다. 활동가, 연사, 간사를 비롯해 여러 부분에서 적극적으로 참여하는 사람들 중에는 언제나 무슬림 여성도 다수 포함돼 있었다. 맨 처음부터 무슬림 중 일부가 참여했고 첫 회의에서 무슬림 단체인 저스트피스가 결성됐다. 이 반전운동은 영국 역사상 최대의 대중운동이었을 뿐 아니라, 진정한 평등에 기초해 가장 다양한 사람들이 가장 강력하게 결속한 운동이었다. 이 운동의 창립자 중 한 사람인 샤헤드 살림은 다음과 같이 썼다.

무슬림들은 다원적 사회의 자유롭고 평등한 시민으로서 이 운동에 참여했으며 불의에 맞서 함께 협력적으로 싸웠다. 이것이 전쟁저지연합의 유산 가운데 하나다. 이 운동은 지배적 사회질서 속에 분리돼 있던 사람들을 결속시켜, 함께 가치와 이상을 나누고 협력할 수 있게 했으며 함께하는 미래상을 처음으로 언뜻 볼 수 있게 해 줬다.[51]

이런 단결은 모든 시위에서 두드러졌는데 2001년 11월 18일의 시위가 가장 감동적이었다. 이날 아프가니스탄 전쟁 반대 집회는 라마단 기간과 겹쳐, 무슬림들의 기도 소리가 "사람들로 가득 찬 고요한 트라팔가 광장을 메우고 제국의 심장에서 울려 퍼졌다. 이것은 식민지 시대 이후 영국 역사에 한 획을 그은 사건이었다."[52]

좌파 내에서는 무슬림과 협력하는 것을 두고 많은 논란이 있었으며, 전통적 좌파의 일부는 진정한 대중운동과 관계 맺을 능력이 없음을 드러냈다.[53] 전쟁저지연합의 운동은 어디까지나 세속적인 운동이었지만, 종교를 믿든 믿지 않든 모든 사람들에게 열려 있었으며, 서로 간의 장벽을 상당히 허물었고, 무슬림 남녀를 설득해 대중운동으로, 때로는 사회주의 정치로까지 나아가도록 하는 데서 큰 구실을 했다. 이것 자체가 사회주의 전통의 일부였다.[54] 모든 사회주의자가 이 점을 자랑스러워할 만하며, 무슬림 여성들과 함께 운동을 전개하는 것은 중간계급 백인 페미니스트에게서 여성해방의 이상을 되찾아 가장 차별받는 사람들의 것으로 만드는 과정의 일부가 돼야 한다.

7장
페미니즘: 해방의 한계

"나 자신은 페미니즘이 정확히 무엇인지 결코 알 수 없었다. 내가 아는 유일한 깃은, 그저 아무 밀 없이 가만히 있지 않고 내 생각을 표출할 때마다 사람들이 나를 페미니스트라고 부른다는 사실이다." 아일랜드 소설가 리베카 웨스트가 거의 100년 전에 한 말이다.[1] 페미니즘이 무엇인가 하는 의문은 오늘날에는 훨씬 덜하다. 예술, 미디어, 정치 영역에서 많은 여성들이 페미니스트라는 칭호를 받아들인다. 뉴스 앵커 사미라 아메드는 말한다. "페미니스트는 제 소개를 할 때 첫 번째로 사용하는 말입니다." 매우 성공한 레즈비언 작가 세라 워터스는 말한다. "분명 정말로 중요한 질문은 '왜 당신은 페미니스트인가?'가 아니라 '왜 당신은 페미니스트가 아닌가?'입니다."[2]

걸가이드[미국 걸스카우트의 자매 조직]가 16~25세 회원들을 대상으로 실시한 설문 조사에서 65퍼센트가 페미니스트라고 불려도 부끄러울 것이 없다고 답했다.[3] 이 결과는 오늘날 젊은 여성들이 흔히 하는 생각을 정확하게 보여 주는 듯하다. 16~25세 응답자 중 81퍼센트, 그리고 10~15세 응답자 중 90퍼센트가 오늘날에는 여성이 원한다면 무슨 직업이든 선택해도 된다고 여기는 것으로 나타났다. 절대다수(16~25세의 94퍼센트, 10~15세의 88퍼센트)는 아이를 낳은 후에도 다시 직장에 다니겠다고 응답했다.[4] 동시에, 16~25세 집단은 또래 남성들이 자신을 존중하지 않는다고 말했으며, 절반 이상은 대중매체 때문에 예쁘고 날씬해지는 것이 세상에서 가장 중요하다고 생각하게 된다고 답했다.[5]

페미니즘과 그 지지자들은 지난 사반세기 동안 많은 전투에서 승리를 거둬 왔다. 페미니스트들의 관점에서 보면 어쩌면 가장 중요한 것은 성 평등 사상이 (최소한 말로라도) 광범하게 받아들여지게 됐다는 점일 것이다. 그러나 그에 따라, 이제 성 평등은 상당히 달성됐다는 가정, 서프러제트의 전술이나 여성해방운동이 표출한 분노는 흥미로운 옛일이 됐다는 가정이 생겼다. 그래서 현 사회의 주요 특징 중 하나이자 부유한 자본주의 국가에서 불평등을 낳는 주요 원인 가운데 하나인 여전한 여성 차별은 중요한 토론거리가 아니라고 간단히 제쳐진다. [여성 차별을 옛일로 치부하는] 이른바 포스트페미니즘이 성공하여 언론과 정치인의 인식 속에서는 평등이 이미 이뤄졌다는 생각이 자리잡았다. 이제 남녀 간의 문제는 차별 문제가 아니라 차이 문제라는 것이다. 뿌리 깊이 존재하는 불평등을 말하는 사람은 없다.

겉보기에는 여성들의 성공 시대가 온 듯하다. 여성이 총리도 하고 판사도 하고 귀족 작위도 받고 기업도 이끈다. 언론계에서는 여성들이 편집장, 앵커, 텔레비전 방송국 사장을 맡는다. 전문직도 예전보다 여성에게 훨씬 더 개방적이다. 그러나 역설이게도, 성 평등이 성취됐다는 말잔치가 떠들썩한 바로 그때 실제 여성들의 삶은 더 나빠졌고, 이런 생각은 여성에게 해를 입히는 정책들을 정당화하는 데 이용됐다. 우리가 살펴봤듯이, 평등이라는 명목으로, 여성들에게 이익이 된다고 하며 전쟁이 정당화된다. 복지를 삭감해서 여성들에게 [원치 않거나 저임금을 받더라도] 일하라고 압박하고 남성이 육아에 더많은 돈을 쓰게 만드는 정책들도 마찬가지다. 어떤 때는 평등의 의미가 완전히 뒤집어진다. 샌프란시스코 시장을 역임하고 이후 캘리포니아에서 민주당 소속으로 상원 의원이 된 미국의 페미니스트 다이앤 파인스틴은 육아 휴직 이후 여성 노동자의 복직을 보장하는 주(州) 법이 연방 법에 위배된다고 결정한 판결을 환영했다. "우리 여성들이 줄곧 말해 온 것은 평등하게 대우해 달라는 것이었습니다. 이제 우리는 혜택을 받으려면 마땅히 대가를 지불해야 합니다."[6] 이런 정책들이 시행된 결과, 다수의 여성과 남성은 나아지는 것 없거나 심지어 악화된 조건을 받아들이라고 촉구받고, 사회적·경제적으로 더 나은 조건을 누리고서 성공하는 소수의 출세 지향적 인물들을 본받으라고 훈계받게 됐다. 미국과 영국의 흑인들에게 같은 일이 벌어졌다. 어떤 면에서는 인종 간 평등이 증진됐지만, 1960년대 흑인운동에 담겨 있던 급진적인 내용들은 죄다 깎여 나갔다. 이런 상황은 모두 40년 전에 여성운동을 시작한 사람들의 열망들과는 아주 동떨어진 것이다.

마침내 때를 만난 사상

여성해방운동은 매우 특정한 시기, 특정한 장소에서 비롯한 산물이다. 1960년대 미국에서 벌어진 흑인 공민권운동과 베트남전쟁 반대 운동이 그 시작이었다. "여성해방"이라는 말 자체가 식민주의 반대와 평등을 외친 위대한 투쟁들의 영향을 받은 것이었다. 1967년에 개최된 학생회의 워크숍에서 여성해방에 관한 초기의 이론적 선언 중 하나가 등장했다. "여성은 남성의 식민지 같은 신세이며 우리는 여성을 제3세계의 일부로 인식한다."[7]

여성해방운동을 형성하는 데 기여한 여성들은 놀라울 만큼 대단한 세대에 속했다. 그 세대 남녀 학생들은 대개 미국 북부 출신이면서도 1960년대 초에 남부로 가서 공민권운동을 도왔다. 여성들은 이 운동에서 주도적 역할을 했으며 힘든 상황에서도 운동에 헌신했고 용기를 발휘했으며 원칙을 지켰다. 학자인 리스 보걸은 중간계급의 유대인 공산당원 가정 출신이었으며, 그녀가 어릴 때 부모님의 가장 큰 걱정거리는 "돈 문제와 매카시즘"이었다.[8] 보걸은 공민권운동의 경험과 [미국 남부의] 미시시피에서 보낸 시간을 자기 인생의 결정적 시기로 묘사한다. "나는 미시시피에서 내가 줄 수 있는 것보다 훨씬 더 많은 것을 얻었습니다." 그리고 다음과 같이 결론짓는다. "결국 나는 내가 역사에 참여했다는 것, 우리가 한 일이 세상을 변화시켰다는 것, 그리고 나에게 닥친 시련 속에 실패하지 않았다는 것을 깨달았습니다."[9] 그러나 그녀는 많은 자매들과 마찬가지로 1960년대 말에는 사회주의 페미니즘으로 향했는데, 다른 운동은 여성 차별을 중시하지 않는다고 느꼈기 때문이었다. 이런 감정은 우연히 생긴 것이 아니라 이 여성들이 직접 겪은 경험의 산물이었다.

1960년대 말에 미국에서 여성운동이 부상한 배경에는 지금 사람들이 보면 충격을 받을 정도로 성차별이 심각하고 사람들이 여성의 평등 문제에 무관심했다는 현실이 있었다. 사람들은 여성들에게 여성 차별 문제가 다른 문제보다 그다지 중요하지 않다고 말했으며, 그것도 여성을 깔보는 엘리트주의적인 태도로 말했다. 1967년 8월에 [신좌파들이] 개최한 새정치전국대회에서 소수의 급진적 여성들이 블랙 파워 정치와 반식민주의 정치를 기반으로 여성해방 요구들을 정식화하려 했다. 그러자 회의에 참가한 남성의 대다수가 그 여성들을 조롱했다. 남성 간부 한 명은 슐라미스 파이어스톤의 머리를 토닥이며 말했다. "이런 아가씨, 그만 좀 하게. 우리한테는 여성해방보다 더 중요한 문제가 많아."[10] 이것은 그저 일회적인 사건이 아니었다. 미국에서 벌어진 징집 반대 운동의 구호 중 하나는 "여자들이여, 노라고 말하는 남자들에게 예스라고 말하자!"였다.[11]* 운동 내 여성의 지위에 관한 질문을 받았을 때, 흑인 지도자였던 스토클리 카마이클이 내놓은 대답은 악명 높다. "학생비폭력조정위원회SNCC에서 여성의 유일한 지위는 엎드린 자세뿐입니다."[12]** 〈뉴 레프트 노츠〉에는*** 속바지가 보이는 짧은 치마를 입고 귀걸이를 한 여성이 "우리는 우리의 권리를 원하며 지금 당장 원한다"고 쓰인 팻말을 들고 있는 그림을 담은 조롱 조의 만평이 실렸다.[13] 이런 경험들이 초기 여성운동에

---

* 여성들에게 징집을 거부하는 남자와의 성관계에 동의하라고 말하는 것이다.

** 지위를 뜻하는 단어 position이 '자세' 또는 성관계의 '체위'를 뜻하기도 한다는 것을 이용한 말이다.

*** 〈뉴 레프트 노츠〉 1960년에 결성된 좌파 학생 단체인 민주학생연합(SDS)이 발행한 출간물.

큰 영향을 끼쳤으며, 바로 이 운동은 좌파 남성들의 행동에 불만을 표출하는 것이었다. 그리고 누가 그것을 비난할 수 있겠는가?

그러나 1960년대 미국 좌파 학생운동의 정치는 전통과 이론이 너무 결여돼 있었다. 1960년대 말에 여성운동이 탄생했을 당시 미국의 사회주의 전통은 매우 미약했다. 이는 부분적으로는 옛 좌파들과 새 좌파들 사이가 끊어져 있었기 때문이었다. 다른 나라들에 견줘 미국의 공산주의 전통은 특별히 강력했던 적이 없다. 물론 1930년대와 1940년대에 벌어진 대규모 산업 투쟁과 특히 1930년대의 흑인 운동에서 중요한 구실을 했지만 말이다. 그 산업 투쟁들이 패배하고 매카시즘에 타격을 입어, 미국에서는 사회주의자와 공산주의자 한 세대가 사라졌고, 신·구 세대의 연속성이 끊어졌다. 그래서 1960년대에 거대한 사회운동이 다시 부상했을 때, 활동가들은 이전 세대의 역사에서 유사한 사례를 찾아 참고할 수가 거의 없었다. 비록 공민권운동, 학생운동, 반전운동에 참여한 많은 젊은이들이 리스 보걸처럼 좌파이거나 공산당원이었던 부모 아래서 자랐지만 말이다.[14] 특히 학생운동이 옛 좌파와의 단절이 상당히 심했고 바로 이것이 새로운 운동의 성격에 큰 영향을 끼쳤다.

학생운동 바깥의 전통적 좌파의 정치도 한계가 매우 컸다. 그 정치는 성 평등에 별로 관심이 없었고 기껏해야 스탈린 치하 소련 여성들이 '남자 일'을 하는 모습을 떠올리는 정도였다. 많은 사회주의자들은 계급투쟁을 보는 눈이 아주 협소했고, 그래서 계급투쟁과 여성 차별의 연관성을 잘 이해하지 못했다. 인간 해방의 이론인 사회주의가 스탈린주의나 사회민주주의로 왜곡된 탓에, 그 안에는 여성해방 사상이 차지할 자리가 거의 없었다. 사회주의자들도 옛 역사와 옛 이데올로기에 갇혀 있었으며, 심지어 때로는 여성의 권리를 주장하는 주된 근거로 우생학이나 사회공학의 개념들을 받아들이기도 했다.

1960년대가 되자 여성해방 사상은 마침내 때를 만나게 됐다. 운동을 평등권 보장과 점진적 개혁에 가두는 것은 삶의 모든 영역에서 독립성을 발견하고 있던 그 세대 여성들에게는 너무나 소심하고 더딘 것으로 보였다. 여성해방운동을 처음 시작한 여성들이 인종차별 반대 운동과 반전운동과 공민권운동을 통해 정치화했다는 점은 놀랍지 않다. 그들은 정당하게도 이 운동들을 관통하는 원리가 여성의 문제에 대해서까지 확장되기를 원했다. 그 염원이 심각하게 묵살되면서 여성운동은 여성운동 자체에도 좌파에게도 때로는 도움이 되지 않는 방식을 발전시키기도 했다. 즉, 원래라면 사회주의자들과 자연스럽게 연대를 할 수 있었을 텐데도 그렇게 하지 않았고, 대부분의 페미니스트 단체는 남성을 배제하고 조직했다. 이것은 또한 여성해방운동이 인간 해방의 실현이라는 전망에서 멀어져 결국 막다른 골목에 부딪힐 이론들을 받아들이거나 발전시키게 됐다는 것을 의미했다.

해방이 탈선한 이유 1: 이론

1960년대 말, 주로 미국에서 벌어진 여성해방운동 내에서 온갖 이론이 발전했다. 중요한 저작의 다수가 1960년대 말부터 1970년대 초까지 나왔는데, 슐라미스 파이어스톤의 《성의 변증법》, 앤 코트의 《질 오르가즘의 신화》, 케이트 밀렛의 《성 정치》, 줄리엣 미첼의 《정신분석과 페미니즘》 등이 있다.[15] 세라 에번스와 조 프리먼 같은 여성운동의 참가자들은 그들이 겪은 귀중한 경험을 썼다.[16] 여성해방운동의 개념들을 여성의 역사를 이해하는 데 적용한 사람들도 있었는데, 특히 실라 로보섬이 대표적이다.[17] 많은 페미니즘 이론은 여성 차별을 성별 분업, 가족의 구실, 가정과 일의 분리와 연관지으려 애썼는데, 내가 보기에 이것은 옳다. 그러나 두 가지 중요한 약점이 있었다. 먼저, 여성해방의 이론과 계급에 대한 이해를 통합하지 못했다. 이 점이 일부 작용한 결과, 페미니즘 이론들은 흔히 여성의 삶의 구체적 현실을 보지 못했다. 많은 페미니스트들은 여전히도 여성은 가정에 남성은 공장에 있다는 것을 전제로 한 모델을 제시하며 남성과 여성이 맺는 관계는 거의 보지 못했다. 그래서 이런 시각은 영국이나 미국 같은 나라에서 지난 반세기 동안 전개된 상황에 잘 맞지 않았다.

이런 잘못된 모델을 채택한 많은 이론가들은 여성의 변화하는 지위를 설명하지 못하는 방식으로 문제 제기를 하게 됐다. 1970년대 초에 벌어진 '가사 노동 논쟁'은 여성이 가정에서 하는 구실을 자본주의 사회라는 전반적 맥락 속에 두고 분석하려 했다. 여성 차별을 여성이 가정 내에서 하는 구실과 연관지어 설명하려 한 마르크스주의자들의 시도는 많은 중요한 통찰로 이어졌다. 그들은 가사 노동이 사적으로 수행되는 은폐된 노동이고, 임금이 지불되지 않기 때문에 사회적으로 거의 중요성을 인정받지 못하지만, 그럼에도 불구하고 자본주의 사회를 지속시키는 데서 핵심적인 경제적 구실을 한다고 지적했다.

이 논쟁에서 여러 사람들이 받아들인 한 가지 가정은 여성은 전업주부고 남성은 전업 노동자라는 것이었다. 그러나 이미 1970년대 초에 많은 여성이 최소한 시간제로라도 일하는 노동자였으며 동시에 가정에서는 집안일과 육아를 대부분 책임졌다. 가사 노동은 자본주의적 생산 자체와는 완전히 별개라는 가정도 있었는데, 마찬가지로 잘못된 것이었다. 이 가정에서 출발해서 도달한 결론은 두 가지였다. 하나는 가정주부를 별개의 계급으로 보면서 그들을 조직하고 나서 (남성) 임금노동자와 연대해 공동의 적인 자본에 맞서 싸워야 한다는 것이었다. 다른 하나는 문제가 더 컸는데, 여성은 그저 남편과 자녀의 하인일 뿐이라는 것이었다.[18]

그러나 가사 노동은 바로 자본주의적 생산과의 연계 때문에, 즉 개별 가족 내에서 수행되는 노동력 재생산과의 연계 때문에 현재와 같은 형태를 취하는 것이다. 다음 세대 노동자를 기르고 현재 세대 노동자를 돌볼 책임이 [개별] 가정에서 수행되는 가사 노동에 있기 때문에, 자본가계급은 손도 안 대고 코 푸는 격이다. 이렇게 가사 노동은 노동력을 직접 생산하고 그 노동력은 노동시장에서 판매된다. 그래서 가정에서 수행되는 무보수 노동은 간접적으로 고용주의 이윤을 보장하는 데 막대한 기여를 한다. 따라서 가사 노동은 자본주의의 존속 자체에 사활적으로 중요하다.[19]

지난 수십 년 동안 여성의 삶에서 노동력을 재생산하는 것과 임금노동에 참여하는 것 사이의 균형은 근본적으로 변화했다. 자본가계급은 훨씬 더 많은 여성을 노동자로 만드는 데 성공했고, 그 덕에 잉여가치 생산이 늘고 더 많은 이윤이 창출됐다. 그런데도 노동력 재생산은 자본가계급의 지출이 거의 없이도 여전히 계속된다. 그래서 이제는 다음 세대 노동자를 제공받기 위해 대규모의 전업주부가 있을 필요가 없다. 그 대신 여성과 남성이 노동시장에서 번 임금의 상당 부분이 전업주부의 역할을 대체하는 상품을 구매하는 데 지불된다. 이에 더해, 남성들이 과거보다 가사 노동에 더 많이 참여하게 됐으며(비록 여성보다는 훨씬 적기는 하지만), 자녀 양육에도 더 많이 기여하게 됐다.

가정에서 여성들이 하는 역할이 변화하면서, 일/가정, 남성/여성을 구분하는 전통적 시각이 도전받았다. 1980년대까지만 해도 흔하던 두 가지 주장도 설득력이 약해졌다. 첫째는 '가사 노동 논쟁'의 전제 중 하나로, 가정 내 전업 가사 노동이 자본주의적 생산을 유지하는 데 필수적이라는 주장이었다. 이 주장은 현실과 너무 안 맞게 됐기 때문에 설득력을 잃었다. 둘째로, 이제는 여성들이 호황기에는 일터로 끌어들였다가 불황기에는 가정으로 돌려보낼 수 있는, 마음대로 처분할 수 있는 산업예비군으로 여겨지지 않는다. 이제 여성들은 노동인구의 영속적 일부로 확고하게 자리잡았다.

지난 수십 년의 변화를 통해 알 수 있는 것은 자본주의의 적응력이다. 경제생활과 사회생활에 참여하고자 하는 여성의 필요와 열망에 맞춰 가족이 변화한 것이다. 이런 사실은 현재의 고용 패턴과 성별 분업을 남성 고용주와 남성 노동자가 여성의 지위를 낮게 유지하려 공모한 결과로 보는 일부 페미니스트의 시각을 반박한다. 오히려 자본주의는 성별에 관계없이 (그리고 실로 인종이나 국적에도 관계 없이) 가장 쓸 만하고 가장 값싼 노동자를 원한다는 점에서 점점 더 성별을 따지지 않게 돼 가고 있다. 그러나 자본주의는 노동자들이 공평하게 경쟁하지 못하도록 기존의 차별적 구조와 차별적 이데올로기를 이용할 태세가 돼 있으며 이 때문에 불평등이 유지되는 것이다.

1970년대 말까지 많은 페미니즘 이론은 여성 차별을 남성 지배 시스템, 즉 계급사회의 경제적 생산양식과는 별개의 시스템인 가부장제를 토대로 해서 설명했다.[20] 가부장제 이론은 노동계급 남성과 노동계급 여성의 이해관계가 다르다고 주장했다. [여성이 계속 일했더라면] 평등한 지위와 고용 안정과 더 높은 임금을 누릴 수도 있었을 특정 형태의 일에서 남성이 여성을 의식적으로 배제했기 때문에 자본주의하의 성별 분업이 발생했다는 주장, 노동계급 남성들과 고용주가 짝짜꿍해서 여성을 희생시키는 대가로 가족 임금을 확립하기로 했다는 주장, 그 결과 일의 세계는 남성의 영역, 가정과 가사는 여성의 영역이 됐다는 주장이 널리 받아들여졌다. 이런 주장을 가장 분명히 표현한 사람은 하이디 하트먼이다. 그녀가 쓴 소논문 "마르크스주의와 페미니즘의 불행한 결혼: 보다 발전적인 결합을 위하여"는 여성운동 이론에 심대한 영향을 끼쳤다. 이 논문은 남성 노동자와 여성 노동자의 관계가 평등하지는 않더라도 동지인 관계라고 보는 관점에서 벗어나, 적어도 이해관계가 일치하지 않는 경쟁자 관계, 심지어는 적대 관계라고까지 보는 관점으로 나아가는 이정표 구실을 했다.[21]

이 일반 이론은 적어도 부분적으로는 계급 문제와 여성 차별을 연결하려는 시도로 등장했고 가사 노동 논쟁에 대해서도 넌지시 비판했다. 그러나 아마도 더 중요한 것은 여성해방을 가로막는 가장 큰 장벽이 자본의 지배라고 보는 시각에서 멀어지게 됐다는 점이었다. 그럼으로써 그 주장은 또다시 일과 가정의 관계에 전적으로 의존하게 됐다. 하트먼은 가사 노동이 자본주의에 필수라고 단언할 수 없다고 지적했다. 적어도 이론적으로는 노동력 재생산을 조직하는 다른 방식도 존재할 수 있다는 것이었다. 또한 하트먼은 다음 세대 노동자를 재생산하는 가장 값싼 방법이 가족이라는 것은 증명할 수 없다고도 했다. 그러나 하트먼의 이런 비판은 차별을 계급의 관점에서 분석하는 것 일체를 내버리는 길을 이끌었다. 여성 차별은 계급의 영역이 아니라 가부장제의 영역에 놓여 있으며 따라서 노동계급 남성과 여성의 이해관계는 일치하지 않는다는 주장이 증가했다. 하트먼은 자기 주장을 계급과 가부장제를 연결하는 유물론적 분석으로 내세웠으나, 실은 전혀 유물론적 설명이 아니었다. 하트먼은 여성 역사에서 비교적 작은 일부분을 근거로 해서 성별 분업을 극히 불완전하게 이해했으며, 더 큰 사회적·역사적 힘들을 고려하지 못했다. 그 결과, 많은 사람들이 하트먼의 주장을 받아들이면서 여성 차별에 대한 계급적 분석으로부터 후퇴하게 됐다.

이 장은 미국의 사회주의 페미니스트 조해나 브레너의 분석에 크게 빚지고 있는데, 그녀는 1984년 "여성 차별을 다시 생각하다"라는 중요한 논문을 마리아 라마스와 공동 집필했다.[22] 브레너는 보호 입법이나 노동조합의 배타성으로는 성별 분업을 이해할 수 없다고 주장한다. 미국에서 보호 입법은 20세기가 되고도 한참 지나서야 등장했는데, 이미 그 전에 '남성 부양자'를 중심으로 한 성별 분업이 존재했다. 물론 영국의 경우는 다르기는 하다. 그러나 이에 대해서도 브레너는 1847년의 10시간법이나* 1842년의 탄광규제법이** 성별 분업에 거의 영향을 끼치지 않았다고 주장한다.

> 10시간법이 시행되는 동안, 여성뿐 아니라 남성의 노동시간도 규제됐던 것으로 보인다. … [섬유   지은이]산업 전체를 보든 특정 부문을 보든 이 법률 때문에 여성 노동자가 남성으로 유의미하게 대체되는 결과가 발생하지는 않았던 듯하다. 오히려 섬유산업에서 여성 노동자의 비율은 19세기 후반기 동안 꾸준히 증가했다.[23]

노동조합들은 숙련 노동자로 이뤄져 있었으며 엘리트주의적이었고, 여성과 이민자와 비숙련 노동자에게 전반적으로 배타적 태도를 취했다. 그러나 그 노동조합들이 노동계급 전체에 영향을 끼치지는 못했다. 오히려 노동자 중에 매우 소수만을 조직하고 있었다. 노동조합들의 편협한 시각이 노동계급 전체의 의식에 어떤 영향을 끼쳤을 수는 있겠으나, 자본주의 사회의 성별 분업 전체를 좌우할 수 있는

---

* 10시간법 섬유산업에 고용된 여성과 청소년(13~18세)의 노동시간을 10시간으로 제한하는 법률.

** 탄광규제법 모든 여성과 10세 이하의 소년들이 지하 탄광에서 일하는 것을 금지하는 법률.

수준은 아니었다.

[노동조합들이] 특정 산업에서 여성을 고용하는 것에 반대한 주된 이유는 여성 고용이 남성의 임금을 끌어내리고 조직력을 약화시킬 것이라는 뿌리 깊은 두려움이었다. 1833년 런던재단사연맹은 가내 작업에 반대해 파업을 벌였는데,* 남성 재단사들의 지위를 지키려는 것이었다. 이 파업의 실패는 섬유산업 전반의 임금과 노동조건을 악화시켰다.

남성들을 배타적으로 행동하게 만든 가장 결정적인 요인은 이데올로기가 아니라 경쟁이었다. 여성이 남성과 경쟁하지 않거나 처음부터 여성이 그 산업에서 일하고 있던 경우에는 노동조합이 여성을 포함하며 여성들의 조직화 노력과 파업 활동을 상당히 지원했다는 사실에서 분명히 알 수 있다.[24]

노동계급 내에서도 다양한 전략이 나타났다. 그래서 19세기 초 스피털필즈의 방직공들은 여성들을 조직하고 모든 도제 훈련을 받을 수 있게 했다. 반면에 스코틀랜드의 방직공들은 도제 훈련에서 여성을 완전히 배제하려고 애썼다.[25] 1833년 글래스고 근처의 면직물 염

---

* 의류 제작 숙련 기능공으로 이뤄진 런던재단사연맹은 당시 영국에서 매우 강력한 노동조합 중 하나였다. 자본가들은 임금이 비싼 남성 재단사 대신 집에서 작업을 하고 임금이 훨씬 싼 여성 노동자들에게 일을 맡기려 했다. 런던재단사연맹은 작업장 밖에서 재단 일을 하는 것을 막는 투쟁을 벌였으나, 여성 재단사를 중심으로 한 기성복 산업이 팽창하면서 큰 타격을 받았다.

색 공장에서 고용주들이 여성과 아동을 싼값에 고용하며 노조를 와해시키려 하자 파업이 벌어졌다. 그 지역 여성 노동자들은 파업을 지지했으며, 파업에 참여하지 않고 일하는 파업 파괴자들에게는 돌을 던지고 음식 제공을 거부하며 연대했다.[26]

왜 노동조합이 여성의 진입에 특히 강경하게 반대했는지를 설명하기 위해 이데올로기를 끌어들이는 것은 전혀 불필요한 일이다. 노조가 여성의 진입을 믹지 못하면 급격한 임금 하라과 전반적 노동조거 악화가 수반됐다는 점은 매우 분명하다.[27]

남성들이 자신의 처지를 악화시킬 수도 있는 여성 노동자들에게 [부정적] 태도를 보인 이유가 노동계급의 처지를 방어할 필요 때문이었다는 점이 분명 중요하다. 그러나 그것이 결코 전부가 아니다. 남성뿐 아니라 여성도, 노동시간을 단축하고 끔찍한 공장에서 최악의 대우를 받지 않게 해 줄 수 있는 노동 환경의 변화를 대부분 환영했다는 점에는 의문의 여지가 없다. 아이들이 일하다가 부상을 입어 노동을 계속하지 못하게 될 수도 있는 위험에서 벗어나 안전하게 자랄 수 있게 된 것을 여성들은 분명 환영했다. 1847년 이후 공장에서 일하는 시간이 줄어들자 여성들은 가족을 돌볼 시간이 더 많아졌다. "전보다 공장에서 일찍 퇴근해 얻게 된 시간은 … 거의 전부 가정과 가족을 더 잘 돌보는 데 바쳐진 것으로 보인다."[28] 1842년 탄광 규제법이 생기기 전, 랭커셔와 요크셔에서는 여성의 노동을 제한하라고 요구하는 청원이 빗발쳤었다.[29]

광업 실태 보고서는 아이를 유산하는 임산부, 어둡고 축축한 갱도에서 짐승처럼 기어 다니며 일하는 여성과 아동, 출산 불과 며칠 후에 고된 일을 하러 출근해야 하는 여성들에 대해 묘사한다. 노동계급은 산업화와 더불어 자신의 생활 조건이 악화되는 것을 목도했고 스스로를 보호할 방법들을 찾기를 바랐다. 많은 사람들은 노동계급 내의 친족 네트워크에 의존해 보호를 받았다. 노동계급은 이런 네트워크를 이용해 친족 구성원이 끔찍한 노동환경에서 일하거나 구빈원에 맡겨질 위험에 처하지 않도록 돌봤다. 제인 험프리스는 "가족제도가 끈질기게 유지된 것은 자본주의 환경 속에서 일하지 못하는 동료를 민중 스스로 부양할 방법을 찾기 위한 노동계급의 분투를 보여 준다"고 주장한다. 그녀는 다음과 같이 이어 간다.

따라서 제도로서 가족은 자원 분배와 사회적 상호작용을 이룰 사적이고 비시장적인 수단을 찾기 위한 사람들의 열망에 의해 형성됐다. 이런 열망과 믿음이 인간관계를 이어 가고 계급투쟁을 형성하는 데서 수행한 역할을 무시하면 노동계급 가족과 그것의 끈질긴 존속을 이해할 수 없다.[30]

이것이 고용주와 남성 노동자가 공모했다고 여기는 사람들이 놓친 중대한 요소다. 여성이 가정에서의 역할을 맡은 것은 더 나은 삶을 살고자 했던 노동계급 남성과 여성의 염원을 일부 반영한 것이었다. 그리고 그들은 이를 위해 여성이 일을 그만두는 것이 필요하다고 봤다. 조해나 브레너는 노동계급 전반의 임금 수준이 낮았고, 노동계급은 19세기 후반기에도 가사와 육아를 대신해 줄 서비스를 구입할 능력이 없었다고 설명한다. 따라서 대부분의 가사 노동은 어떻게든 가족 내에서 해결해야 했다. 이것은 쉬운 일이 아니었다. 남성과 여성은 장시간 노동했고 가전 기술도 원시적 수준이었기 때문이다. 그래서,

한 사람이 보조적 임금노동을 하면서 집안일을 책임지고, 다른 한 사람이 전일제 임금노동을 하는 형태의 분업이, 두 사람 모두 공장에서 장시간 노동을 하고 집에 돌아와서 추가로 [가사] 노동을 하는 형태의 분업보다 선호됐다.[31]

임신·출산·육아는 19세기 노동계급 여성들에게 특히 고된 일이었다. 갓난아기에게 수유를 하지 못하면 끔찍한 일이 벌어졌다. 위생적인 젖병이라는 것은 존재하지 않았고 유모를 고용하는 것은 엄두도 못 냈으며 영아 사망률은 높았다. 이것이 "성별 분업의 논리"를[32] 강화시켰다. 19세기 여성들은 대부분 임신을 여러 차례 했고 그래서 여건만 허락한다면 집에 머무르며 자신과 아이들을 돌봤다.

이런 성별 분업에 의해 그 이후 수십 년 동안 노동계급 가족이 형성됐는데, 그 과정에서 여성들은 원하든 원치 않든 남성의 임금에 크게 의존하면서 가사에 얽매이는 불이익을 겪었다. 남성과 여성이 그래도 이 길을 간 것은 더 평등한 결과에 이를 다른 방법을 생각해낼 수 없었거나 그런 방법은 없다고 생각했기 때문이었다. 가부장제를 유물론적으로 설명하려던 하트먼의 시도는 가부장제 이론이 옳

음을 보여 주려는 바람 때문에 사실에 이론을 맞추는 것이 아니라 그 반대가 돼 버림으로써 실패했다. 노동계급 가족은 차티스트 운동의 패배 이후 수세에 몰린 계급의 처지가 표현된 것이지, 여성을 집안에 가둬 두려는 남성의 음모의 결과가 아니었다. 여성 차별과 오늘날까지 이어지는 가족제도는 계급의 눈으로 볼 때만, 그리고 부담을 개별 가족들에 떠넘기려는 자본주의 체제의 요구를 이해할 때만 설명될 수 있다. 남성의 [여성] 지배라는 관념이 널리 퍼져 있는데, 이 관념은 가부장제라는 추상적 개념에서 기원한 것도 아니고 전체 자본가의 이해관계와 노동계급의 절반을 이루는 남성의 이해관계가 맞아떨어져서 생겨난 것도 아니다. 계속되는 차별과 계급 착취를 정당화하려 끊임없이 애쓰는 [지배계급의] 이데올로기에서 비롯한 것이다.

해방이 탈선한 이유 2: 계급과 정치

미국과 영국의 초기 여성운동은 급진적 좌파 정치와 연계가 있었다. 영국의 여성운동은 미국보다 규모가 훨씬 작기는 했지만, 사회주의 [정치]와 노동조합과의 사이가 더 가까웠다. 이는 1960년대 말과 1970년대 초에 영국에서 계급투쟁의 수위가 상승한 것에 영향을 받은 결과다.

그러나 여성해방운동은 매우 초창기부터 모순을 안고 있었다. 여성해방 사상은 파급력이 대단히 강력했지만, 운동에는 비교적 소수의 활동가들만 참여했다는 것이다. 1971년 미국에는 여성해방을 다룬 출판물이 100종 이상 나왔고, 1973년에 주류 페미니스트 잡지

《미즈》는 호당 발행 부수가 35만 부였다. 마찬가지로 1970년대 초에는 매우 많은 여성학 강좌가 개설됐다.[33] 그러나 뉴욕에서 매주 개최된 여성해방연합 집회에는 불과 150명의 여성이 참가했고, 1969년 여성연대회의에는 고작 200명이 참석했다. 더 번듯한 주류 단체인 전미여성기구NOW는 전국에 회원이 3만 명뿐이었다.[34] 그래서 영국은 말할 것도 없고 미국에서조차 여성해방 사상은 대중운동이 되지는 못했다. 운동의 구성원은 주로 대학을 졸업한 중간계급이거나 전문직 여성들이었으며, 그들의 주안점은 대중 활동보다는 소집단에서의 의식 고취였다. 이런 집단들은 많은 분열과 파편화를 겪었다. 조 프리먼은 다음과 같이 설명했다.

> [여성]운동이 와해된 이유 중 하나는 운동의 기원 자체가 제약을 가했다는 것이었다. 운동은 대항문화 운동과 신좌파의 산물로서, 몇 년이라는 짧은 기간에 그 문화를 공유하는 사람들 내에서 확대됐고, 조직과 기관을 대부분 변화시키고(거나) 통합시켰으며, 그 후에는 달리 갈 곳이 없어 내향화했다.[35]

프리먼은 "대다수 활동가들의 평균 활동 기간은 약 2년이었다"고 덧붙였다.[36]

1970년대 영국에서는 여성의 사회적 지위 문제를 두고 정치적 격랑이 일었는데, 서로 다르지만 연결돼 있는 두 가지 변화가 추동한 면이 컸다. 하나는 여성 관련 법률들이 개선된 것이고 다른 하나는 급진적 여성해방 사상이 노조·직장·대학으로 파급된 것이다. 고용부 장관 바버라 캐슬이 도입한 동일임금법은 위대한 진전으로 환영 받았다. 1960년대에 통과된 이혼과 낙태에 관한 법률들은 새로운 시대를 알렸다. 1970년대 전반기에는 여성해방 잡지인《스페어 립》이 창간돼 성장했는데 이 잡지는 살림과 미용만 강조하던 여성지에 대한 응수였다. 또한 이 시기에 여성해방운동의 회의와 행진이 시작됐다.

1970년대 후반기에는 1967년 제정된 [조건부로 낙태를 합법화하는] 낙태법에 대한 공격이 연이어 일어났고, 이 법률을 지키기 위해 거대한 여성운동이 벌어졌다. 여성 사회주의자들은 화이트, 베니언, 코리의 법안에* 반대하는 운동을 이끌며 여러 갈래의 여성운동 세력과 좌파를 결집시키고 대중 시위와 대규모 공개 토론회를 조직했다. 그 절정은 1979년 영국 노총이 주관해 하이드파크에서 열린 집회였다. 낙태권 옹호 운동은 여성들의 요구가 그 자체로도 중요한 문제로 여겨지도록, 그리고 그것을 남성 노조원들이 중요한 문제로 삼도록 하는 데서 한몫했다.[37]

그러나 두 가지 일이 벌어지면서 이런 성과가 유지되지 못했다. 첫째, 1970년대 초까지 잘 조직돼 있었고 승리도 거둔 노동자 운동이 패배한 것이다. 그에 따라 실천과 이데올로기에서도 큰 후퇴가 있었다. 1979년에 마거릿 대처가 총리로 선출되기 이전에도 오늘날 '대처주의'로 여겨지는 사상과 정책들이 힘을 얻고 있었다. 여성과 동성애

---

* 노동당 의원 제임스 화이트가 1975년에, 보수당 의원 윌리엄 베니언이 1977년에, 보수당 의원 존 코리가 1979년에 낙태를 제한하는 법안을 발의했다.

자의 권리에 대한 공격이 벌어졌고, 민영화가 진행됐으며, 교육과 사회 정책에 관한 논의에서 보수적 이데올로기가 점점 득세했다. 둘째, 느슨하게 급진 페미니즘이라고 부를 수 있는 조류와 사회주의 페미니즘이라고 부를 수 있는 조류가 분열한 것이다. 영국의 급진 페미니즘은 1970년대 후반기에 성장했다. 급진 페미니즘은 비타협적으로 [남녀] 분리주의적인 전략을 채택했고 개인적으로든 정치적으로든 남성들과 협력하는 것을 여성해방을 달성할 수단으로는 보지 않았다. 당시의 상황, 즉 변화가 더딘 네나가 낳은 사람들에게는 불만족스러운 수준으로 타협과 개혁이 이뤄지는 것에 불만이 커지던 상황에서 급진 페미니즘의 이런 전략은 사람들에게 호소력을 발휘했다. 운동의 활동과 요구의 초점도 바뀌기 시작했다. 원래 운동의 요구는 네 가지였다. 동일 임금, 교육과 고용 기회의 평등, 피임과 낙태의 권리, 보육 시설 확충이 그것이었다. 1975년에는 [여성의] 완전한 법적·재정적 독립 요구가 추가됐다. 1978년에는 레즈비언 차별 철폐와 남성 폭력 근절 요구가 더해졌다. 이 요구들은 운동이 중심적으로 제기해야 마땅한 요구들이었지만, 많은 급진 페미니스트들은 이것을 오로지 남성에 맞서는 운동의 요구로 봤다. 남녀가 함께 참여하는 운동에서 분리주의로 강조점이 옮겨 갔다. 이런 변화는 포르노에 반대하는 '리클레임 더 나이트(밤을 되찾자)' 운동, 강간과 남성 폭력에 반대하는 운동 등에서 나타났다. 이런 운동들은 더 일반적인 사회적·계급적 문제를 겨냥하기보다는 훨씬 더 직접적으로 남성을 적으로 규정했다.

이렇게 점점 벌어지던 정치적·조직적 균열은 1978년 여성회의에서 뚜렷하게 나타나 험악한 대립이 벌어졌다. 이 회의는 버밍엄에서 개최됐고 3000명의 여성이 참여했다. 그런데 '혁명적 페미니스트'라는 단체가 남성과 함께 활동하기를 전면 거부했다. 그 전년도 회의에서 그 단체의 지도자 실라 제프리스가 발제한 워크숍에는 200명의 여성이 모였었다. [1978년 회의에서] 제프리스는 마르크스주의와 사회주의를 대놓고 반대했다.[38] 회의는 풍비박산 났다. 사실상 모든 쟁점에서 의견이 대립했는데, 특히 남성 폭력 문제에 관한 새로운 요구를 어떤 말로 표현할지를 두고 대립이 컸다. 이 회의의 후유증은 재앙에 가까웠고 《스페어 립》의 독자 편지 면도 진통을 겪었다.[39] 그 뒤 영국 여성운동의 세력들은 다시는 한 자리에 모이지 못했다. 이 분열은 노동운동의 패배와 관련돼 있다고 볼 수도 있다. 1960년대에 급진화한 많은 사람들은 바라던 것을 성취하지 못하고 막다른 길에 이르렀다. 그들은 운동 초기처럼 명료한 목적에 집중하기보다는 서로서로 등을 돌렸다. 이것은 국제적 현상이었고 특히 이탈리아에서 두드러졌다. 이탈리아의 좌파와 여성운동은 모두 안에서부터 무너져 내렸다.[40] 이것은 여성운동 내에서 사회주의 페미니즘이 패배할 조짐을 보여 주는 사건이었으며, 이 패배에는 사회주의와 급진 페미니즘이 차이를 보이는 여러 쟁점에서 여성 사회주의자들이 후퇴한 것도 한몫했다. 엘리자베스 윌슨은 다음과 같이 썼다.

사회주의 페미니즘은 마르크스주의와 거리를 두며 사회주의적 목표에 대해 지지보다는 비판을 강조하면서 마치 연성 급진 페미니즘과 비슷해졌는데, 그조차도 급진 페미니즘의 강점은 잃은 채 그랬다. 여성의 예속 상태에 관한 마르크스주의적 분석을 버리려 시작된, 그리고(또는) 마르크스주의와 페미니즘을 통합하려고 시작된 시도는 그저 좌파에 대한 페미니즘적 비판으로 귀결됐다. 이것은 대체로 부정적 결과만을 낳았다.[41]

그 결과 사람들은 냉소하며 운동을 떠나가 버렸고 변화를 실현하기에는 여성운동의 구조가 너무나 불만스럽고 무능하다고 여기게 됐다. 로설린드 카워드는 "개인적 경험에서 크게 상처받은 사람들은 자기 목소리를 높일 수 있는 공간을 [운동 안에서 — 지은이] 발견했다. [자신이 더 많이 차별당한다고 말할 수 있을수록 더 많은 발언을 할 권리가 생긴다는 것이었다]"고 말하기도 했다.[42] 굳이 이런 관점을 받아들이지 않더라도, 위 논쟁의 양극적 성격이 급진 페미니즘의 정치가 만든 운동의 교착 상태와 만나 분열과 후퇴를 낳았음을 알 수 있다.

사회주의 페미니즘은 [여성]운동 안에서 실질적으로 패배하면서 사회주의 정치에서 계속 멀어졌다. 1979년 총선에서 마거릿 대처가 승리하고 1980년대에는 대처의 노동계급 공격이 갈수록 거세지며 좌파의 사기는 더욱 꺾였다. 사회주의자들은 마르크스주의와 페미니즘의 관계를 두고 논쟁을 벌였지만, 이런 상황에서 그런 논쟁은 좌파의 위기로 이어질 뿐이었다. 1960년대에 영향력을 떨친 세 페미니스트 실라 로보섬, 린 시걸, 힐러리 웨인라이트는 1979년에 《파편화를 넘어》를 집필했다. 이 책은 그 전까지는 많은 여성 사회주의자들이 옹호하던 레닌주의적 조직을 대놓고 비판했다.[43] 1960년대 세대의 다수가 내린 결론은 노동당에 들어가서 그 안에서부터 변화를 도모하자는 것이었다. 그보다 10~15년 전에는 많은 사람들이 그런 길을 분명하게 거부했었는데 말이다. 이런 변화 역시 근본적 사회변혁이라는 목표와 단절하고 기존 사회질서 속에서 여성이 더 잘 대표되게 하는 것에 매진하자는 견해가 강해지는 결과를 낳았다. 마거릿 대처의 집권 초에는 예컨대 노동당, 일부 노동조합, 그리고 좌파가 영향력을 미치는 일부 지방정부에서 여성위원회 같은 특별 기구를 설치하는 시도들이 있었다. 이것은 기존 제도를 통해 변화를 도모하려는 시도였다. 1980년대에는 정말로 효과가 있었던 커다란 풀뿌리 여성운동이 둘 있었다. 하나는 그리넘커먼 [미군] 기지 크루즈 미사일 배치 반대 투쟁이었고, 다른 하나는 1984~1985년 광원 파업 동안에 광원 부인들이 조직한 운동이었다. 두 운동은 위대한 용기와 투지를 보였지만, 공격을 막아내기에는 역부족이었고 모두 패배로 끝났다.

정상을 향한 경주, 바닥을 향한 경주

소수 여성들은 1980년대에 시작된 변화로 엄청난 이득을 얻었다. 그들은 소득과 지위와 영향력 면에서 어머니·할머니 세대는 상상도 할 수 없던 높은 수준의 성취를 누리는 직위와 정치적·사회적 지위에 올라설 수 있었다. 그러면서도 그들은 성 평등 사상을 일부 계속 유지하기도 했다. 실제로 그런 사상 덕분에 그들은 이전에는 남성이 지배적이던 기관과 제도에 여성의 자리를 새겨 넣을 수 있었다. 그래서 방송과 언론, 의회와 지방정부, 법조계 등 여러 영역이 모두 변화의 필요를 감지하며 여성을 어느 정도 받아들였다. 비록 대다수 직종에서 직급도 낮고 급여도 적은 자리에 집중되는 경향이 있던 여성들의 눈으로 보기에는 매우 제한적인 수준이었지만 말이다. 사회적 차원에서는 더 큰 장벽이 존재하기는 하지만 그래도 사회적 사다리를 타고 상층에 오르는 일부 여성들의 개인적 성공과 아주 협소한 유형의 페미니즘은 꽤 잘 어울린다. 그러나 그런 유형의 페미니즘은 광범한 사회적 변혁을 가져올 수 있는 급진적·사회주의적 정치와는 영 어울리지 않는다. 또, 그런 유형의 페미니즘은 평범한 내다수 여성의 삶을 변혁하는 것을 해방으로 여긴, 여성해방운동의 초석을 이룬 원칙에서도 크게 물러선 것이었다.[44] 런던 금융가의 전도유망한 여성들이 제기해 세간의 이목을 끈 상당히 많은 성차별 사건을 통해 알 수 있듯이 전문직 여성들도 여전히 차별을 겪는다. 그러나 스스로 집을 청소하고 아이를 돌보며 저임금 노동을 하는 여성들로서는 억대 상여금을 받는 남성들과 같은 직장에 다니는 금융가 여성들의 처지가 자신들의 처지와는 무척 다르다고 느낄 법하다. 대다수 여성이 직면하는 현실의 사회적·경제적 어려움은 소수 [부유한] 여성들이 겪는 어려움과는 차원이 다르다. 다시 말해 "유리 천장에 부딪히[며 더 높은 자리로 오르지 못하]는 것과 밑바닥으로 떨어지는 것은 다르다."[45]

신자유주의적 세계화 시기에 계급 간 격차가 더 벌어지며 여성해방 사상 간의 의견 차이도 더 심화됐다. 특히, 계급 착취와 사적 소유를 기반으로 한 사회를 그대로 둔 채로 이뤄진 해방의 한계가 두드러졌다. 제1물결 여성운동은 참정권 운동을 통해 여성의 시민권을 쟁취했다. 1960년대와 1970년대 초의 제2물결 여성운동은 여성의 온전한 직업적·사회적 참여를 가로막거나 제한하고 있던 경제적·법적·사회적 제약을 상당 부분 걷어 냄으로써 여성들이 노동력을 완전히 자유롭게 판매할 수 있게 됐다. 그러나 이것은 자본의 착취 시스템이라는 근간에는 도전하지 않은 채로, 남성에게는 오래전부터 보장됐던 권리를 여성에게도 보장하는 것일 뿐이었다. 제2물결 여성운동이 실패한 것은 이런 넓은 문제들에 대처하지 못했기 때문이다. 1970년대 말에 이르러 근본적 변혁을 꿈꾼 운동은 패퇴했고, 이 때문에 페미니즘은 점점 더 개인적인 문제에 몰두하게 됐다. 즉, 개별여성이 경쟁적인 시장에서 성공하기 위한 능력을 얼마나 갖췄는지가 중요해졌다. 그 결과 소수 여성의 권리 확보에 만족하게 됐고, 페미니즘의 이상은 포기한 채 그나마 덜 나쁜 대안으로 영국 노동당이나 미국 민주당에 의존하게 됐다.

그러나 이런 패배 때문에 여성의 처지가 예전으로 되돌아간 것은 아니다. 여성 고용의 구조적 변화가 매우 깊고 넓게 일어났기 때문에, 여성을 다시 집으로 밀어 넣을 수는 없다. 이렇게 여성이 경제적·법적으로 어느 정도 독립한 상황에서는 과거를 지배했던 숨 막히게 엄격한 도덕적 잣대를 여성에게 강요하는 것도 극히 어려운 일이다. 그래서 1960년대와 1970년대의 파장은 여전히 남아 있으며 여성에게 영향을 끼친 많은 변화는 완전히 정착했다. 심지어 광적인 반反낙태 우파들이 정부에 여러 줄을 대며, 다른 선진국들보다 피임에 예산을 덜 쓰도록 정부를 압박해 성공해 온 미국에서조차 낙태권을 완전히 금지하는 것은 상상조차 할 수 없는 일이다. 최근에는 워싱턴에서 벌어진 대규모 집회를 비롯해서 낙태권과 재생산 권리를 방어하기 위한 중요한 시위들이 있었다. 그러나 낙태 반대론자들의 압력 탓에 여러 주에서 낙태권이 축소되고, 낙태 시술을 하는 병원의 노동자와 환자들이 괴롭힘을 당하며, 주 정부의 재정 지원이 삭감되고 있다. 이 모든 것들은 낙태를 더 어렵게 만들고 있으며, 특히 저소득층·노동계급 여성들이 더 심한 타격을 받고 있다. 또한 여성의 권리, 성적 착취, 게이와 레즈비언의 권리 등 여러 이슈에서도 우파의 공격에 맞서는 저항이 빌어져 왔다.

페미니즘이 막다른 지경에 이르렀다면, 그것은 페미니즘의 이론적·실천적 부적절함의 반영이지, 더 이상 싸워야 할 문제가 없기 때문이 아니다. 오히려 성 평등이라는 신념을 실현하고자 한다면 더 광범한 투쟁들과 연계해야 한다. 여기서 여성해방운동 절정기 이래로 큰 변화 하나가 있었다는 점을 봐야 한다. 바로 오늘날 여성들은 30년 전과는 매우 다르게 공개적으로 정치투쟁에 참여하고 있다는 것이다. 21세기에도 주요한 변혁 운동들이 있었다. 파업, 거리 시위, 점거, 조직 결성 활동이 베네수엘라, 볼리비아, 인도, 인도네시아 등 여러 나라의 사회 기층에서 분출했다. 여성은 노동계급의 운동이 부상할 때면 대개 그렇듯이, 이 여러 투쟁에서도 최선봉에 서 있다. 인도네시아의 디타 사리, 인도의 아룬다티 로이 같은 여성들은 세계 곳곳에서 저항의 상징이 됐다. 유색인 여성과 노동계급 여성은 여성해방운동의 절정기보다 훨씬 더 깊고 넓게 조직돼 있다.[46] 1984~1985년 광원 파업 동안 광원의 부인들은 강력하게 조직됐고, 비슷한 일이 그 2년 후 런던 인쇄공 파업 때와 1990년대 리버풀 부두 노동자의 부인들이 '부둣가 여성'이라는 단체를 만들었을 때 다시 일어났다. 연금 문제를 두고 벌어진 2006년 3월의 공공 부문 노동자 하루 파업은 영국 여성이 주도한 파업 중 역사상 최대 규모였다.[47] 앞서 살펴봤듯이 여성은 노동조합에서도 점점 더 중심적인 구실을 하고 있다.[48]

그러나 시간이 흘러 지금 같은 상황에 이를 것이었다면, 1960년대에 솟아올라 곧 절정에 이르고 사그라진 여성해방운동이, 역사적으로 특정한 운동이라는 면에서 남긴 것은 무엇일까? 이에 대한 대답은 상대적으로 훨씬 덜 긍정적이다. 물론 여성해방운동은 여성 차별에 관한 의식을 고취하고 평등을 위한 운동을 벌이는 데서 지대한 공헌을 했다. 미인 대회 [반대] 운동과 낙태권 운동은 여성들이 제기한 쟁점들에 대한 관심을 환기시켰는데, 그중 많은 쟁점은 이전에는 정치적인 문제로 여겨지지 않던 것들이었다. 개인적 관계, 예컨대 강간이나 가정 폭력 문제에 관한 정치적 문제 제기는 영국을 비롯한 여러 나라에서 법적·사회적 변화를 불러일으켰다. 그러나 이 운동들은 개인적인 문제를 그저 개인의 잘못된 행동 문제로만 환원할 뿐, 그런 행동을 초래하는 사회적 관계 속에서 문제를 파악하지 못하는 정치적 한계에 갇힌 경우가 많았다.

초기 여성해방운동의 단결이 깨지면서, 운동의 여러 조류는 서로 다른 방향으로 나아갔다. 로절린드 델마는 1980년대 중반에 "[여성해방]운동에서 나타나는 일종의 동맥경화"에 대해 다음과 같이 썼다.

[운동] 내부에서 대화가 이뤄지는 것이 아니라 여러 부분에 대한 명칭

이 생겨날 뿐이었다. 급진 페미니스트, 사회주의 페미니스트, 마르크스주의 페미니스트, 레즈비언 분리주의자, 유색인 여성, 기타 등등이 있었으며, 각 집단은 세심하게 보존되는 각자의 정체성이 있다. 각자 자신이 속한 페미니즘만을 가치 있는 페미니즘으로 여겼다. 다른 조류들은 그것을 비난해야 할 때를 제외하면 없는 셈 쳤다.[49]

이렇게 정체성 정치로 후퇴한 것은 파편화를 더욱 가중했다. 반反세계화 저술가 나오미 클라인은 1990년대에 정체성 정치가 낳은 결과를 다음과 같이 묘사한다.

정체성 정치가 내세운 기본적 요구들은 풍족함을 전제로 했다. 1970년대와 1980년대에는 풍족함을 누릴 수 있었고, 여성과 비非백인들은 전체 파이를 어떻게 나눌지를 두고 싸울 수 있었다. 백인 남성들이 나누는 법을 배우게 될 것인가? 아니면 그들이 계속 파이를 독차지할 것인가? 그러나 1990년대 '신경제' 시대의 대의 정치에서는, 남성뿐 아니라 여성도, 유색인종뿐 아니라 백인도 줄어들고 있는 파이 한 조각을 두고 싸우게 됐다. 그러나 파이의 나머지 조각들이 어디 있는지는 아무도 묻지 않았다.[50]

여성해방운동의 원래 사상에서 중대하게 후퇴한 것 하나는 여성해방을 더 일반적인 사회적 맥락에 맞춰 생각하지 못하게 된 것이다. 사회주의 페미니즘은 오늘날에도 여성해방운동의 원래 사상을 많은 부분 체득하고 있으며 더 넓은 맥락도 이해하고 있다. 줄리엣

미첼의 말을 빌리자면,

페미니즘은 특정한 경제적·사회적 조건이 낳은 이데올로기적 소산이다. 페미니즘의 급진성은 그것이 중대한 [사회] 변화의 시점에 떠올랐음을 반영한다. 페미니즘은 바로 그런 변화를 촉구하는 동시에 그런 변화를 넘어서는 변화를 상상하고 꿈꾼다.[51]

그러나 많은 사회주의 페미니스트들은 여성 차별이 계급 관계와는 별개로 존재한다고 여기는 가부장제 이론을 받아들인다는 정치적 약점이 있는데, 이 때문에 점점 계급에 따라 다르게 작동하는 오늘날 여성 차별의 현실을 설명하지 못한다.

제2차세계대전 이후 여성의 삶이 급속하게 변화하고 1950년대와 1960년대의 장기 호황으로 기회가 확대된 것이 여성해방운동의 태동을 자극했고, 어느 정도는 그 운동을 창조했다고도 할 수 있다. 일하는 여성의 엄청난 증가, 고등교육의 확대, 임신과 출산에 대한 여성의 통제력이 극적으로 확대된 것은 여성해방운동과 그 운동에 수반된 저항 이데올로기를 형성하는 데 결정적 역할을 했다. 1960년대 미국의 젊은 여학생들이 인종차별과 전쟁 쟁점으로 급진화하자, 여성의 문제에 대해서도 정치 행동을 벌일 또 다른 세력이 탄생했다. 두 세력 간의 접점이 없었다면 페미니즘 사상은 당시와 같은 방식으로 발전하지 않았을 것이다.

그러나 페미니즘은 자신의 사상을 실현하기에는 한계가 있는 정치적 기획이었다. 여성들의 열망은 커져 가는데 그것이 충족되지는 않는 현실 속에서 페미니즘은 수많은 여성이 느끼는 불만을 표출하는 데는 도움이 됐다. 그러나 그런 불만 표출을 넘어서 모든 여성이 평등에 이를 수 있는 길을 제시하지는 못했다. 자본주의 사회의 가장 근본적인 분열은 계급 분열이라는 점을 보지 못한 이론적 문제와, 실질적 변화를 일으킬 수 있는 방식으로 조직하지 못한 실천적 문제라는 서로 연관된 두 문제가 만나 그런 한계를 낳았다. 제2물결 여성운동은 여성해방 사상이 꽃피우는 데 매우 중요한 기여를 했지만, 금세 시들어 버려서 실천적 기여를 거의 하지 못했다. 1970년대 중반이 되자 계급 권력의 문제, 즉 노동계급과 사회주의 운동이 전진하느냐 패배하느냐가 향후 수십 년간 여성해방의 쟁점들을 좌우하게 됐다.

신자유주의 시대는 이런 쟁점들을 더욱 첨예화시키고 양극화시켰다. 전 세계 여성들은 산업 생산에 참여하고 노동조합에 가입하며 한두 세대 전보다 공적인 생활에서 훨씬 더 중심적인 구실을 한다. 그러나 저임금 여성, 즉 훨씬 더 부유한 전문직 여성들을 위해 집안일을 하거나 아이를 돌보는 여성, 동아시아의 공장에서 서구 시장에 팔 명품 의류를 생산하는 일을 하는 여성, 대형 마트에서 계산대와 상품 진열을 담당하는 여성들은 자신과 사회 부유층 사이의 간극이 더 벌어지고 있음을 느낀다. 페미니스트 관리자, 페미니스트 정부 각료, 페미니스트 변호사, 페미니스트 공직자의 페미니즘에는 자기 계급의 이해관계가 영향을 끼친다. 그래서 그들의 페미니즘은 개인의 정체성과 권리를 확보하는 수준에 머무는 경향이 있다.

이것이 1980년대 이후를 주름잡은 정체성 정치, 파워 페미니즘,* 포스트페미니즘으로 여성해방운동이 후퇴한 것을 설명해 준다. 실력 증진, 롤 모델 따르기, 정체성 인식하기가 여성이(나 흑인이나 소수 인종 집단들이) 전진할 수 있는 유일한 수단으로 장려됐다. 갑부가 된 여성이나 흑인 유명 인사가 젊은 노동계급 여성들에게 실제적인 롤 모델이 될 수 있다는 생각이 등장한 것은 평등을 추구하는 사상이 집단적 [투쟁]에서 떨어져 나와 (강력한) 개인의 힘에 의존하는 방향으로 크게 이동했고 그 과정에서 운동의 메시지가 매우 온건해졌음을 보여 준다. 미국의 페미니스트 나오미 울프는 다음과 같이 말한다.

대중매체에서는 "강간은 나쁘다" 같은 당연한 말을 하는 여성이 사회에서 따돌림 당하는 과격한 아웃사이더[원문 그대로 — 지은이]로 둔갑될 수 있다. 그러나 파워 페미니즘은 마돈나와 [흑인 영화감독] 스파이크 리와 [흑인 코미디언] 빌 코스비로부터 배우는 것이다. 만약 당신이 속한 집단이 대중매체에서 부정적 이미지로 그려진다면, 어떤 이미지를 만들고 싶은지 정하고 그 이미지를 생산할 수단을 지배하라.[52]

---

* 파워 페미니즘 미국의 저널리스트이자 사회 비평가인 나오미 울프는 1990년대 초, 기존의 페미니즘이 여성을 보호받아야 하는 약한 존재로 묘사하는 '피해자 페미니즘'이라고 지적하며 '파워 페미니즘'을 주장했다. 파워 페미니즘은 경제적·사회적·정치적으로 성공한 여성을 롤 모델로 제시하며, 여성이 현 체제 속에서 힘을 가질 수 있고, 그 힘을 이용해 사회를 개혁할 수 있다고 주장한다.

이런 정치에는 성 평등에 대한 형식적 지지가 따르고, 정부와 언론과 시민사회의 많은 부분도 그런 식으로 지지를 보내지만, 여성 삶의 실제 현실은 무시된다.

여성해방이라는 꿈은 실현되지 못했다. 그 실현을 위해서는 여성들을 조직했던 사회주의 전통과, 지난 수십 년 동안 사회 변화를 이뤄 온 여성들의 풍부한 실천적 경험이 결합돼야 한다. 새로운 세대는 과거의 전투를 상당 부분 다시 치러야 할 것이다. 19세기의 예술가이자 사회주의자였던 윌리엄 모리스는 다음과 같이 말했다.

이 모든 것에 대해, 남성[과 여성 — 지은이]이 전투에서 어떻게 싸우고 패배했는지에 대해, 그들이 달성하고자 했던 것들이 패배했음에도 그것이 어떻게 실현됐는지에 대해 깊이 생각해 보면, 그것이 언제 실현될지는 그들의 의도대로 되지 않는다는 결론에 이른다. 그러므로 그들이 의도한 것을 달성하기 위해서는 또 다른 남성[과 여성 — 지은이]이 또 다른 이름으로 싸움을 해야만 한다.[53]

만약 페미니스트로 사는 것이 직업적으로 성공해서 안락한 삶을 사는 것을 의미한다면, 수많은 여성들은 페미니스트가 되지 못할 것이다. 페미니즘은 라이프 스타일을 바꾸는 것 이상이어야 한다. 페미니즘은 많은 사람들의 삶에 영향을 끼칠 수 있는 사회변혁과 함께 가야 한다. 역사를 살펴보면 여성의 운명은 사회 전체의 운명과 떼려야 뗄 수 없는 사이라는 것을 알 수 있다. 그리고 여성해방은, 사상과 실천과 헌신 면에서, 더 넓은 사회변혁과 연계돼야 한다.

8장
사회주의와 일어서는 여성[1]

여기 잘 알려지지 않은 사실들이 있다. 3월 8일 세계 여성의 날은 1910년 고펜하센에서 열린 회의에 참석한 사회주의자 여성들이 제정했다. 이 날짜가 선정된 것은 1908년 뉴욕의 여성 섬유 노동자들이 참정권과 노조 결성권을 요구하며 벌인 시위를 기념하기 위해서였다. 로어이스트사이드에서* 시위를 벌인 이 섬유 노동자들은 곧 대규모 파업을 벌였으며 국제 사회주의 운동에서 저항의 상징이 됐다.[2] 카를 마르크스의 막내딸 엘리너는 영국에서 아일랜드계 이주자, 비숙련 노동자, 여성들을 신노동조합운동으로 조직한 공로를 인정받아, 1890~1895년에 가스 노조 집행부로 선출돼 활동했다.[3] 여성 차별을 다룬 저명한 이론적 저작에는 프리드리히 엥겔스가 쓴 《가족, 사유재산, 국가의 기원》과 아우구스트 베벨이 쓴 《여성과 사회주의》가 포함되는데, 두 저자 모두 마르크스주의자였다.[4] 1960년대 말부터 영국 여성운동이 가속화하던 시기에 파업이 잇달아 벌어졌는데, 여성운동 활동가들은 이 파업을 열렬히 지지했다. 대거넘에 위치한

---

* 로어이스트사이드 뉴욕 맨해튼의 남동부에 위치한 구역으로, 20세기 초에는 독일·이탈리아·동유럽에서 온 이주민들이 주로 거주하던 지역이었다.

포드 자동차 공장의 봉제공이던 로즈 볼랜드는 동일 임금을 위해 투쟁했고,[5] 청소 노동자 메이 홉스는 사무실 야간 청소 노동자들의 대규모 파업을 이끌었다. 이 두 여성은 운동의 강렬한 상징이 됐다.[6]

오늘날 많은 사람들이 이런 사실들을 모른다는 점은 지난 20년 간 여성해방운동과 사회주의 운동의 연관이 얼마나 상실됐는지 보여 준다. 오늘날 신자유주의와 전쟁의 광풍에 맞서는 운동들이 성장하면서, 여성해방 사상은 계급 문제, 그리고 진정으로 평등한 사회를 건설할 방도에 대한 고민과 다시 연관되고 있다. 사실 여성이 해방과 자유를 성취하는 문제는 광범한 사회의 진보나 변화와 언제나 연관이 있었다. 프리드리히 엥겔스는 급진적 사상들이 성장하던 1880년대에 다음과 같이 썼다.

혁명적 운동이 일어날 때마다 '자유연애' 문제가 전면에 등장하는 것은 신기한 사실이다. 어떤 사람들에게 자유연애는 혁명적 발전으로서, 더는 쓸모없는 낡은 족쇄를 떨쳐 버리는 사건이다. 또 어떤 사람들에게는 남녀 사이의 온갖 자유롭고 편안한 활동을 만족스럽게 보장해 주는 환영할 만한 신조다.[7]

자신감과 투쟁성이 성장할 때마다 여성의 해방과 자유를 추구하는 사상도 정치적으로 중요한 쟁점이 됐다. 이런 운동들이 실패하면, 사기 저하와 후퇴가 뒤따르고 가족을 옹호하는 보수적 관념이 부상한다.

숨겨진 역사

자본주의는 자유 시장과 자유로운 노동 교환을 토대로 한 경제체제로서 봉건사회의 중심에서 발전했다. 이것은 관세, 십일조, 상거래 규제를 통해 교회·귀족·군주가 정치적 지배를 하던 옛 봉건 질서와 대립했다. 이런 경제적 혁명에 따라, 개인의 자유, 종교의 자유, 전반적인 사상의 자유를 강조하는 새로운 사상도 등장했다. 한 경제체제에서 다른 경제체제로의 이행은 옛것과 새것 사이의 거대한 충돌로 이어졌고, 이 충돌은 수많은 참가자들을 더욱 급진화시켰다.

폭넓게 봐서 여성의 자유와 평등을 추구하는 사상이라고 부를 수 있는 사상들이 전면에 등장한 것은 바로 이런 혁명적 전환의 시기였다. 1640년대 영국혁명 시기에 사람들은 사랑·연애·결혼에 관한 급진적 생각들을 나눴고 때로는 실천하기도 했다.[8] "자유, 평등, 우애"를 구호로 내건 1789년 프랑스혁명 시기에는 많은 여성들이 급진화해, 혁명의 적극적 참여자나 사상가가 됐다. [프랑스혁명의 여성 혁명가] 올랭프 드 구주와 테르와뉴 드 메리쿠르는 낡은 남녀관계에 도전하는 새로운 생각들을 발전시켰다.[9] 배우 클레르 라콩과 초콜릿 공장 노동자 폴린 레옹은 1793년에 혁명적공화파협회라는 여성 단체를 설립했다. 파리의 가난한 여성들로 구성된 이 조직은 혁명을 수호하고 빵을 확보하기 위한 투쟁적인 요구들을 내세웠다. 프랑스혁명의 온건파들은 이런 요구들의 내용뿐 아니라 여성들이 이런 주장을 했다는 사실에도 위협감을 느꼈다.[10] 역사학자 다니엘 게랭은 그 결과를 다음과 같이 묘사했다. "여성 혁명가들은 여성해방을 위한 혁명의 씨앗을 너무 일찍 뿌리려 했기 때문에 제거됐다."[11] 영국의 초기 페미니스트로 가장 유명한 인물일 작가 메리 울스턴크래프트는 프랑스혁명에 영향을 받아 1792년에 《여성의 권리 옹호》를 출판해 여성해방을 외쳤다.[12]

이런 이상들은 프랑스혁명의 패배와 1815년 이후 유럽의 반동 복고에 의해 밀려났지만, 영국에서는 산업화와 새로운 공장 시스템이 낳은 잔인한 결과에 저항하며 1830년대와 1840년대에 새로운 급진주의가 등장했다. 이 시기의 저항에서 여성이 두드러진 역할을 했다. 잉글랜드 북부에서 차티스트 운동에 참여했던 노동계급 여성들은 강한 신념과 정치적 참여로 명성을 떨쳤다.

1830년대의 봉기·소요·시위 동안 군중 속 여성의 존재감은 누구나 알아차릴 만큼 컸다. 예를 들어 1834년의 신구빈법에* 저항하는 운동이 1837년에는 북부의 공업지대를 휩쓸었는데, 노소를 막론하고 여성들이 선두에 섰다. 단시간위원회가** 개최한 집회에서도 마찬가지였다.[13]

초기 사회주의 사상도 이 시기에 등장했다. 샤를 푸리에와 그를 따른 프랑스의 공상적 사회주의자들은 자유연애와 성 평등을 중요

---

* 신구빈법 1834년에 개정된 구빈법은 강제 노역소의 환경을 크게 악화시키고 수용된 사람들을 가혹하게 처우하는 내용을 담았다.

** 단시간위원회 1831년 아동·청소년의 노동시간을 제한하고 야간 노동을 금지하는 법안이 발의되자 이 법안을 통과시키기 위해 노동자들이 조직한 것으로, 집회와 청원 운동을 벌였다.

한 요소로 하는, 더 나은 새 사회를 꿈꿨다. 영국에서는 초기 사회주의자이자 뉴래너크에서 실험적 공장을 세웠던 로버트 오언이 비슷한 사상을 받아들였다.[14] 공상적 사회주의자들은 마르크스가 과학적 사회주의라고 이름 붙인 사회주의의 한 형태를 발전시키는 데 영향을 끼쳤다. 이렇게 처음부터 사회주의는 자본의 폭정에서 벗어난 새롭고 변화된 남녀 관계에 대한 신념과 동일시됐다.

1848년에는 부상하던 노동계급과 자유주의적 중간계급이 함께 봉건주의와 그 대변자들을 정치 무대에서 몰아내려 하면서, 혁명의 파도가 유럽 전역을 휩쓸었다. 독일의 마르크스와 엥겔스를 포함해 많은 사회주의자들이 이 혁명에 적극적으로 참여했다. 그러나 이 혁명 운동이 계급의 이해관계에 따라 분열된 결과 구질서는 여러 곳에서 끈덕지게 유지될 수 있었다. 1848년 혁명의 패배로, 사회주의와 인간 해방에 대한 새로운 사상들은 다시금 주변으로 밀려나 비교적 소수의 지지만을 받게 됐으며, 그 소수 사이에서도 견해가 갈리는 경우가 많았다. 그와 동시에 19세기 후반기에 자본주의가 팽창하며 훨씬 더 보수적인 사상들이 득세했다. 앞에서 살펴봤듯이, 영국에서는 1850년대부터 자본주의 사회제도의 일부로서 가족이 강화됐고, 여성의 제자리는 가정이라고 강조하는 여성성 이데올로기가 우세해졌다.

1880년대에 이르러서야 영국을 비롯해 세계적으로 사회주의가 재부상하면서 보수적 이데올로기에 대한 저항이 시작됐다. 그 결과 중 하나로 자유롭고 독립적인 새로운 여성상이 등장했는데, [아일랜드의 극작가이자 소설가] 조지 버나드 쇼의 희곡과 소설, 노르웨이의 극작가 헨리크 입센의 작품, 조지 기싱의 소설, 그리고 올리브 슈라이너의 작품 등 급진적인 문학작품들에 그 전형이 담겼다. 이런 작품들이 다룬 주제는 교육을 받기 시작하고 때로는 직업도 가지기 시작한 소수 중간계급 여성의 삶을 반영했다. 이 여성들은 19세기 여성에게 주어진 전통적 역할, 특히 집안에서 빈둥대는 장식품 취급을 받는 부유층 여성의 삶에 극도의 불만을 표현하며 여성해방 사상을 발전시켰다.[15] 이 '신여성' 대다수는 사회주의자였다. 예를 들어 엘리너 마르크스는 조지 버나드 쇼와 교류했고 입센의 작품들을 번역했으며 연인 에드워드 에이블링과 함께 여성과 사회주의에 대한 소책자를 집필했다.[16]

마르크스·엥겔스와 여성

카를 마르크스와 프리드리히 엥겔스는 1840년대에 만나 평생에 걸친 공동 작업을 시작했는데, 그들은 이 초기 시기부터 여성에 관한 글을 썼다. 마르크스는 초기 저작 중 하나인 《신성 가족》에서 샤를 푸리에가 여성에 관해 한 말을 다음과 같이 바꿔 표현한다.

역사적 시대의 변화는 언제나 자유를 향한 여성들의 진보에 의해 결정된다. 왜냐하면 이 지점에서, 즉 여성과 남성의 관계, 약자와 강자의 관계에서 야만을 극복한 인간 본성의 승리가 가장 잘 드러나기 때문이다. 한 사회 전체의 해방 수준을 보여 주는 자연스런 척도는 그 사회의 여성이 해방된 수준이다.[17]

엥겔스는 이 주제를 다른 각도에서 접했다. 그는 1842년 가족회사인 에르멘앤드엥겔스에서 일하기 위해 맨체스터에 갔다. 거기서 그는 당시 잉글랜드 북부를 휩쓸고 있는 1842년 총파업을 목격했다. 영국 노동계급에게 감명을 받은 엥겔스는 그들에 관한 귀중한 저작을 남겼다.[18] 이 파업은 엥겔스가 (그리고 마르크스가) 혁명적 변혁의 주체로서 노동계급의 중요성을 이해하는 데 도움을 줬으며, 노동계급 여성과 가족의 삶에 대한 통찰을 얻게 해 줬다.

마르크스와 엥겔스는 노동세급 가속의 토대가 결국에는 사라질 것이라고 믿었다. 이전의 모든 가족제도는 소유와 가족 내 여성의 남성에 대한 종속에 기반해 있었다. 마르크스와 엥겔스는 여기서 계급에 따른 구분을 했다.

현재의 가족, 즉 부르주아 가족은 무엇에 기초하고 있는가? 그것은 자본, 즉 사적인 이득에 기초한다. 완전한 형태의 가족은 오직 부르주아에게만 존재한다. 그러나 다른 한편으로 프롤레타리아에게는 사실상 가족이 부재하다는 현실이 놓여 있다.[19]

부르주아와 그 협력자들의 가족은 여전히 재산과, 가장에 대한 가족 구성원의 종속에 기초했다. 반면에 노동계급은 재산도 없었고, 남자건 여자건 어린아이건 가족 구성원 모두가 생존을 위해 노동시장에 자신을 판매해야 했다. 그들은 생계를 위해 남편이나 아버지에게 의존할 필요가 더는 없었다. 엥겔스는 "아내의 취업은 가족을 완전히, 필연적으로 해체시킨다"고 썼다.[20]

그들의 분석은 급속한 산업화를 겪고 있던 19세기 초 영국의 현실, 그리고 남성 대신 여성과 어린아이를 고용하는 경우가 많았던 노동계급 형성기의 상황을 토대로 했다. 마르크스와 엥겔스는 이것이 가족의 해체 또는 최소한 가족제도의 심대한 약화로 이어질 것이라고 주장했다. 그러나 앞서 살펴봤듯이, 가족은 해체되지 않았다. 오히려 공장 시스템과 구빈원의 참혹함 때문에, 19세기 후반기에 노동계급 가족은 강화됐다.

엥겔스는 한참이 지나 이 문제로 되돌아왔고 1884년에 《가족, 사유재산, 국가의 기원》을 발표했다. 여기서 엥겔스는 사회의 계급 분화를 가족의 발전과 여성 차별의 등장과 연결지었다. 그는 여성 차별을 "여성의 세계사적 패배"라고 묘사하며, 계급사회를 타도하면 그와 함께 여성 차별도 끝날 것이라고 주장한다. 엥겔스의 이 책에 대해서는 많은 비판이 제기됐다. 특히 이 책이 인류학자 루이스 헨리 모건의 [일부 결함이 있는] 연구에 의존했다는 비판이 있었다. 그렇지만 이 책은 여성 차별과 그 기원을 이해하려는 시도로서, 그리고 빅토리아 시대 말 여성의 처우가 인류사의 오랜 기간 동안 여성이 살았던 전형적인 방식과 전혀 다르다는 것을 보여 주려 한 시도로서 주목할 만한 저작이다. 그것만으로도 이 책은 가치 있고 아주 앞서 나간 기여를 했다.[21]

마르크스와 엥겔스 모두 자본주의 사회에서 여성이 처한 상황을 얼마나 세밀하게 지적했는지, 여성에게 이중 잣대를 적용하는 부르주아 사회의 위선을 얼마나 신랄하게 비판했는지, 그리고 얼마나 평등주의적인 관점을 취했는지에 대해 오늘날 사람들은 대부분 잘 모르거나 깎아내린다. 그러나 마르크스와 엥겔스는 여성 [차별]을 이해하는 데서 진정으로 급진적이었으며 엥겔스의 연구는 선구적이었다.

개인적 관계에 대한 그들의 태도도 전통적 관습과 달랐다. 엥겔스는 결혼을 하지 않고 두 번의 오랜 교제를 했는데, 첫 번째 여성은 아일랜드 출신의 메리 번스였다. 그리고 그녀가 사망한 이후에는 그녀의 동생인 리지와 연인이 됐다. 그들은 결혼할 필요를 느끼지 못했는데, 다만 리지 번스가 임종을 앞둔 순간에 둘은 결혼을 했다. 메리 번스기 문맹이었다는 이유로 어떤 사람들은 둘의 관계가 평등하지 않았다고 여긴다. 그래서 [브리스톨대학교 정치학 교수] 테럴 카버는 "사랑을 할 때 엥겔스가 지적으로 동등한 동반자를 찾으려 한 것 같지 않다"고 말한다.[22] 메리나 리지가 엥겔스와 지적으로 동등했는지 아닌지를 알 수는 없다. 그러나 두 여성이 아일랜드 민족주의자이자 사회주의자로 매우 정치적이었다는 것만은 분명히 알 수 있다. 메리 번스는 1840년대 초반에 엥겔스를 만났을 당시 차티스트 운동에 참여하고 있었던 것이 거의 확실하다.

마르크스는 엥겔스보다는 전통적이게도 결혼을 해서 아내가 있었는데 그녀의 이름은 예니 폰 베스트팔렌이었다. 마르크스가 망명 생활 중에 돈벌이를 하기가 무진 힘들었기 때문에 그들은 여러 해 동안 극도로 빈곤하게 살았는데, 지금은 [런던의 번화가] 소호의 고급 이탈리안 레스토랑이 된 자리에 있는 두 칸짜리 방에서 온 가족이 지냈다. 그들의 자녀 중 몇몇은 태어나자마자 또는 어린 나이에 사망했고, 생존한 3명의 아이들은 예니, 로라, 엘리너였으며 모두 딸이었다. 세 딸은 학력이 높았고 독립적이며, 모두 정치적이었다. 그들은 십 대 때 아일랜드 민족운동의 일부인 페니언 단원들의 투쟁과 최초의 노동자 정부인 1871년 파리코뮌에 일체감을 느꼈다. 마르크스의 아내 예니도 정치적이었다. 기껏해야 체면 유지 수준의 돈밖에 없었고 때때로 엥겔스가 크게 후원을 해 주는 것에 의존해야 하는 어려운 상황 속에서도 그랬다. 예니와 로라는 모두 파리코뮌 패배 이후 망명 생활을 하던 프랑스 출신의 사회주의자와 결혼했다. 엘리너는 영국 사회주의 운동과 노동조합운동에서 중요한 인물이 됐다.

관계자들에게는 의심의 여지 없이 불행하고 괴로웠을 사건이 하나 있다. 때로는 그것이 빅토리아 시대의 비열한 행동으로 묘사되기도 하지만 사실 그렇지는 않았다. 마르크스는 집안일을 도와 주던 여성인 헬레네 데무스와 관계를 맺고 아들 프레디가 태어난 것이다. 헬레네는 마르크스의 가족이나 동료들과 잘 알고 지냈으며 헌신적인 사회주의자였다. 이 사건은 틀림없이 관계자들에게 큰 고통을 야기했을 것이다.[23] 당시의 관습대로 외도 사실과 아이 아버지는 비밀에 부쳐졌고 엥겔스 사후에야 알려지게 됐다. 마르크스의 딸들은 프레디가 엥겔스의 아들이라고 알고 있었다. 헬레네는 마르크스 가족과 계속 함께 살았고, 나중에는 리전트파크로드에 있는 엥겔스의 집에서 여생을 보냈으며, 엘리너와 프레디는 가까운 사이로 지냈다.

마르크스와 엥겔스의 유산

여성 노동자들의 투쟁만큼이나 아래로부터 사회주의의 전통과 인간 해방을 위한 노력의 역사도 잘 알려져 있지 않다. 그러나 여성 문제에 관해서는 이 역사도 매우 중요하다.[24] 마르크스의 사망부터 제 1차세계대전까지의 시기 동안 세계 최대 사회주의 운동의 근거지였던 독일에서 "페미니즘은 여성의 운동이기도 했지만 남성의 운동이기도 했다." 그리고 "일반적으로 사회주의자 남성은 부르주아 여성보다 더 일관된 페미니스트였다."[25] 이 시기를 연구한 역사가 앤 로페즈와 게리 로스는 다음과 같이 말한다.

> [독일에서 — 지은이] 성 평등이 처음에는 노동계급의 현상이었다는 점을 알게 되면 중간계급이 근대화에 영향을 끼친 세력이라는 흔한 가정에 많은 의문이 생긴다. … 당시 성 평등은 사회의 하층에서 공유되던 개념이었고, 부르주아 사상의 일부는 그에 역행했다.[26]

아우구스트 베벨의 일생의 역작, 《여성과 사회주의》가 거둔 성과는 놀라웠다. 베벨은 독일 사회민주당의 지도자 중 한 명이었고 그의 책은 독일에서 운동에 참여한 사람들에게 가장 인기 있는 사회주의 저작이었다. 1890년에 반反사회주의법이 폐지돼 이 책을 쉽게 구할 수 있게 되자, 이 책은 그 후 10년 동안 22차례 재인쇄됐다.[27] 독일의 사회주의 여성운동 지도자 클라라 체트킨은 "1880년대 말에 남성 사회주의자들의 지하 모임에서 베벨의 책에 대해 강연하는 연사로 활동을 시작했다."[28] 이 모든 것은 독일의 사회주의자 남성들이 성 평등 문제를 얼마나 진지하게 여겼는지 보여 준다.

제1차세계대전 전까지 독일과 러시아의 사회주의자들은, 세계 여성의 날을 제정한 것에서 볼 수 있듯이 여성 문제를 국제적 정치 의제로 삼았다. 한 해 전에 일어나서 여성의 날 제정에 영향을 준 뉴욕 파업은 역사상 가장 주목할 만한 투쟁 중 하나였다. "3만* 봉기"라고 알려진 이 투쟁에는 많은 젊은 여성 노동자들이 참여했는데, 그중 대다수는 러시아 출신 유대계 십 대 여성들이었고, 이디시 말만 할 줄 아는 경우가 많았다. 이 투쟁을 이끈 인물은 젊은 유대인 사회주의자인 클라라 렘릭이었다. 파업 참여자들은 폭력배들에게 구타당하고, 성매매 여성들에게 시달리고,** 경찰에 체포되고, 성적 모욕을 당하고, 살을 에는 추위에 떠는 등 고통받았다. 이 모든 것에 맞서 싸우며 그들이 발휘한 용기는 오늘날에도 깊은 영감을 준다.[29]

여성 참정권을 위한 투쟁은 국제적인 운동으로 발전했고 세계 여성의 날은 이 문제를 두고 행동을 촉구하기도 했다. 그러나 모든 나라에서 "여성 문제"를 어떻게 이해할 것인지를 두고 분열이 있었다. 기존의 질서 속에서 남성과의 평등을 요구하는 데 기반을 둘 것인가? 아니면 투표권 쟁취와 여성 교육권의 완전한 보장을 비롯한 법적 평등 문제를 둘러싼 투쟁과, 계급사회 — 남녀를 불문하고 대다수 시민이 막대한 부의 결실을 누리지 못하는 사회 — 전체에 맞서는 투쟁을 결합해야 할 것인가? 이 시기는 중간계급 여성과 노동계급 여성이 모두 점차 급진화하던 때였다.

---

* '2만'의 오기인 듯하다.

** 사측이 파업 현장에 투입한 성매매 여성들은 여성 노동자들에게 임금에 불만이 있으면 돈을 많이 벌 수 있는 일을 소개해 주겠다고 제안했는데, 이에 여성들이 발끈해 다툼이 벌어지면 그것을 구실로 파업 참여자를 체포했다.

여성들은 계급이 달라도 서로 공감하는 부분이 어느 정도는 있었고, 중간계급 여성도 노동계급 여성이 겪는 삶의 고통을 일부 경감시켜 주고 싶어 했다. 그러나 그들의 공감이 사적 소유를 위협할 수도 있는 수준까지 확장되는 경우는 거의 없었다. 예를 들어 알바 벨몬트(그녀는 밴더빌트 가문의* 남성과 첫 번째 결혼을 했고 그 다음에는 뉴욕 지하철 회사의 상속자와 결혼했다)나 가장 약탈적인 자본가 중 한 명인 J P 모건의 딸 앤 모건 같은 초부유층 여성은 열렬한 여성 참정권 운동가였다. 벨몬트는 참정권 보장이 모든 여성 문제에 대한 해결책이라고 믿었다. 그들은 처음에는 파업을 하는 여성 섬유 노동자들을 지원했으며 노동자들을 고급 승용차에 태워서 로어이스트사이드의 좁은 길을 돌며 차량 행진을 하기도 했다. 그러나 협상 시에는 노동자들에게 타협을 촉구했다. 파업 참여자들이 이것을 거부하자 앤 모건은 경찰 폭력에 항의하는 증언 대회를 비난했다. "이런 시기에, 노동자들이 이렇게 처참한 곤경에 빠져 있을 때, 사회주의자들이 이 불쌍한 여자들을 이용해서 자신들의 광신적인 교리를 가르치려 하는 것은 참으로 파렴치한 일입니다."[30] 한 사회주의 활동가가 이 [부유한] 여성들을 신뢰할 가치가 없다고 결론 내렸던 것은 놀라운 일이 아니다.

여성 [노동자]들이 그들의 돈을 받지 않는 것이 장기적으로는 틀림없이

---

* 밴더빌트 가문 해운과 철도 및 여러 산업을 통해 부를 축적했으며 한때 미국에서 가장 부유한 가문이었다.

더 나을 것이다. 여성들은 이내 계급 간의 크나큰 격차를 깨닫게 될 것이다. 그들은 우리에게 1000달러를 줬지만, 이 돈으로 뭘 하라는 말인가? 파업에 참여한 노동자들에게 25센트 동전 하나씩도 돌아가지 않는다.[31]

여성 마르크스주의자들은 참정권을 협소한 의미로 받아들이기를 거부하고 노동계급 여성을 조직하는 것의 중요성을 강조했다. 그리고 이것은 첨예한 대립을 낳았다. 대립이 가장 첨예했던 곳 중 하나는 러시아였는데, 이 곳에서는 차르의 탄압 때문에 정치적 활동을 하면 투옥되거나 추방되기 일쑤였다. 알렉산드라 콜론타이는 러시아의 사회주의자로, 중간계급 가정에서 태어났지만 좌파 정치를 받아들이면서 첫 남편과 이별하고 결국 1905년 러시아혁명 동안에 전업 혁명가가 됐다. 그녀는 노동계급 여성을 대변했으며 모든 계급을 포괄하는 페미니즘의 대의가 아니라 사회주의의 대의를 위해 노동계급 여성을 조직하려 했다. 콜론타이는 여성이 대다수를 차지하는 섬유노동자연맹에서 활동했다. 콜론타이는 1905년 혁명 패배 이후의 정치적 탄압 시기에 여성 노동자들을 위한 합법 모임을 조직하고 러시아의 부르주아 페미니스트들에 맞서 싸웠다.[32] 1908년 12월에 개최된 페미니스트 대회였던 제1차 전러시아여성대회에서 노동계급 여성을 대변하는 대표자는 극소수였다(1000명 이상의 대표자 중 불과 45명이었다). 그러나 계급에 관한 논쟁은 지속적으로 분출했다.[33] 한 여성 노동자가 주장했다. "당신들이 우리 삶에 대해 뭘 아는가? 당신들이 마차를 굴리며 다닐 때 우리는 튀는 흙탕물이나 맞고 있는데?" 한 페미니스트가 바로 그렇기 때문에 부르주아 여성이 여성의 권리를 쟁취할 투쟁의 자격을 더 잘 갖춘 것이라고 대답하자, 콜론타이는 자리에서 일어나 반박했다. 그녀는 체포의 위험을 무릅쓰고 이런 행동을 했으며* 이 사건과 그 전의 여러 논쟁적인 사건 때문에 망명할 수밖에 없었다.[34] 참정권 요구가 강력히 제기될 때면, 계급을 가로지르는 연대가 형성되는 듯했지만, 그때마다 결국에는 계급적 차이와 경제적 쟁점이 전면에 등장하면서 그런 연대는 깨지기 마련이었다.

나중에 서프러제트라는 명칭으로 더 잘 알려지게 된 단체인 영국의 여성사회정치연합WSPU도 마찬가지였다. 에멀린 팽크허스트와 그녀의 딸 크리스타벨이 1903년 맨체스터에서 창립한 서프러제트는 조직의 규모가 크고, 여성 참정권을 완강하게 반대하는 정부 각료와 정치인들을 집요하게 공격해서 급속하게 명성을 얻었다. 여기서도 계급의 문제가 전면에 등장했다. 한 가지 문제는 [당시에는 재산을 가진 일정 비율의 남성에게만 투표권이 있었으므로] 여성도 마찬가지로 일정 비율에게만 투표권이 보장돼야 하는지 아니면 남녀 모두에게 보편적 참정권이 보장돼야 하는지의 문제였다. 모든 여성에게 투표권이 없었던 것과 마찬가지로 비숙련 남성 노동자 다수도 투표권이 없는

---

* 여성대회 지도자들과 대표단 대다수가 남녀 모두의 보편적 참정권을 지지하지 않고 재산이 있는 여성만의 참정권 요구를 지지하자, 콜론타이가 이끈 노동자 대표단은 반발했다. 논쟁이 격화되자 주최 측은 노동자 대표단에게 나가라고 요구했으나 대표단은 이를 거부하고 논쟁을 벌였다. 이에 주최 측 요청으로 회의장에 와 있던 경찰은 그들을 체포했다.

상황이었기에 이것은 학술적 문제 같은 것이 아니었다. 에멀린과 크리스타벨은 재산에 따른 기존의 기준에 따라 여성에게 투표권을 보장하는 것에만 관심이 있었기 때문에, 보편적 참정권을 지지하는 좌파와 갈등이 빚어졌다. 팽크허스트 모녀는 점점 노동계급과 대립하게 됐으며, 노동당의 전신 중 하나였던 독립노동당에* 정치적 뿌리를 두고 있었음에도 당시 부상하던 노동당에 적대적으로 변해 갔다.[35] 이에 관해 한 가지 악명 높은 사례가 있다. 노동당 의원 조지 랜즈버리는 1912년 런던 이스트엔드 지역구의 의원직을 사퇴하고 여성 참정권을 지지하며 독립노동당 후보로 보궐선거에 출마했다. 이때 부유한 서프러제트 여성들은 투표일에 차량 대절을 거부했고 그는 선거에서 패배했다.[36]**

제1차세계대전 발발 전 영국은 여성 참정권 투쟁, 대규모 파업 물결, 아일랜드의 자치권 요구 등 거대한 사회·경제적 위기를 겪었다. 에멀린 팽크허스트의 둘째 딸 실비아는 이런 문제들에 관심을 가졌고 런던 이스트엔드에서 보육 문제 등의 쟁점으로 노동계급 여성들을 조직했다. 이 때문에 실비아는 어머니·언니·동생과 갈등을 겪었

---

* 독립노동당 1893년에 창당된 영국의 좌파 정당이다. 1900년에는 노동당이 창당됐는데 독립노동당은 1906~1932년에 노동당과 연합 관계를 형성했다. 이후 독립노동당은 노동당에 통합됐다.

** 조지 랜즈버리 여성 참정권을 지지한 사회주의자로, 여성 참정권에 미온적이었던 노동당에 회의를 느껴 1912년에 노동당 의원직을 사퇴하고, 여성 참정권을 지지하는 후보로서 보궐선거에 출마했다. 여성사회정치연합은 공식적으로는 조지 랜즈버리를 지지했으나 남성이 이끄는 조직의 통제를 받는 것에는 반대했고, 투표 당일 유권자 수송에 쓰일 차량을 제공하는 것을 거부했다.

다. 특히 그녀가 런던 앨버트 홀에서 악덕 기업주의 직장 폐쇄에 맞서 싸우던 더블린의 노동자들을 지지하는 연설을 했을 때 갈등이 고조됐다. 크리스타벨은 실비아에게 노동계급과 사회주의 조직이냐 아니면 서프러제트냐, 양자택일을 하라고 했다. 실비아는 동런던연맹을* 택해 계속 활동했고 1917년에는 러시아혁명을 지지했으며 제1차세계대전 이후 잠시 동안은 신생 공산당에 참여하기도 했다. 이때 에멀린과 크리스타벨은 보편적 참정권에 반대했으며 제1차세계대전을 열렬히 지지했다.

혁명과 여성해방

제1차세계대전 종전 이후 혁명의 파도가 유럽을 휩쓸었고, 아주 많은 나라에서 공산당이 창당했다. 각국 공산당은 성 평등 사상을 받아들였으며 그 세대의 가장 뛰어난 투쟁적 여성들이 당원으로 활동했다.

1917년 2월 러시아혁명은 세계 여성의 날에 즈음해 식량 부족에 항의하던 여성들이 이끌었다.[37] 10월 혁명 이후 소비에트 정부가 설립되자 전 세계에서 가장 진보적이고 급진적인 여성 관련 개혁들이 이뤄졌다. 러시아 [혁명]정부는 사회주의가 가능하려면 성 평등을 쟁취해야 한다는 것을 알았다. 여성부가 설립돼 이네사 아르망이 초대

---

* 동런던연맹 원래 여성사회정치연합의 동런던 지부였으나, 1914년에 분리 독립해 독자적인 조직이 됐고 노동계급 여성의 권리에 중점을 뒀다.

의장이 됐지만 급작스럽게 사망해 알렉산드라 콜론타이가 뒤를 이었다.[38] 러시아혁명은 세속적 결혼, 이혼, 낙태, 피임, 법적 평등, 무상 보육, 가사의 사회화, 공동 급식소와 세탁소 설치 등 여성들에게 실질적인 혜택을 제공했다. 특히 젊은이들 사이에서는 열린 관계와 자유연애가 널리 퍼졌다. 거의 100년이 지난 지금, 이런 변화가 어떤 효과를 냈는지 상상하기는 어렵다. 이런 개혁 중 상당수가 다른 나라들에서는 1960년대와 1970년대가 돼서야 비로소 이뤄졌으며 일부는 아직까지도 전 세계의 수많은 여성이 누리지 못한다. 경제적으로 낙후하고 대다수가 농민이었던 나라에서 이런 개혁이 이뤄졌다는 것은 경탄스러운 일이었다.[39] 그러나 개혁은 혁명의 성패와 운명을 같이했다. 혁명 초기에도 러시아는 이 모든 개혁 정책을 시행하기에는 너무나 빈곤하고 낙후했다. 공동 세탁소에서 세탁물이 도난당했고, 수많은 고아가 가족 없이 극도로 궁핍하게 살았으며, 성매매도 다시 등장했다. 1921년에 이르면 페트로그라드에는 1만 7000명, 모스크바에는 1만 명의 성매매 여성이 있었던 것으로 추산된다.[40] 그래서 변혁은 담대했으나 나라가 빈곤, 기아, 내전에 시달리고 1920년대 말에는 혁명 자체가 파괴되며 짧은 실험에 그치게 됐다. 스탈린 치하에서 여성을 위한 혜택들은 사라졌다. 낙태권은 공격당했고 가족의 기능을 사회화했던 제도들은 폐지됐으며 아이를 많이 낳은 여성에게 훈장이 수여됐다. 이 모든 일이 러시아 전역의 경제적·정치적·사회적 퇴보와 함께 발생했다.[41]

루블화盧 복권과 함께 가족 역시 의기양양하게 복권되고 있는데 — 이 얼마나 신묘한 우연의 일치인가! — 이것은 국가의 물질적·문화적 파산으로 인한 것이다. 지도자들은 "사람들 간에 사회주의적 관계를 형성하기에는 우리가 아직도 너무나 가난하고 무지한 것이 드러났지만, 우리의 자녀와 손자 세대는 이 목표를 실현할 것이다"라고 공개적으로 인정하는 대신, 깨져 버린 가족의 조각들을 다시 이어 붙이라고 강요하고 있다. 그뿐 아니라 극심한 처벌로 위협하며 가족을 승리한 사회주의 사회의 성스러운 핵심으로 여기라고 강요한다. 이런 퇴보의 정도는 눈으로 가늠하기 어려울 지경이다.[42]

퇴보를 보여 주는 한 가지 지표가 있다. 1917~1930년에는 여성 문제에 관해 301건의 당 결의문이나 당 포고령이 발표됐지만 그 후 30년 동안에는 단지 3건에 불과했다.[43]

그러나 러시아혁명은 여성해방을 위해 싸우는 사람들에게 심대한 영향을 끼쳤다. 그래서 1920년대와 1930년대에 공산당의 전통은 전세계 여러 나라에서 여성 문제를 위한 조직과 헌신을 상당한 수준으로 이끌어 냈다. 1933년 히틀러 집권 이전의 독일에서 이것이 특히 두드러졌다. 당시 독일에서는 노동조합과 사회민주당의 지도자들의 반대를 무릅쓰고 공산당이 홀로 기혼 여성의 노동권을 방어했다.[44] 베벨이 활동하던 시절의 독일 사회주의자들이 그랬듯, 여성의 권리에 대한 사회주의자들의 신념은 흔히 일부 페미니스트보다 더 강력했다. 그런 페미니스트들은 억압적이고 착취적인 시스템 전체에 도전하기보다는 부르주아 사회 안에서 법적 권리를 확장하는 수준에 만족했다. 스페인·이탈리아·프랑스·벨기에의 주류 좌파 정당, 다수의 페미니스트, 자유주의자들은 여성의 보편적 참정권을 지지하는 데서 우물쭈물했다. 가톨릭을 믿는 농민 여성은 성직자가 시키는 대로 투표할 것이기 때문에 신뢰할 수 없다는 이유에서였다.[45] 평등한 [남녀] 관계, 실험적인 성 탐구, 도덕적 인습 거부 등은 공산당원과 좌파 사회주의자 남녀에게 중요한 관심사였으며, 그것이 실천으로 이어지도록 그들이 노력했다는 증거가 있다.[46]

이런 전통은 제2차세계대전 종전 이후부터 급진주의가 폭발한 1960년대까지 대부분 수면 아래로 가라앉았다. 전후에 태어난 세대는 성과 인종에 따른 차별과 전쟁을 용인하는 지배적 가치관을 거부하면서, 과거에는 이런 문제를 두고 사람들이 어떻게 왜 투쟁했는지를 설명해 줄 이론적 전통을 찾기 시작했다. 그들은 알렉산드라 콜론타이, 클라라 체트킨, 실비아 팽크허스트, 수십 명의 파업 지도자, 활동가, 작가 등 그동안 잊힌 이름들을 발견했다. 이 인물들과 그들이 달성하고자 했던 이상은 새 세대를 감명시켰고 세계 여성의 날이 부활했다.

1970년대 말의 패퇴로 이 사상은 대부분 또다시 주변화됐다. 그러나 최근 급진 사상에 대한 관심이 새로이 고조됐다. 이는 여성의 권리를 위해 투쟁해야 할 뿐 아니라, 더 나아가 사회·경제적 평등에 기초한 사회를 건설해야 한다는 인식이 확대되고 있음을 보여 준다. 여성해방을 추구한 사회주의의 전통은 그런 인식의 핵심적 일부가 돼야 한다.

9장

결론: 그곳에 어떻게 도달할 것인가?

1860년대에 카를 마르크스는 불후의 저작인 《자본론》을 쓰면서 "[공장 — 지은이] 노동자의 아이들은 출생 후 몇 년 내에 사망하는 비율이 엄청나게 높다는 점"을 지적했다. 마르크스는 영아 사망률이 가장 낮은 지역에서는 출생 1년 안에 사망하는 아이가 10명당 1명이 안 되는 반면, 공장 지대에서는 이 비율이 4명당 1명으로 치솟는다는 것을 보여 줬다.

아이의 어머니가 밖에서 일하고, 어머니의 부재로 영양 부족, 비위생적 음식 섭취, 아편 투약 등 아이들에 대한 방치와 학대가 이뤄진다는 점이 … 높은 사망률의 주된 원인이다.[1]

거의 150년이 지난 오늘날에도 전 세계 여성들은 마찬가지 문제를 겪는다. 필리핀의 수출 특구에서 일하는 섬유 노동자이자 아이들의 어머니인 로르나의 사례를 보자.

로르나는 동이 트기 한참 전에 일어나 밥을 짓고 남아 있는 야채들을 요리해 아이들 점심 도시락을 싸는 것으로 하루 일과를 시작한다. 그녀가 출근한 후, 여덟 살 난 아이는 동생들을 돌보려 애쓴다. 로르나는 자기 아이들이 친구들과 어울려 자주 길거리를 배회한다는 것을 안다. … 학용품과 책을 사 줄 형편이 안 돼서 첫째 아들은 학교에 다니지 못한다. … 경제적 생존과 어머니 역할이라는 두 마리 토끼를 잡기 위한 로르나의 아슬아슬한 곡예는 막내를 출산하고 다시 직장에 다니면서 비극으로 끝이 났다. 어린 형제들이 집에 남겨진 7개월 된 아기를 젖병을 물려 가며 돌봤지만, 아기는 설사병 합병증으로 사망했다.[2]

필리핀의 또 다른 공장 노동자인 말로우의 사례도 살펴보자.

시간당 22페소(미국 돈 83센트)밖에 안 되는 쥐꼬리만 한 추가 근무 수당이라도 어떻게든 더 벌어야만 했기에, 그리고 공장 내 탁아소에 어린 아들을 더는 맡길 수가 없어서 … 그녀는 아는 사람들에게 아이를 맡아 달라고 부탁했다. 그들은 선의로 그녀가 장시간 일하는 동안 아이를 돌봐 줬지만 아이를 돌볼 능력은 부족했다. 오기[아이의 이름]가 공장 내 탁아소에 있었을 때는 휴게 시간에 모유 수유를 할 수 있었지만, 이제는 그럴 수도 없게 됐다. 이웃과 친척들은 아이를 돌봐 주려 애썼지만 분유를 만들 때 깨끗한 물을 사용하지 못했다. 젖병과 함께 아기 침대에 남겨지기 일쑤였던 오기는 어느 날 치명적인 설사병에 걸렸다.

말로우는 아픈 아이를 돌보느라 공장 일자리를 잃었고 아이 약 값으로만 일주일치 급여 이상의 돈을 써야 했다. 서구의 소비자들이 입을 나이키와 리복의 멋진 재킷을 재봉하며 그녀가 번 월급은

4200페소(미국 돈 140달러)에 불과하다.[3]

전 세계 여성과 가족이 겪고 있는 상황은 빅토리아 시대 영국의 개혁가들에게도 너무나 익숙했을 상황이다. 그러나 오늘날 정부들은 말로만 개혁을 떠들면서 착취와 차별을 통해 기업이 이윤을 버는 체제를 지원한다. 부유한 나라에서 소비되는 상품을 생산하는 데 들어가는 노동은 거의 대부분 주목받지 못한다. 그래서 이런 문제들을 다룬 몇몇 귀중한 연구와 보고가 있기는 하지만, 그런 상품의 대량생산 뒤에 가려져 있는 여성의 삶 또한 마찬가지로 거의 주목받지 못한다.

그러나 서구에서 여성해방을 말하고자 한다면 반드시 이 문제를 드러내야 한다. 위에서 언급한 사례 같은 공장 여성 노동자들에게, 그리고 중국이나 필리핀 같은 나라에서 직장 근처 기숙사에 살며 그저 일하기 위해 살고 있는 새로운 노동계급에게, 무엇이 해방이란 말인가? 공장 노동과 성매매 사이에서 선택을 강요받는 태국의 젊은 여성에게는 무엇이 해방이란 말인가? 영국과 비슷한 크기의 나라인 태국에는 통계마다 다르지만 대략 50만~200만 명에 이르는 성매매 여성이 있으며, 그들 중 일부는 가족이 사실상 노예처럼 팔아넘긴 사람이다.[4] 또, 서유럽으로 팔려 와 고향으로 돌아갈 가망도 없는 동유럽 출신 성매매 여성에게는 무엇이 해방이란 말인가?

콜 센터 노동자, 마트 계산원, 청소 노동자, 조리 노동자에게는 무엇이 해방이란 말인가? 영국과 아일랜드 등 발전한 나라의 성장하는 경제로 이끌려 들어온 이주 여성에게는 무엇이 해방이란 말인가? 이 여성들은 청소나 돌봄 같이 사회적으로 괄시받는 일을 하면서 형편없는 임금과 노동조건을 견뎌야 한다. 그들은 대부분 고용과 주거가 불안정하며 인종차별과 성적 괴롭힘도 당한다. 그들은 이주 노동자이기 때문에 더 심한 압력을 받으며, 당연히도 가족, 특히 자녀와 떨어져 산다. 이 여성들은 자신의 삶을 지배하는 사회·경제적 조건을 떼어 놓고서는 해방을 말할 수가 없다.

신자유주의는 이런 여성들의 삶을 바꿔 놓았다. 오래된 산업을 파괴하고 새로운 산업을 창조했으며, 새로운 곳에 시장을 개척하고, 성 착취를 대대적으로 새롭게 상업화시켜 여성을 끌어들였다. 이런 상황에서 여성에게 주어진 선택지로는 그들의 문제를 해결할 수 없다. 저개발국의 여성들은 이민이나 성매매를 하지 않으려면 심하게 착취당하며 일하는 수밖에 없다. 이것에 저항하면 탄압에 직면한다. 시장은 독재와 쉽게 공존할 수 있고, 자유와 선택을 보장하는 신자유주의적 민주주의와도 공존할 수 있으나, 그 자유와 선택이라는 것도 [체제가 허용하는] 적절한 수준을 지킬 때만 허용된다.

이런 형태의 민주주의는 전통적인 서구 민주주의도 잠식하고 있다. 협소한 정치적 평등은 이미 특권을 누리는 소수 여성, 설령 남성과 완전히 평등하지는 않더라도 비슷한 수준으로 남성의 영역에 받아들여진 여성에게만 의미가 있다. 또한 그들의 특권은 부유한 자들을 위해 부와 서비스를 생산하는 남녀를 착취하는 데 의존하고 있다. 개인적 성공의 길은 오직 선택된 소수에게만 허락된다.

20세기를 거치며 서구의 많은 나라에서 복지국가가 형성됐는데, 이는 노동자들에게 실질적인 진보였다. 그렇지만 자본도 그 덕에 교육받고 건강한 노동력을 공급받아 생산성을 향상시킬 수 있었다. 다른 많은 나라에서는 복지국가가 요원한 꿈이었지만, 복지국가가 있는 곳에서는 그것이 1960년대와 1970년대에 많은 페미니스트들에게 진전할 발판을 마련해 줬다. 그러나 신자유주의 정책들이 의료·연금·교육 분야를 공격하면서 이제는 복지국가도 후퇴하고 있다. 영국은 거의 30년 동안 대처주의와 블레어주의의 공격을 받아 왔다. 2007년 유니세프 보고에 따르면 영국은 아동복지 면에서 21개 선진국 중 최하위를 기록했다.[5] 가난한 사람은 부유한 사람보다 더 큰 타격을 입는다. 2000년과 2001년에 출생한 1만 9000명의 아동과 그들의 부모 3만 명을 조사한 결과를 보면, 저소득 가정 부모일수록 자녀 출생 시에 유급휴가를 받는 비율도 낮았으며 극소수만이 공적 보육 서비스를 이용할 수 있었다. 저소득 가정의 아버지는 잘 사는 가정의 아버지보다 2주짜리 [배우자] 출산 휴가를 받는 비율이 낮았다. 직장이 있는 아버지 중 63퍼센트는 9~10개월 된 아기와 함께 충분한 시간을 보내지 못한다고 응답했다.[6]

복지국가의 후퇴에 대한 이데올로기적 대응은 저개발국의 초착취 노동에 대한 대응만큼이나 암울하다. 100여 년 전 페이비언협회와* 협동조합여성길드** 등 친노동적 개혁가들은 노동계급 가정의 처지를 개선하기 위해 국가 개입이 필요하며 사회적 병폐를 어머니 탓으로 돌려서는 안 된다는 주장을 담은 중요한 연구서들을 집필했

---

* 페이비언협회 혁명적 전복이 아니라 점진적 개혁을 통해 민주적 사회주의를 달성하려는 영국의 단체. 1884년에 설립돼 오늘날까지 이어지고 있다.
** 협동조합여성길드 1883년에 여성들이 결성한 초기 형태의 협동조합.

다.[7] 오늘날 [영국의] 신노동당과 전 세계의 신자유주의 동조자들은 가난을 개인의 탓으로 돌린다. 또, 그들은 구빈법과 강제 노역소를 발상해 낸 자들과 유사하게도, 노동이 빈곤의 해결책이라고 믿는다. 2007년 노동당 정부의 복지개혁 장관인 짐 머피는 영국의 아동 빈곤이 근래에 충격적으로 증가했다는 사실을 접하고는, 빈곤에서 벗어나는 유일한 길은 오직 일을 하는 것이라고 말했다. 아동 빈곤 전문가들은 빈곤층 아동이 280만 명이나 된다며 이에 항의했지만, 머피의 동료들은 아무도 그에게 반대하지 않았다.[8]

그래서 여성들은 더 장시간 일하고, 어떻게든 아이도 돌보고, 삶에서 뭔가 잘못되면 그에 대한 책임까지 져야 한다. 이런 압박은 당연히 일터에서도 멈추지 않는다.

대중적 정보 통신 시대의 대기업들은 여성에게 어마어마한 근심 거리를 안기는 데 한몫하고 있다. 여성이 일을 하게 되고 섹슈얼리티에 대한 개방성도 증가한 결과, 특히 젊은 여성이 혹독한 압력을 새로이 겪게 됐다. 여성들이 패션 잡지에 등장하는 [여성의] 이상적 이미지와 자신의 현실 모습이 크게 다르다는 사실에 괴로워한다는 점을 기업들은 포착한다. 다이어트 산업이 매출을 수백만 파운드씩 올리고 있다는 사실은 여성이 자신의 실제 외모와 자신이 바라는 외모 사이에서 끊임없이 갈등을 겪는 현실이 반영된 결과다. 부유한 사회에서 발생하는, 식이에 대한 집착은 폭식과 굶기, 계속 새로운 다이어트 방법을 찾아내기, 현실에서 볼 수 없는 여성의 이미지와 자신의 외모를 끊임없이 비교하기 등 기묘한 현상을 불러일으킨다.

외모 탓에 겪는 우울과 불만족은 일상적으로 퍼져 있다. 그래서 점점 더 많은 여성이 신체 부위를 매우 비싼 값에 '변신'시키는데, 거의 모든 부위를 바꿀 수 있다. 이것으로 관련 기업들은 엄청난 이윤을 번다. 전 세계 미용 산업은 200억 달러 규모이고, 미국만 해도 한 해에 130억~150억 달러 규모를 자랑한다. 미국에서는 2004년 한 해 동안 47만 8251명이 지방 흡입 수술을 받았고, 33만 4052명이 유방 확대 수술을 받았으며, 16만 6187명이 코 성형수술을 받았다. 성형수술을 연구한 한 저술가는 다음과 같은 우울한 결론을 내린다. "저속하고 천박히게 들리지만, 외모는 ⏄ 어느 시대보다도 더 중요시되며 특히 여성에게 그러하다."[9]

이 모든 것을 바꾸기 위해서는 뭔가 대대적인 사건이 필요하다는 점은 이해하기 그다지 어렵지 않을 것이다. 여성의 삶에는 많은 것이 잘못돼 있으며, 이것은 남성과 아이의 삶 또한 마찬가지로 잘못돼 가고 있다는 것을 의미한다. 따라서 근본적인 변혁만이 이 모든 것을 바로잡을 수 있다.

그런 변혁을 어떻게 성취할 수 있을까? 그저 낡은 구호를 반복해서 외치는 것만으로는 부족하다. 우리는 1960년대와 1970년대와는 매우 다른 시대에 살고 있다. 이 책은 줄곧 사람들이 오늘날 살아가고 생각하고 행동하는 방식이 과거와 어떻게 달라졌는지 설명하고자 했는데, 미래를 위한 계획은 이런 변화를 고려해서 세워져야 한다. 그러나 [과거의 일에는] 오늘날에도 참고할 만한 것들이 있다.

여성이 차별에 맞서 조직하고 싸워 온 오랜 전통이 있다. 사회변혁이 의제가 될 때마다 여성의 운동과 투쟁도 부상했고, 사회에 대한 더 일반적인 문제 제기 속에서 그 일부로서 발전했다. 수백 년 동안 여성들은 자신의 역할을 규정하는 여성상에 도전해 왔으며, 가족에게 먹일 빵과 식량을 위해, 일할 권리와 정치적 권리를 위해 모든 시대마다 싸워 왔다. 차티스트 운동, 1848년 혁명, 파리코뮌 같은 19세기의 혁명과 정치 운동 속에서 여성은 남성과 함께 더 나은 세상을 위한 싸움에 참여했고 자신의 처지를 개선하기 위해 목소리를 높였다.

여성들은 다른 운동에서 언제나 영감을 얻었다. '여성해방'이라는 용어는 노예해방 운동을 참고한 용어다.

이처럼 노예해방 운동은 [19세기 — 지은이] 미국의 여성해방운동에 영감을 줬을 뿐 아니라, 사회적·경제적·정치적 변화와 더불어 개인의 자기 결정권을 얻고자 하는 열망을 표출할 수 있는 개념을 제공했다.[10]

'제1물결' 여성운동, 즉 여성의 참정권과 법적 권리를 위한 국제적 운동은 영국과 미국처럼 노동계급의 정치의식과 전투성이 성장하던 나라에서 발생했다. 1960년대 말에 시작된 '제2물결' 여성운동은 학생운동, 흑인 운동, 반전운동의 직접적 소산이었다. 오늘날 여성 관련 쟁점과 운동에 관심이 증가하고 있는 것 또한 신자유주의와 전쟁으로 말미암은 급진화에 그 뿌리가 있다.

나는 아래에 열 가지 요구 사항을 제시한다. 이것들은 분명 성취 가능하지만 우리가 아직 쟁취하지 못한 것들이며 대부분 성취하기까지 오랜 시간이 걸릴 것이다. 일하는 여성을 위한 헌장인 이 요구들이 성취되면 여성들의 삶의 균형이 바로잡힐 뿐 아니라 현재 기득

권층이 독점하고 있는 부와 권력이 재분배되고, 여성해방의 가능성
이 열릴 것이다.

- 동일 노동 동일 임금의 권리
- 자신의 몸을 통제할 수 있는 권리
- 성적 자기 결정권
- 싱글맘에 대한 차별 철폐
- 주 35시간 노동과 국가가 제공하는 보육 서비스
- 누구의 강요도 없이 두 사람의 합의를 통해 자유롭게 결혼하고 이혼
  할 권리
- 여성이 원하는 대로 옷을 입을 권리
- 가정 폭력과 강간을 포함한 여성에 대한 모든 폭력 반대
- 모든 종류의 인종차별과 이주 여성 차별 반대
- 직장 내 성적 괴롭힘 반대

이런 요구들은 새로운 운동의 기반을 형성할 수 있을 것이다.

그러나 평등이 저절로 오는 것은 아니다. 다시 말하건대, 이 책의
주제는 투쟁의 승리가 어떻게 수호되고 확장돼 왔는지, 그리고 그
러지 못했을 때 어떻게 후퇴했는지를 다루는 것이다. 남녀 모두 부
모 세대가 달성한 것을 영원히 누릴 수 있으리라고 단정할 수 없다.
1960년대와 1970년대에 성취한 것들이 대부분 공격당하고 있는 시
대에 살고 있는 우리는 왜 이런 일이 벌어지는지 이해할 필요가 있
다. 여성해방을 위한 투쟁은 계급 문제와 떨어질 수 없다. 계급사회

의 현재 형태인 자본주의는 여성 차별을 재생산해 왔다. 자본주의는 여성들의 필요를 자본의 필요에 종속시키는 가족제도와 착취 체제를 통해서 그런 차별을 매일매일 강화하고 있다.

이주 노동, 저임금 유연 노동, 저비용 보육에 대한 자본의 필요와, 매우 개인적인 감정까지도 사고팔 수 있는 상품으로 바꾸는 자본의 능력 탓에, 노동자들은 지속적으로 착취당하고 차별당한다. 이런 차별과 착취를 끝낼 유일한 방법은 착취 체제 자체를 끝장내고 극소수의 이윤을 위해서가 아니라 모든 사람들의 진정한 필요를 위해 생산하는 체제로 바꾸는 것이다. 이 점 때문에 여성해방과 사회주의가 연관이 있는 것이다. 계급사회가 종식되면 여성해방에 필요한 조건이 마련된다. 모든 여성이 이런 변혁을 이루는 것에서 이익을 보지는 않는다. 계급사회에서는 남성뿐 아니라 여성도 다른 사람을 착취하며 살아가는 극소수와 자신이 생산한 부를 그들에게 빼앗기는 대다수로 분열되기 때문이다.

많은 여성들은 여성해방과 사회주의가 동등하게 중요하다는 사실을 받아들이지 않는데, 그렇게 되면 여성의 요구가 정치적으로 부차적인 의제로 여겨지거나 '혁명이 일어날 때까지' 그저 기다려야 할까 봐 걱정하기 때문이다. 그러나 여성의 요구가 전면에 등장하고 진정한 변혁을 달성할 수 있는 때는 바로 혁명적 투쟁과 저항이 벌어질 때다. 그 성과로 얻어 낸 매우 분명하고 구체적인 변화가 진정한 해방을 위한 초석을 놓을 것이다. 동일 임금, 전면적 무상 보육, 의식주에 대한 사회적 책임, 도움이 필요한 모든 가족 구성원에 대한 사회적 돌봄은 해방으로 향하는 길을 닦아 줄 것이다. 미디어, 법률 시스템, 교육 등 삶의 여러 영역에서 성차별이 사라지면 성별 간 관계와 여성에 대한 태도도 변할 것이라 추정해 볼 수 있다.

물론 이것은 단지 경제에 국한된 것은 아니다. 남성과 여성이 자신과 세계를 다른 방식으로 바라보도록 생각을 바꾸는 것 또한 중요하다. 페미니즘의 오류 중 하나는 마르크스주의 사상이 경제만을 설명할 뿐, 사회가 어떻게 작동하고 사상이 어떻게 발전하는지 설명하는 데 도움이 안 된다고 본 것이다. 그러나 오히려 마르크스는 부를 생산하는 사람들이 경제적 통제권을 장악하기 위해서뿐 아니라, 오직 혁명의 과정 속에서만 노동자들이 스스로 변화할 수 있기 때문에 혁명이 필요하다고 봤다. "[자본주의를 — 지은이] 전복하는 계급은 오직 혁명 속에서만 자신에게 묻은 그 모든 해묵은 흙먼지를 떨어 버리고 새로운 사회를 건설하는 데 적합한 사람이 될 것이다."[11]

세상을 바꾸기 위해 투쟁하는 과정 속에서 여성들이 어떻게 변화하는지를 우리는 목격해 왔다. 지난 세기에 이룩한 모든 성과는 사람들이 조직하고 투쟁하고 때로는 큰 희생을 치렀기에 성취할 수 있었다. 여성이 교육을 받고, '남자 일'을 할 수 있게 되고, 낙태와 피임의 권리를 위해 싸우고, 직장에서의 권리를 향상시키고, 참정권을 얻게 된 것이 모두 그렇게 이뤄진 것이다. 여성의 삶을 변혁한다는 장기적 목표를 달성하기 위해서는 그저 꿈꾸는 것만으로는 부족하며, 변혁을 달성하기 위한 실천과 그 실천을 기존 질서에 맞서는 광범한 도전으로 연결할 능력이 필요하다. 앞에서 살펴봤듯이, 여성의 권리를 위해 가장 일관되고 광범하게 투쟁한 많은 사람들은 이윤이 아니라 필요를 위해 생산하는 사회주의 사회를 대안으로 여긴 사람들이었다. 변혁을 이룰 열쇠는 여성과 남성이 참여하는 많은 운동과 대안적 전망을 연결하는 것이다. 그렇게 할 수 있다면 여성해방은 더욱 가까워질 것이다. 또한 여성은 역사의 관망자가 아니라 역사의 주체이자 더 나은 세상을 만들기 위한 투쟁의 일부가 될 것이다.

후주

1장 들어가며: 정체된 혁명

1 Betty Friedan, *The Feminine Mystique* (New York, 1963)[국역: 《여성성의 신화》, 갈라파고스, 2018]. 1장의 제목이 "이름 붙일 수 없는 문제들(The Problem That Has No Name)"이다.

2 "Size of Gender Gap in Top Jobs 'Woeful'", *Financial Times*, 5 January 2007.

3 "Labour Force Survey". www.statistics.gov.uk/STATBASE/Source. asp?vlnk=358 참조.

4 "Women with Children 'Working Longer Hours Than Ever'", *Financial Times*, 8/9 September 2001.

5 Rosie Cox, *The Servant Problem* (London, 2006), ch2, pp13-34.

6 "Mothers Bear Brunt of Discrimination at Work", *Guardian*, 1 March 2007.

7 Sue Sharpe, *Just Like a Girl* (London, 1987).

8 Frederick Engels, *Origin of the Family, Private Property and the State* (New York, 1975)[국역: 《가족, 사유재산, 국가의 기원》, 두레, 2012]. 시대적 한계 때문에 엥겔스의 글 중 많은 부분이 오늘날의 연구 결과와 다르기는 하지만, 이 책은 당시로서는 선구적인 저작이었다. 이에 관해서는 8장에서 다시 다루겠다.

9 Unicef, "Report Card 7, Child Poverty in Perspective: an Overview of Child Wellbeing in Rich Countries", 14 February 2007. www.unicef.org.uk 참조.

2장 섹스: 영국의 특이성

1 Abigail Self and Linda Zealey (eds), *Social Trends* 37 (London, 2007), p16.

2   Jil Matheson and Carol Summerfield (eds), *Social Trends* 30 (London, 2000), p37.

3   Abigail Self and Linda Zealey (eds), *Social Trends* 37, p19.

4   같은 책, p22. 2005년에 태어난 신생아 64만 5835명 중 27만 6505명이 혼외 자녀였다.

5   *Guardian Education*, 16 January 2001.

6   *Guardian*, 22 February 2001. 영국의 십 대 임신율은 지역에 따라 크게 다르며, 지역의 빈곤, 실업, 사회적 박탈감과 높은 십 대 임신율은 직접적 상관관계가 있다. 15~17세 여성 청소년 1000명당 임신 건수가 매우 많은 지역으로는 램버스, 루이셤, 바킹, 대거넘처럼 노동계급이 거주하는 런던의 구, 그리고 산업이 쇠퇴하고 있는 덩캐스터, 뉴캐슬, 솔퍼드가 있다. 십 대 임신율이 낮은 지역은 서리, 런던의 킹스턴, 리치몬드, 옥스포드셔였다. 이런 지역의 십 대 임신율은 서더크나 램버스 같은 빈곤 지역의 약 3분의 1이었다. 영국이 유럽의 다른 나라들보다 십 대 임신율이 비교적 높은 것은 최소한 부분적으로는 영국의 생활수준이나 복지 수준과 연관돼 있는 것으로 보인다. 시설에 맡겨져 있거나 극빈 지역에 거주하는 등 사회의 가장 취약한 층에서 십 대 임신율이 가장 높은 경향이 있으며, 빈곤과 일자리 부족과 교육 기회 부족이 높은 임신율과 연관 있어 보인다.

7   Angela Holdsworth, *Out of the Doll's House* (London, 1988), p158에서 인용.

8   Geoffrey Gorer. Ross McKibbin, *Classes and Cultures: England 1918-1951* (Oxford, 1998), p296에서 인용.

9   Steve Humphries, *A Secret World of Sex* (London, 1991), pp17-18.

10 같은 책, pp95-96.

11 John R Gillis, *For Better, For Worse* (Oxford and New York, 1985), pp286, 294.

12 Eric Josef Carlson, *Marriage and the English Reformation* (Cambridge Mass, 1994), p126 참조.

13 John Gillis, *For Better*, p198.

14 같은 책, p141. Eric Josef Carlson, *Marriage*와 Christopher Hill, *Society and Puritanism* (Harmondsworth, 1986)도 참조.

15 John R Gillis, *For Better*, p231.

16 같은 책, p232.

17 Antonio Gramsci, *Selections from Prison Notebooks* (London, 1986), p297[국역: 《그람시의 옥중수고 1, 2》, 거름, 1999].

18 이 문제에 대한 풍부한 연구로는 Ronald Pearsall, *The Worm in the Bud* (Middlesex, 1972) 참조.

19 Eustace Chesser. Jeffrey Weeks, *Sex, Politics and Society* (London, 1981), p209에서 인용.

20 Kevin White, *Sexual Liberation or Sexual License* (Chicago, 2000), p41에 인용된 연구 결과.

21 Steve Humphries, *Secret World*, p130에서 인용.

22 Diana Gittins, *Fair Sex* (London, 1982), p45.

23 Kevin White, *Sexual Liberation*, p68.

24 Jeffrey Weeks, *Sex, Politics and Society*, p200.

25 19세기의 많은 기간 동안 빈곤층은 어린 자녀와 아픈 가족 구성원을 개인적으로 돌볼 수밖에 없었으며, 여성들의 네트워크가 조언을 제공하고, 출산하는 여성을 돕고, 간병과 돌봄의 역할을 수행했다. 20세기가 되자 이런 상황은 변하기 시작했고 국가가 보건과 복지에서 훨씬 더 큰 역할을 하게 됐다. 어린이들의 건강 상태를 검진하는 학교 신체검사가 도입되면서 위생과 일반적 보건 수준이 향상됐다. 의료 전문가가 출산을 맡는 경우가 훨씬 더 많아졌으며, 산부인과 병원의 병상 수는 1891년 210개에서 1938년 1만 29개로 증가했다. 1910년에는 출산을 돕던 산파들이 조산사로서 전문적인 자격을 갖춰야 했으며, 1911년에 제정된 법률에 따라 출산 보조금이 지급되기 시작했다. 이 모든 것은 산모와 아기에게 훨씬 더 안전한 환경을 조성했다. Diana Gittins, *Fair Sex*, pp49-51 참조.

26 같은 책, pp51-52.

27 예컨대 Michael Young and Peter Willmott, *Family and Kinship in East London* (London, 1962), p20 참조. 1920년대와 1930년대에 자라난 나의 어머니를 비롯한 여성들도 이런 표현을 사용했는데, "나는 결혼 전에 아기에 빠졌다"는 식으로 말했다.

28 Angela Holdsworth, *Out of the Doll's House*, p133.

29 Steve Humphries, *Secret World*, p29.

30 Mass Observation Survey 1945. Liz Stanley, *Sex Surveyed* (London, 1995), p186에서 인용.

31 Steve Humphries, *Secret World*, p188.

32 Liz Stanley, *Sex Surveyed*, p188.

33 Steve Humphries, *Secret World*, pp181-182.

34 Liz Stanley, *Sex Surveyed*, p187.

35 Diana Gittins, *Fair Sex*, p114.

36 같은 책, p81.

37 Elizabeth Roberts, *Women and Families: An Oral History, 1940-1970* (Oxford, 1995), p70.

38 Elizabeth Roberts, *A Woman's Place: An Oral History of Working Class Women 1890-1940* (Oxford, 1985), p75.

39 Elizabeth Roberts, *A Woman's Place*, pp75, 77.

40 Diana Gittins, *Fair Sex*, p169.

41 Elizabeth Roberts, *Women and Families*, p79.

42 Steve Humphries, *Secret World*, p76.

43 Ross McKibbin, *Classes and Cultures: England 1918-1951*, p307 참조.

44 Diana Gittins, *Fair Sex*, p173.

45 같은 책, p164.

46 Ross McKibbin, *Classes and Cultures*, pp305-306.

47 같은 책, p297.

48 Royal Commission on Equal Pay 1944-46. Cmnd 6564 Memo from AEU, Appendix 8 (London, 1946).

49 Steve Humphries, *A Secret World*, p65.

50 Angela Holdsworth, *Out of the Doll's House*, p145.

51 Sheila Rowbotham, *A Century of Women* (London, 1997), p240.

52 Elizabeth Wilson, *Only Halfway to Paradise* (London, 1980), p89에서 인용.

53 Ross McKibbin, *Classes and Cultures*, p303.

54 John Gillis, *For Better*, pp280-281. 1950년대에는 첫 만남 후 1년 이내에 결혼하는 부부가 전체의 3분의 1 미만이었다. 오랜 약혼 기간이 필요했던 것은 세간살이를 마련하기 위해 돈을 모아야 했던 점과 연관이 있으며, 신랑은 '남자로서 번듯한 임금'을 벌어야 한다고 여겨졌다.

55 같은 책, p304.

56 Jeffrey Weeks, *Sex, Politics and Society*, p252.

57 Kaye Wellings, Julia Field, Anne M Johnson and Jane Wadsworth, *Sexual Behaviour in Britain* (London, 1994), p37.

58 Liz Stanley, *Sex Surveyed*, p45. Michael Schofield의 연구를 인용.

59 Jane Lewis, *Women in Britain since 1945* (Oxford, 1992), p44.

60 Abigail Self and Linda Zealey (eds), *Social Trends* 37, p30. 같은 해에 남자 대학생은 24만 1000명이었다.

61 Chris Harman, *The Fire Last Time* (London, 1988), p86[국역: 《세계를 뒤흔든 1968》, 책갈피, 2004].

62 예를 들어 1967년의 낙태법은 특정한 경우에는 낙태를 합법으로 규정했는데, 이것은 건강상의 이유뿐 아니라 사회적 이유에 근거한 낙태도 허용하도록 폭넓게 해석될 여지가 있었다. 이 개혁은 1970년대 여성운동의 주요 요구였던 전면적 낙태자유화에는 한참 못 미치지만, 그래도 많은 여성들이 원치 않는 임신을 신속하고 안전하게 중단할 수 있게 됐다. 이 덕분에 많은 사람들이 자신의 섹슈얼리티와 성생활이 결혼·출산·일부종사와 반드시 연결될 필요는 없다고 인식하기 시작했다.

63 Jeffrey Weeks, *Sex, Politics and Society*, p252.

64 같은 책, chs 12, 13 and 14. 배경에 대해서는 Nicola Field, *Over the Rainbow* (London, 1995)를 참조.

65 Anne Koedt, *The Myth of the Vaginal Orgasm* (1970년에 초판이 발행된 후 Rosalyn Baxandall and Linda Gordon, *Dear Sisters: Dispatches from the Women's Liberation Movement*, (New York, 2001에 수록됨); Germaine Greer, *The Female Eunuch* (London, 1970)[국역: 《여성 거세당하다》, 텍스트, 2012]; Shere Hite, *The Hite Report* (New York, 1976)[국역: 《하이테 성백서》, 휘경출판공사, 1976]; Susan Brownmiller, *Against Our Will* (London, 1976)[국역: 《우리의 의지에 반하여》, 오월의봄, 2018] 참조.

66 Kaye Wellings and others, *Sexual Behaviour*, pp71-72. 응답자 중 불과 6.1퍼센트의 남성과 15.9퍼센트의 여성만이 결혼 이후에 첫 성관계를 가졌으며, 남성의 42.9퍼센트와 여성의 51.4퍼센트는 꾸준한 교제 관계 동안에 첫 성관계를 가졌다.

67 John R Gillis, *For Better*, p307.

68 Kevin White, *Sexual Liberation*, p197.

69 John R Gillis, *For Better*, pp307-308.

70 Kaye Wellings and others, *Sexual Behaviour*, pp98-100.

71 같은 책, p77.

72 같은 책, pp156-157.

73 웰링스가 제시한 수치에 따르면, 그 이전 해에 구강과 성기 간 성적 접촉이 있었는지 묻는 질문에 대한 응답 결과는 다음과 같다. 여성 성기 애무만 한 경우: 남성 6.4퍼센트, 여성 5.5퍼센트; 남성 성기 애무만 한 경우: 남성 2.7퍼센트, 여성 3.3퍼센트; 둘 다 한 경우: 남성 46.5퍼센트, 여성 40.7퍼센트. 같은 책, pp149-151.

74 Decca Aitkenhead "Prudes rock", Guardian, 5 March 2002.

75 Ariel Levy, Female Chauvinist Pigs (New York and London, 2005), p34.

76 Shere Hite, Oedipus Revisited (London, 2005), p56.

77 Ariel Levy, Female Chauvinist Pigs, p198.

78 Sheila Rowbotham, A Century of Women, p431 참조.

79 Susan Brownmiller, Against Our Will (London, 1976).

80 Katie Roiphe, The Morning After (London, 1994), p52.

81 같은 책, p54.

82 "Rape Victims 'Failed by Police and Courts'", Independent, 31 January 2007. HMI of Constabulary와 Her Majesty's Crown Prosecution Service Inspectorate의 공동 연구 보고서에서 발췌.

83 Ariel Levy, Female Chauvinist Pigs, p29.

84 Karl Marx, Economic and Philosophic Manuscripts 1844[국역: 《경제학-철학 수고》, 이론과실천, 2006]. Writings of the Young Marx (New York, 1967), p292에서 인용.

85 같은 책, p292.

3장 가족: 가장 행복한 곳, 가장 끔찍한 곳

1 Leo Tolstoy, Anna Karenina (Harmondsworth, 1986), p13[국역: 《안나 카레니나》, 다양한 판본이 있다].

2 영국의 '아동 학대 방지를 위한 전국 모임(NSPCC)'이 2002년에 실시한 설문 조사에 따르면 아동 살해의 거의 80퍼센트가 부모가 저지른 것이었다. "Child murder rate 'a national disgrace'", BBC News website, 13 October 2002 참조.

3 내무부 통계. http://www.homeoffice.gov.uk/crime-victims/reducing-crime/domestic-violence/?view=Standard

4 이것이 《가족, 국가, 사유재산의 기원》에서 엥겔스가 펼친 주장의 핵심이다.

5 Ivy Pinchbeck, *Women Workers and the Industrial Revolution* (London, 1981) 참조.

6 카를 마르크스와 프리드리히 엥겔스는 당시에 그렇게 생각했었다. 이것에 관한 더 상세한 내용은 이 책 8장의 "마르크스·엥겔스와 여성"을 참조.

7 이 문제에 관한 자세한 논의는 여성운동을 다루는 이 책 7장을 참조.

8 Lindsey German, *Sex, Class and Socialism* (London 1989), ch1[국역: 《여성과 마르크스주의》, 책갈피, 2007]; Jane Humphries, "Class Struggle and the Persistence of the Working Class Family", in *Cambridge Journal of Economics*, vol 1 (1977); Dorothy Thompson, "Women and 19th Century Radical Politics", in Juliet Mitchell and Ann Oakley (eds), *The Rights and Wrongs of Women* (Harmondsworth, 1976).

9 이것은 통계에서 "무직"으로 기록된 여성의 수를 근거로 한 것인데, 무직으로 기록됐지만 여러 종류의 금전적 이익을 위해 일하는 여성들도 거의 틀림없이 있었을 것이므로 (그리고 물론 가정에서의 무보수 노동도 '직업'이 아니라고 가정했을 것이므로) 실제 일하는 여성의 수는 더 많았을 것이다. John Gillis, *For Better*, p245.

10 Bridget Hill, *Eighteenth Century Women: An Anthology* (London, 1987), p10.

11 John R Gillis, *For Better*, p246.

12 자세한 내용은 예컨대 Michael Anderson, *Family Structure in 19th Century Lancashire* (Cambridge, 1971)와 Jill Liddington, *The Life and Times of a Respectable Rebel* (London, 1984) 참조.

13 이 과정에 대한 더 자세한 설명은 이 책 4장을 참조.

14 Liz Steel and Warren Kidd, *The Family* (London, 2001), p63.

15 이에 관해서는 John Gillis, *For Better*, p277 참조.

16 www.statistics.gov.uk/pdfdir/marr0205.pdf

17 *Population Trends*, 영국 통계청(ONS) (Winter 2006). www.statistics.gov.uk/downloads/the me_population/PopTrends126.pdf

18 Abigail Self and Linda Zealey (eds), *Social Trends* 37, p18.

19 http://www.statistics.gov.uk/cci/nugget_print.asp?ID=170 참조. Abigail Self

and Linda Zealey (eds), 위의 책, p18 (figure 2.9)도 참조.

20 http://www.statistics.gov.uk/cci/nugget_print.asp?ID=170 참조.

21 Len Cook and Jean Martin (eds), *Social Trends* 35, pp23-24.

22 같은 책, pp23-24.

23 *British Social Attitudes* 17, 2000-2001 (London, 2001), p3.

24 같은 책, p112.

25 같은 책, p111.

26 www.ipsos-mori.com/polls/1997/m_971027.shtml

27 www.oneplusone.oig.uk/marriedornot/Factsheet2.htm 이것은 *British Social Attitudes* 18 (London, 2002)에서 참고했다.

28 Elizabeth Roberts, *Women and Families*, pp72-74; John Gillis, *For Better*, pp187, 294.

29 John Gillis, 위의 책, p187.

30 Elizabeth Roberts, *Women and Families*, p72.

31 Diana Leonard Barker, "A Proper Wedding", in Marie Corbin (ed), *The Couple* (Harmondsworth, 1978), pp56-77.

32 같은 글, p57.

33 같은 글, p58.

34 www.daycaretrust.org.uk/mod.php?mod=userpage&menu=1.

35 "£164,000 cost of bringing up children", *Guardian*, 4 May 2004.

36 "£43,056 - the cost of bringing up a child", *Guardian*, 16 February 2006.

37 "High cost of bringing up baby", BBC news. http://news.bbc.co.nk/1/hi/business/3223896.stm

38 Lindsey German, *Sex, Class and Socialism*, ch4, "The Sexual Division of Labour". Sheila Lewenhak, *Women and Work* (London, 1980), p229[국역: 《여성 노동의 역사》, 이화여자대학교출판부, 1995]도 참조.

39 Maud Pember Reeves, *Round About a Pound a Week* (London, 1994), pp104-112.

40 Ben Fine and Ellen Leopold, *The World of Consumption* (London, 1993), p302.

41 같은 책, p302.

42 Rosie Cox, *The Servant Problem* 참조. 로지 콕스는 오늘날 영국에 약 200만 명의 가사 노동자가 있을 것으로 추산하며 영국의 270만 가구가 어떤 유형으로든 가사를 도와 주는 사람을 고용하고 있다는 자료를 인용한다(p3 참조).

43 같은 책, ch2.

44 *Independent*, 12 December 2006.

45 Michael Mitterauer and Reinhard Sieder, *The European Family* (Oxford, 1982), p35.

46 Margaret Thatcher, *Women's Own*과의 인터뷰, 31 October 1987.

47 BBC News website on 07 December 2006. http://news.bbc.co.uk/1/hi/england/6215566.stm

48 Len Cook and Jean Martin (eds), *Social Trends* 35, p23.

49 The Joseph Rowntree Foundation의 통계. http://www.jrf.org.uk/ knowledge/findings/sodalpolicy/0366.asp 참조.

50 http://www.daycaretrust.org.uk/mod.php?mod=userpage&menu=2601&page_id=8

51 Joseph Rowntree Foundation, http://www.jrf.oig.uk/child-poverty 참조.

52 같은 웹사이트.

53 전국어린이의집 보도자료 4.12.2006. http://www.nch.org.uk/information/index.php?i=77&r=524

54 Joseph Rowntree Foundation. http://www.jrf.org.uk/knowledge/findings/socialpolicy/0366.asp 참조.

55 같은 웹사이트.

4장 매일매일 하루 종일 일하고 또 하고

1 "The Importance of Sex", *Economist*, 15 April 2006.

2 예컨대 Madeleine Bunting, *Willing Slaves* (London, 2004) 참조. 소매업 등 여러 산업에서의 유연 근무제와 엄청난 착취에 관해서는 Jane Hardy, "The Changing Structure of the British Economy", *International Socialism*, 106 (Spring 2005) 참조.

3 예컨대 정부의 노동 통계 조사(www.lrd.org.uk/services/tuceq/womenstats.

html)를 가공한 The TUC Equality Audit 2005 참조. 2003년 기준, 고용된 여성 수는 1236만 명, 고용된 남성 수는 1558만 명으로 여성은 영국 전체 노동인구의 44퍼센트를 차지했다.

4 〈그 뭐냐 암튼 뭔가 (그걸로 전쟁에서 이길거야)〉 고든 톰슨, 데이비드 헤네커의 노래(1942년)

나는야 구멍 뚫는 물건을 만드는 여자라네
구멍에 고리를 끼우고 고리에 연결봉을 넣으면 연결봉은
손잡이를 돌리지
그리고 손잡이는 그 뭐냐 암튼 뭔가를 작동시킨다네
나는야 윤활유 담는 물건을 만드는 여자라네
윤활유를 고리에 바르고 고리에 축을 키우면 축은
크랭크를 움직이지
그리고 크랭크는 그 뭐냐 암튼 뭔가를 작동시킨다네
http://www.lyricsplayground.com/alpha/songs/t/thethingummybob.shtml

5 Rochelle Gatlin, *American Women Since 1945* (London, 1987), p1.

6 Leila J Rupp, *Mobilizing Women for War* (New Jersey, 1978), pp76-78.

7 같은 책, p75.

8 이탈리아 여성의 사례를 보려면 Jane Slaughter, *Women and the Italian Resistance* (Denver, Colorado, 1997) 참조.

9 Alan S Milward, *War, Economy and Society* (Harmondsworth, 1977), p219.

10 Penny Summerfield, *Women Workers in the Second World War* (Beckenham, 1984), p10.

11 Lindsey German, *Sex, Class and Socialism*, pp102-105.

12 Penny Summerfield, *Women Workers*, p31.

13 Penny Summerfield, "Women and War in the Twentieth Century" in June Purves (ed), *Women's History Britain: 1850-1945* (London, 1995), p321.

14 Sue Bruley, *Women in Britain Since 1900* (London, 1999), p96.

15 Penny Summerfield, *Women Workers*, p29.

16 같은 책, p34; Lindsey German, *Sex, Class and Socialism*, pp102-103.

17 Sue Bruley, *Women in Britain*, p94.

18 Richard Croucher, *Engineers at War* (London, 1982), p253.

19 Penny Summerfield, *Women Workers*, p36.

20 Alan S Milward, *War*, p219.

21 Penny Summerfield, *Women Workers*, p47; Richard Croucher, *Engineers*, p268.

22 Sue Bruley, *Women in Britain*, pp101-102.

23 Penny Summerfield, *Women Workers*, p38.

24 같은 책, pp18-19.

25 같은 책, p84.

26 같은 책, p94.

27 같은 책, p82.

28 같은 책, p114.

29 Pat Kirkham, "Beauty and Duty: Keeping up the (Home) Front", in Pat Kirkham and David Thoms (eds), *War Culture* (London, 1995), pp15-17.

30 Penny Summerfield, *Women Workers*, pp126, 135.

31 같은 책, p140.

32 Richard Croucher, *Engineers*, p255.

33 같은 책, p255.

34 같은 책, p277.

35 같은 책, p279.

36 Lindsey German, *Sex, Class and Socialism*, p103.

37 ABU Memo to Royal Commission on Equal Pay 1944-46, appendix 8, from *Statistics Relating to the War Effort* Cmnd 6564 (London, 1946).

38 Norbert Soldon, *Women in British Trade Unions 1874-1976* (London, 1978), p156.

39 AEU memo to Royal Commission on Equal Pay 1944-46.

40 Richard Croucher, *Engineers*, p264.

41 Lindsey German, *Sex, Class and Socialism*, p134.

42 같은 책, pp105-106; Jill Walker, "Women, State and Family", in Jill Rubery (ed), *Women and Recession* (London, 1988), p220.

43 Pearl Jephcott with Nancy Seear and John H Smith, *Married Women Work-*

ing (London, 1962), p20.

44 같은 책, pp66-67.

45 같은 책, p21, Richard Titmuss의 조사 결과를 인용.

46 Chris Harman, *Explaining the Crisis* (London, 1984), p104[국역: 《마르크스주의와 공황론》, 풀무질, 1995].

47 Sarah Boston, *Women Workers and the Trade Unions* (London, 1980), p242.

48 전쟁 이후 신축 주택 지구에 탁아소와 유치원을 세우려는 계획은 전혀 실행되지 않았다. Steven Fielding, Peter Thompson and Nick Tiratsoo, *England Arise* (Manchester, 1995), p106 참조.

49 Sarah Boston, *Women Workers*, p221.

50 Lesley Rimmer and Jenny Popay, "The Family at Work", in *Employment Gazette* (June 1982).

51 General Household Survey 1983 (London, 1985), HMSO 발행.

52 Jean Martin and Ceridwen Roberts, *Women and Employment: a Lifetime Perspective* (London, 1984), table 2.3.

53 Tanvi Desai, Paul Gregg, Julian Steer and Jonathan Wadsworth, "Gender and the Labour Market", in Paul Gregg and Jonathan Wadsworth (eds), *The State of Working Britain* (Manchester, 1999), pp170-171.

54 Jill Rubery and Roger Tarling, "Women's Employment in Declining Britain" in Jill Rubery (ed), *Women and Recession*, p125.

55 Patricia Hewitt, *About Time* (London, 1993), p15.

56 *Financial Times*, 8 February 2001.

57 Patricia Hewitt, *About Time*, p14.

58 Penny Babb, Hayley Butcher, Jenny Church and Linda Zealey, *Social Trends* 36 (London, 2005), p52.

59 Shirley Dex (ed), *Families and the Labour Market* (London, 1999), p33.

60 같은 책, p35.

61 Jill Walker, "Women, the State and Family in Britain: Thatcher's Economics and the Experience of Women", in Jill Rubery (ed), *Women and Recession*, p221.

62 Doria Pilling, "Engels and the Condition of the Working Class Today", in

John Lea and Geoff Pilling (eds), *The Condition of Britain* (London, 1996), p23.

63 Shirley Dex (ed), *Families*, p42.

64 같은 책, p42.

65 *Guardian*, "The Mother Load", 26 March 2002.

66 Shirley Dex (ed), *Families*, p43.

67 Daycare Trust childcare costs survey 2006 참조. www.daycaretrust.org.uk

68 "Multiplicity of Childcare Options", *Financial Times*, 20 March 2002.

69 *Financial Times*, 19 April 2002.

70 "Multiplicity of Childcare Options", *Financial Times*, 20 March 2002.

71 "The Mother Load", *Guardian*, 26 March 2002.

72 "More Women in Paid Employment", *Financial Times*, 8 February 2001.

73 "Childcare Gap Stops Mothers Working", *Guardian*, 26 March 2002.

74 Howard Meltzer, *Day Care*, pp56-57.

75 같은 책, p18.

76 Sarah Boston, *Women Workers and the Trade Unions*, p279.

77 Tanvi Desai and others, "Gender", p179.

78 http://www.womenandequalityunit.gov.uk/pay/payfacts.htm, 2006. *Just Pay* (London, 2001), p1도 참조. 이 보고서는 기회균등위원회의 동일 임금 특별팀이 작성한 것이다.

79 *Just Pay*, p1.

80 http://www.womenandequalityunit.gov.uk/pay/payfacts.htm, 2006

81 *Just Pay*, p7.

82 Jil Matheson and Penny Babb, *Social Trends* 32 (London, 2002) p76; table 4.14.

83 같은 책, p93.

84 Tanvi Desai and others, "Gender", p168.

85 같은 글, p178.

86 Jill Rubery and Roger Tarling "Women's Employment", pp126-127.

87 Rosalind Coward, *Sacred Cows* (London, 1999), p49.

88 http://timesonline.co.uk/tol/news/uk/article1496865.ece 참조.

89 Tanvi Desai and others, "Gender", p176.

90 "Childcare Benefits Count for Nothing", *Guardian*, 1 March 2001.

91 콜 센터에 관한 2003년의 조사는 http://www.e-skills.com/cgi-bin/go.pl/research/publications_library/article.html?uid=606 참조.

92 이 문제에 관한 하킴의 논쟁적인 시각은 여러 페미니스트 지식인에 의해 반박됐다. Catherine Hakim, "The Myth of Rising Female Employment", in *Work, Employment and Society*, 7:1 (March 1993), pp97-120; Catherine Hakim "Five Feminist Myths About Women's Employment", *British Journal of Sociology* 46:3 (1995), pp429-455; Jay Ginn and others, "Feminist Fallacies: A Reply To Hakim On Women's Employment", *British Journal of Sociology* 47:1 (1996), pp167-173; Irene Bruegel, "Whose Myths Are They Anyway?", *British Journal of Sociology* 47:1 (1996), pp175-177; Catherine Hakim, "The Sexual Division of Labour and Women's Heterogeneity", *British Journal of Sociology* 47:1 (1996), pp178-188 참조.

93 Jean Martin and Ceridwen Roberts, *Women and Employment*, chs 3 and 4.

94 Susan Harkness, "Working 9 to 5?", in *The State of Working Britain*, p106.

95 Jay Ginn and odiers, "Feminist Fallacies: a Reply to Hakim on Women's Employment", *British Journal of Sociology*, vol 47:1 (March 1996), p170.

96 Irene Bruegel, "Whose Myths Are They Anyway?", p176 참조; "How Safe Is Your Job?", *Independent*, 16 May 1996. 1992년 이래로 전일제로 일하고 싶어 하는 시간제 노동자는 17만 5000명 증가했다.

97 Jean Martin and Ceridwen Roberts, *Women and Employment*, p41.

98 "UK's work burden grows fastest in Europe", *Guardian*, 21 June 2000.

99 Jil Matheson and Penny Babb, *Social Trends 32*, (London, 2002), pp78-79 (chart 4.18).

100 Susan Harkness, "Working 9 to 5?" in *The State of Working Britain*, pp104-107.

101 같은 글, p107.

102 Clare Ruhemann, "Women in Unions Face Glass Ceiling", *Labour Research*

(March 2002), pp10~12.

103 Abigail Self and Linda Zealey (eds), *Social Trends* 37, p54. 2005년 기준, 고용된 여성의 30퍼센트, 고용된 남성의 28퍼센트가 노조 조합원이었다.

104 www.tuc.oig.uk. Labour Research, 위의 *Labour Research*도 참조.

5장 남자들은 어쩌다 …

1   *Metro*, 5 July 2000에서 인용.

2   "Beating Eating Disorders". http://www.beat.co.uk/NewsEventsPressMedia/PressMediaInformation/Somestatistics

3   Melanie Phillips, *The Sex Change State* (London, 1997), p15.

4   Geoff Dench, *The Place of Men in Changing Family Cultures* (London, nd), p62에서 인용.

5   Steve Humphries and Pamela Gordon, *A Man's World* (London, 1996), p7.

6   같은 책, p171.

7   같은 책, p173.

8   같은 책, p177.

9   같은 책, p39.

10 Susan Faludi, *Stiffed* (London, 1999), pp19~20.

11 Betty Friedan, *The Feminine Mystique* (1963); Simone de Beauvoir, *The Second Sex* (프랑스어 초판 1949년 발행. 영어판 초판 1953년 발행)[국역: 《제2의 성 1, 2》, 동서문화사, 2017]; Doris Lessing, *The Golden Notebook* (1962) [국역: 《금색 공책》 또는 《황금 노트북》, 다양한 판본이 있다]; the Martha Quest novels (1952~1969).

12 이 장르에서 가장 유명한 작품은 존 오스본의 *Look Back in Anger*(1956년 초연)일 것이다. 킹슬리 에이미스의 *Lucky Jim*(1954)이나 앨런 실리토의 *Saturday Night and Sunday Morning*(1958) 같은 1950년대의 다양한 작품들에서도 이런 주제를 찾아볼 수 있다.

13 Susan Faludi, *Stiffed*, p29.

14 Kathleen Gerson, *No Man's Land* (New York, 1993), p5.

15 Barbara Ehrenreich, *The Hearts of Men* (New York and London, 1983), p120.

16 W D Rubinstein, *Capitalism, Culture and Decline in Britain* (London, 1993), p15.

17 Eithne McLaughlin (ed), *Understanding Unemployment* (London, 1992), p3.

18 W D Rubinstein, *Capitalism*, pp33-34.

19 여성들의 실직에 관해서는 Jill Rubery and Roger Tarling, "Women's Employment in Declining Britain", in Jill Rubery (ed), *Women and Recession* 참조.

20 2005년의 실업률에 관해서는 Abigail Self and Linda Zealey (eds), *Social Trends* 37, p51 (figure 4.15) 참조. The TUC Equality Audit 2005는 2003년 시간제로 일하는 여성과 남성의 비율을 각각 43퍼센트와 9퍼센트로 제시한다(p2).

21 4장의 후주 3번 참조.

22 *Social Trends* 30 (London, 2000), p71.

23 "In Search of New Dad", *Guardian*, 14 June 2000.

24 Patricia Hewitt, *About Time*, p58.

25 같은 책, p57.

26 같은 책, pp57-58.

27 같은 책, p61.

28 "In Search of New Dad", *Guardian*, 14 June 2000.

29 Shirley Dex (ed), *Families*, p37.

30 같은 책, pp38-39. Elsa Ferri and Kate Smith, *Parenting in the 1990s* (London, 1996), the Family Policy Studies Centre의 인쇄본에는 없는 표에서 가져왔다.

31 툴루즈대학교의 엘렌 쿠프리가 2007년 2월에 발표한 연구 결과. 쿠프리는 영국의 데이터로 연구를 수행했다. http://news.independent.co.uk/business/comment/article2302933.ece

32 Shirley Dex (ed), *Families*, pp38-39.

33 Geoff Dench, *The Place of Men*, p63.

34 "In Search of New Dad", *Guardian*, 14 June 2000.

35 Susan Faludi, *Stiffed*, p154.

36 Trevor Blackwell and Jeremy Seabrook, *Talking Work: An Oral History* (London, 1996), p141.

37 같은 책, p161.

38 "When Boys Can't Be Boys", *Independent on Sunday*, 23 July 2000 (2000년 7월 25일 Radio 4에서 방송될 "Men in Crisis"의 대본 중에서).

39 Rosalind Coward, *Sacred Cows* (London, 1999), p59.

40 *Crime in England and Wales 2005-6*, p8. 이는 영국 내무부가 발간한 보고서다. http://www.homeoffice.go.uk/rds/pdfs06/crime0506summ.pdf

41 Simon Nye, "Act Your Age!" *The Observer Encyclopaedia of Our Times*, vol 1 (London, nd), p3.

42 "Staying Active on a Diet of Sex and Sport", *Financial Times*, 14 April 1997.

43 같은 글.

44 *Socialist Review*에 실린 독자 편지, January 1997.

45 *Loaded*, May 2007.

46 *FHM*, May 2007.

47 "We Are the World", *FHM*, June 1997.

48 *Nuts*, May 2007.

49 Imelda Whelehan, *Overloaded* (London, 2000), p65.

50 Barbara Ehrenreich, *The Hearts of Men* (New York and London, 1983), ch4.

51 Susan Faludi, *Stiffed*, pp144-145.

52 같은 책, pp145-146.

53 1960년대와 1970년대에 미시건주에서 자동차 산업에 종사하는 남성 노동자들을 대상으로 수행된 한 연구는 사회적 불확실성이 증가할 때 여가 활동 하나가 남성들 사이에서 활발해졌다는 것을 보여 준다. 리사 파인은 자신이 조사한 (대부분 백인인) 자동차 공장 남성 노동자들이 규칙적으로 하는 중요한 활동이 사슴 사냥이라는 것을 발견했다. 1968년에 미시건주에서 사슴 사냥을 하는 인구의 비율은 1920년보다 7배가 높았는데, 이것은 부분적으로는 이동이 더 쉬워진 결과였다. 1968년에 미시건주의 남성 5분의 1이 사슴 사냥을 했고 사냥꾼의 94퍼센트가 남성이었다. 그들은 대부분 육체 노동자 계급이었으며, 1966년의 설문 조사 결과를 보면 총기를 소지한 사슴 사냥꾼의 거의 절반이 기능공, 건설 노동자, 기계공, 또는 이와 비슷한 종류의 일을 하는 노동자들이었다. 사슴 사냥을 하는 노동자의 수는 1960년대 말에 증가했는데, 이것은 이들이 총기를 보유하고 사냥을 할 권리를 더 강하게 옹호하게 됐음을 시사한다. 아마도 격변이 벌어지고, 불확실성이 증대하며, 전통적 남성 가치가 동요하는 시대에 그런 가치를 지키려 한 태도를 보여 주는 현

상이기도 할 것이다. 이들은 베트남전쟁에 반대하지 않는 젊은이들이었으며, 실제로 그들 중 다수는 전쟁터로 징집됐다. 그들이 일한 공장은 1975년에 문을 닫았다. — Lisa Fine, "Rights of Men, Rites of Passage", in Roger Horowittz (ed) *Boys and their Toys* (New York and London, 2001), pp256, 259.

54 Melanie Phillips, *Sex Change State*, p7.

55 Beatrix Campbell, "Missing the Target", *Guardian*, 3 July 2000.

56 같은 글.

57 앤절라 필립스가 Rosalind Coward, *Sacred Cows*, p180에서 인용.

58 Sandy Ruxton, "Boys Won't Be Boys", in Trefor Lloyd and Tristan Wood (eds), *What Next For Men* (London, 1996), pp77-78.

59 같은 책, p78.

60 같은 책, p86.

61 같은 책, pp84-85.

62 범죄 정보를 다룬 웹사이트 참조: http://www.crimeinfo.org.uk/topicofthe-month/index.jsp

63 Sandy Ruxton, "Boys Won't Be Boys", p82.

64 "Ladies who Lift", *Guardian*, 5 March 2002.

65 http://www.retailresearch.org/crime-and-fraud/shoplifting-for-xmas.php

66 Lynne Segal, *Slow Motion* (London, 1997), p263에서 인용.

67 *Social Trends* 30 (London, 2000), p58.

68 Abigail Self and Linda Zealey (eds), *Social Trends* 37, p30.

69 Barry Hugill, "Britain's Exclusion Zone", *Observer*, 13 April 1997.

70 *Social Trends* 30, p56.

71 같은 책, p59.

72 Lilian Rubin, *Families on the Faultline* (New York, 1994), pp112-113.

73 엥겔스는 랭커셔의 세인트헬렌스에 살던 한 남성 노동자의 처지를 묘사했다. 엥겔스가 말을 걸었을 때 그 노동자는 아내의 스타킹을 꿰매는 중이었다. 잭이라는 이름의 그 노동자는 3년 동안 실직 상태였는데 아내는 새벽부터 밤까지 공장에서 일을 했고 그래서 집에서는 아무 일도 할 수 없을 만큼 지쳐 있다고 했다. 잭은 자기 친구에게 말한다. "너도 알다시피 내가 결혼했을 때는 할 일이 많았고, 게

으르지도 않았어. 그리고 우리는 잘 갖춰 놓은 집에서 살았고 메리는 일할 필요가 없었지. 나 혼자 일해서 둘이서 살 수 있었어. 하지만 이제는 세상이 거꾸로야. 메리는 일해야 되고 나는 집에 있어. 애들 돌보고, 쓸고, 닦고, 밥하고, 바느질하고. 그리고 불쌍한 마누라는 밤에 퇴근해서 집에 오면 녹초가 돼서 뻗어 버려." — Frederick Engels, *The Condition of the Working Class in England* (Moscow, 1973), p183[국역: 《영국 노동계급의 상황》, 라티오, 2014].

74 같은 책, p184.

75 같은 책, p184.

76 Shere Hite, *Oedipus Revisited* (London, 2005), p101.

77 Frederick Engels, *Origin of the Family, Private Property and the State*.

6장 전쟁: 좋든 싫든 해방시켜 주마

1 로라 부시가 텍사스주 크로퍼트의 라디오에서 한 연설. http://www.whitehouse.gov/news/releases/2001/11/20011117.html

2 "Cherie Blair attacks Taleban 'cruelty'", BBC News, 19 November 2001. http://news.bbc.co.uk/2/hi/uk_news/politics/1663300.stm

3 Laura Flanders, *Bushwomen* (London, 2004), p267.

4 Iris Marion Young, "The Logic of Masculinist Protection: Reflections on the Current Security State", in *Signs: Journal of Women in Culture and Society* 29:1 (2003), p18.

5 Laura Flanders, *Bushwomen*, p267.

6 Eleanor Smeal이 Iris Marion Young, "Logic", p18에서 인용.

7 Laura Flanders, *Bushwomen*, p268.

8 같은 책, pp268-269.

9 같은 책, p269.

10 Zillah Eisenstein, *Against Empire* (London, 2004), p155 (각주).

11 같은 책, p154.

12 조지 부시가 2002년 1월 29일에 발표한 연두교서. *New York Times*, 30 January 2002에서 인용.

13 Natasha Walter, "We Are Just Watching Things Get Worse", *Guardian*, 28 November 2006.

14 "Taking Stock: Afghan women and girls five years on", Womankind World-wide, October 2006, p7. http://www.womankind.org.uk

15 같은 글, p29.

16 Sheldon Rampton and John Stauber, *Weapons of Mass Deception* (London, 2003), pp69-75.

17 같은 책, pp76-77.

18 Anne Alexander and Simon Assaf, "Iraq: the Rise of the Resistance", *International Socialism* 105 (2005).

19 UNIFEM Gender Profile - Iraq - Women, War and Peace http://www.womenwarpeace.org/iraq/iraq.htm

20 UNIFEM, 같은 글.

21 이 사례들의 출처는 "Iraq: Decades of Suffering, Now Women Deserve Better", Amnesty International, 22 February 2005. http://www.amnesty.org/library/ind ex/ENGMDE140012005?open

22 Amnesty International, 같은 글.

23 James Denver, "Horror of US Depleted Uranium in Iraq Threatens World", 29 April 2005. http://www.resne.com/general64/du.htm

24 BBC 여론 조사 결과. http://news.bbc.co.uk/2hi/middle_east/6464277.stm

25 Haifa Zangana, "We have not been liberated", March 6 2007. http://commentisfree.guardian.co.uk/haifa_angana/2007/03

26 Farida가 Elaheh Rostami Povey, "Gender, Agency and Identity: the case of Afghan Women in Afghanistan, Iran and Pakistan", *Journal of Development Studies* (2004)에서 인용.

27 Elaheh Rostami Povey, *Afghan Women, Invasion and Identity* (London, 2007), ch5.

28 "Feminism as Imperialism", *Guardian*, 21 September 2002에서 인용.

29 같은 글.

30 Iris Marion Young, "Logic", p20.

31 Elaheh Rostami Povey, *Afghan Women*, ch5.

32 Elaheh Rostami Povey, "Workers, Women and the Islamic Republic", *International Socialism* 105 (2005), pp43-62.

33 Shirin Ebadi, *Iran Awakening* (London, 2006)[국역: 《히잡을 벗고, 나는 평화를 선택했다》, 황금나침반, 2007]참조. 이란의 페미니즘에 관한 논의는 Elaheh Rostami Povey, "Feminist Contestations of Institutional Domains in Iran", *Feminist Review* 69 (2001) 참조.

34 "United in support of Iranian Women", *Financial Times*, 28 March 2007.

35 Roksana Bahramitash, "The War on Terror, Feminist Orientalism and Orientalist Feminism: Case Studies of Two North American Bestsellers", *Critique: Critical Middle Eastern Studies* 14:2 (2005), pp223-237.

36 예컨대 Humayan Ansari, "Muslims in Britain", in *Minority Rights Group International Report* (London, 2002) 참조; 유럽의 경우는 the European Monitoring Centre on Racism and Xenophobia 보고서, European Union, 18 December 2006 참조.

37 The Equalities Review의 최종 보고서, EOC London, 28 February 2007.

38 "Minister's Call to Choose Outrages British Muslims", *Guardian*, 22 November 2003.

39 잭 스트로가 *Lancashire Evening Telegraph*, BBC News, 6 October 2006에서 인용. http://www.bbc.news.co.uk/1/hi/uk_politics/5413470.stm

40 2005년 총선에서 노동당이 받은 표는 그 전 총선보다 100만 표가 줄었으며, 전쟁 반대 정당인 리스펙트는 의원 1석을 차지했다. 노동당의 득표가 가장 크게 감소한 지역구 10곳 중 4곳에서 리스펙트는 노동당의 표를 가장 많이 빼앗았다. [노동당 정치인] 잭 스트로는 2006년에 콘돌리자 라이스를 데리고 자신의 고향을 방문했을 때, 거대한 항의 집회에 맞닥뜨리는 수모를 당했다.

41 Antoine Boulange, "The Hijab, Racism and the State", *International Socialism* 102 (2004) 참조.

42 "Opposition Condemns Dutch Governments 'stunt' in election dominated by race and religion", *Observer*, 19 November 2006.

43 Saied R Ameli, Manzur Elahi and Arzu Merali, *British Muslims' Expectations of the Government* (London, 2004) p42.

44 같은 책, pp49-51.

45 같은 책, p52.

46 Deborah Orr, "Why This Picture Offends Me", *Independent*, 8 July 2006.

47 Sarah Hussein, "I Shouldn't be Dictated to", *The Independent on Sunday*, 8

October 2006.

48 Haleh Afshar, Rob Aitken and Myanwy Franks, "Feminism, Islamophobia and Identities", *Political Studies*, vol 53 (2005), pp262-283.

49 같은 글.

50 Joan Smith, "The Veil is a Feminist Issue" *Independent on Sunday*, 8 October 2006.

51 Shahed Saleem, "A New Era" in Lindsey German and Andrew Murray, *Stop the War: the Story of Britain's Biggest Mass Movement* (London, 2005), p59.

52 같은 글.

53 Lindsey German and Andrew Murray, *Stop the War*, pp57-63.

54 Philip S Foner (ed), *Clara Zetkin: Selected Writings* (New York, 1984), pp 158-165; Dave Crouch, "The Bolsheviks and Islam", *International Socialism* 110 (2006); John Riddell (ed), *To See the Dawn: Baku, 1920, First Congress of the Peoples of the East* (New York, 1993) 참조.

7장 페미니즘: 해방의 한계

1 Rebecca West, 1913. http://www.quotationspage.com

2 "Got it, bought the T shirt", *Guardian*, 9 March 2007에서 인용.

3 설문 조사, Girls Shout Out! 26 February 2007. http://www.girlguiding.org.uk

4 같은 조사.

5 같은 조사.

6 Dianne Feinstein이 "Maternity leave law found illegal by judge", *New York Times*, 22 March 1984에서 인용.

7 Sara Evans, *Personal Politics* (New York, 1979), p190.

8 Lise Vogel, *Woman Questions* (London, 1995), p6.

9 같은 책, p14.

10 Sara Evans, *Personal Politics*, pp198-199.

11 같은 책, p179.

12 같은 책, p87.

13 같은 책, p192.

14 같은 책, pp60-66; Lise Vogel, *Woman Questions*, pp6-11.

15 이 이론과 저작들에 대한 개요로는 Michelle Barrett, *Women's Oppression Today* (London, 1980), 특히 1장이 유용하다.

16 내 생각에 최고의 책은 Sara Evans, *Personal Politics*이다. 그렇지만 Jo Freeman, *The Politics of Women's Liberation* (New York, 1976)도 매우 유용한 분석이다.

17 사회주의자 역사가인 실라 로보섬은 영국의 사회주의 페미니스트들에게 영향을 끼친, 중요하면서도 읽기 쉬운 3종의 책을 1970년대 초에 저술했다. *Hidden from History* (London, 1974), *Woman's Consciousness, Man's World* (London, 1973), *Women, Resistance and Revolution* (London, 1972).

18 가사 노동이 노동시장에서 판매될 수 있는 노동력을 생산함으로써 잉여가치를 생산하므로 자본가들에게 이익을 가져다준다고 주장하는 이론가들이 전지와 같은 결론을 이끌어 내는 경향이 있었다. 반면 가사 노동이 단지 사용가치만을 생산한다는 주장은 대개 후자의 입장을 지지했다. 이를 둘러싼 논쟁에 대해서는 다음을 보라. Jean Gardiner and others, "Women's Domestic Labour", in *On the Political Economy of Women* (London, 1976); Mariarosa dalla Costa and Selma James, *The Power of Women and the Subversion of the Community* (Bristol, 1976); John Harrison, "The Political Economy of Housework", *Bulletin of the Conference of Socialist Economists* 4, (1974); Wally Seccombe, "The Housewife and her Labour under Capitalism", *New Left Review* 83 (1974).

19 나의 관점을 더 자세히 알고 싶으면 Lindsey German, *Sex, Class and Socialism*, pp70-73 참조.

20 Lindsey German, "Theories of Patriarchy", in *International Socialism* 12 (1981) 참조.

21 Heidi Hartmann, "The Unhappy Marriage of Marxism and Feminism: Towards a More Progressive Union", *Capital and Class* 8 (1979)[국역: "마르크스주의와 여성해방론의 불행한 결혼", 《여성해방이론의 쟁점》, 태암, 1990].

22 Johanna Brenner, *Women and the Politics of Class* (New York, 2000), pp11-58로 재출간됐다.

23 같은 책, p20.

24 같은 책, p24.

25 Anna Clark, *The Struggle for the Breeches* (Berkeley, 1997), p129.

26 같은 책, pp205-206.

27 Johanna Brenner, *Women and the Politics of Class*, p23.

28 Margaret Hewitt, *Wives and Mothers in Victorian Industry* (London, 1958), p25.

29 Ivy Pinchbeck, *Women Workers and the Industrial Revolution 1750-1850* (London, 1981), p244.

30 Jane Humphries, "Class Struggle and the Persistence of the Working Class Family", in Alice H Amsden (ed), *The Economics of Women and Work* (London, 1980), p154.

31 Johanna Brenner, *Women and the Politics of Class*, p29.

32 같은 책, p30.

33 Barbara Sinclair Deckard, *The Women's Movement* (New York, 1979), p385.

34 Celestine Ware, *Women Power* (New York, 1970), p50.

35 Jo Freeman, *Politics of Women's Liberation*, p143 참조.

36 같은 책, p143.

37 Lindsey German, *Sex, Class and Socialism*, p200 참조.

38 "Women's liberation 1977", *Spare Rib* 58, May 1977 참조.

39 *Spare Rib* 70-73 , May, June, July and August 1978 참조.

40 Marnie Holborow, "Women in Italy", *Socialist Review* 13, (July/August 1979); Paul Ginsborg, *A History of Contemporary Italy: Society and Politics 1943-1988* (London, 1990), pp366-370[국역: 《이탈리아 현대사》, 후마니타스, 2018]. Chris Harman, *The Fire Last Time*, pp345-355도 참조.

41 Elizabeth Wilson, *Hidden Agendas* (London, 1986), p17.

42 Rosalind Coward, *Sacred Cows* (London, 1999), p42.

43 Sheila Rowbotham, Lynne Segal and Hilary Wainwright, *Beyond the Fragments* (London, 1979).

44 예컨대 *Liberation Now!* (New York, 1971)에 담긴 초기 여성운동의 저작들, 특히 마지막 장 "Sisters in Revolution"을 참조.

45 Johanna Brenner, "The Best of Times, the Worst of Times", in *Women and the Politics of Class*, p233. 브레너의 책은 계급투쟁의 부침에 따라 페미니즘의 운명이 어떻게 변해 왔는가에 대한 전반적인 설명을 제시한다. 이 책은 1990년대 초까지의 여성의 삶의 모습을 두 측면으로 보여 준다. 하나는 여성들이 새로운 분

야로 진출하고, 교육을 받고, 여성[의 권리를] 옹호하는 조직들을 만든 것이다. 다른 하나는 직장의 노동조건이 악화되고, 이중 부담에 시달리고, 가정에서 남성의 지배가 계속되며, 여성에 대한 폭력적 이미지들이 도처에 퍼져 있는 것이다. 브레너는 "두 가지 측면 모두 사실"이라고 말한다(p220).

46 같은 글, p228.

47 Martin Smith, "The Shape of the Working Class", in *International Socialism* 113 (2007).

48 이 책 4장을 참조.

49 Rosalind Delmar, "What is Feminism?", in Juliet Mitchell and Ann Oakley (eds), *What is Feminism?* (Oxford, 1986) p9.

50 Naomi Klein, *No Logo* (London, 2001), pp121-122[국역: 《슈퍼 브랜드의 불편한 진실》, 살림, 2010].

51 Juliet Mitchell, "Reflections on Twenty Years of Feminism", in Juliet Mitchell and Ann Oakley (eds), *What is Feminism?*, p48.

52 Naomi Wolf, *Fire with Fire* (London, 1993), p108.

53 William Morris, *A Dream of John Ball* (1886). http://www.marxists.org/archive/morris/works/1886/johnball/johnball.htm

8장 사회주의와 일어서는 여성

1 "일어서는 여성"이라는 문구는 제임스 오펜하임이 1912년에 메사추세츠주 로런스에서 파업을 일으켰던 여성 노동자들을 위해 쓴 노래 〈빵과 장미〉의 가사에서 따온 것이다.

우리가 행진해 갈 때면, 아름다운 날에 행진할 때면,
백만의 불 꺼진 부엌과 천 개의 어두운 작업장에
갑자기 눈부신 태양 빛이 쏟아져 내리니.
우리 노래를 듣는 이에게 "빵과 장미를! 빵과 장미를!"
우리가 행진해 갈 때면, 행진할 때면, 우리는 남자들을 위해서도 싸우지,
그들은 여자가 낳은 아이들, 또 우리는 그들을 키우는 어머니.
우리는 태어나 죽을 때까지 고되게 일만 하며 살지는 않으리.
몸만 굶주리는 것이 아니라 마음도 굶주리니, 우리에게 빵을! 우리에게 장미를!
우리가 행진해 갈 때면, 행진할 때면, 혼령이 돼 버린 수많은 여자들

우리가 빵을 달라는 그들의 오래된 외침을 노래하면 그들도 함께 울부짖으니,
소박한 예술과 사랑과 아름다움, 고단한 그들의 영혼도 알고 있으리라,
그래, 우리는 빵을 위해 싸운다. 하지만 우리는 장미를 위해서도 싸운다.
우리가 행진해 갈 때면, 행진할 때면, 우리는 더 위대한 세상을 만든다네.
여성이 일어서면 인류도 일어서니
일하는 자 노는 자 나뉘는 세상이 아니라, 한 사람 쉴 때 열 사람 일하는 세상이
아니라,
삶의 아름다움을 함께 나누는 세상을 위해, 빵과 장미를! 빵과 장미를!

Meredith Tax, *The Rising of the Women* (Illinois, 2001), p241. Joyce Kornbluh (ed), *Rebel Voices: An IWW Anthology* (Michigan, 1964), p196에서 인용.

2   Philip S Foner (ed), *Clara Zetkin: Selected Writings*, pp31-32 참조. 섬유 노동자 파업에 관해서는 Sheila Rowbotham, *A Century of Women*, pp45-53 참조.

3   엘리너 마르크스의 비범한 삶을 자세히 다룬 것으로는 Yvonne Kapp, *Eleanor Marx, vol 2: The Crowded Years*, 1884-1898 (London, 1976) 참조.

4   August Bebel, *Women and Socialism* (New York, 1910)[국역: 《여성론》, 까치, 1995]. 베벨의 책은 1879년 독일에서 처음 출간됐다.

5   이 파업과 운동을 자세히 다룬 것으로는 Sheila Rowbotham, *Century*, pp348-352 참조.

6   "The Night Cleaners' Campaign", in *Shrew*, December 1971 참조. Michelene Wandor (ed), *The Body Politic: Women's Liberation in Britain* (London, 1972)로 재출간됐다.

7   Frederick Engels, "The Book of Revelation", in *Progress*, vol 11 (1883). Christopher Hill, *The World Turned Upside Down* (London, 1984), p306에서 인용.

8   Tony Cliff, *Class Struggle and Women's Liberation* (London, 1984), ch1[국역: 《여성해방과 혁명》, 책갈피, 2008]; Christopher Hill, *The World Turned Upside Down*, ch15, p306부터.

9   Tony Cliff, *Class Struggle*, pp20-22.

10   같은 책, pp27-33.

11   같은 책, p30에서 인용.

12   Mary Wollstonecraft, *A Vindication of the Rights of Woman* (London, 1992)

[국역: 《여성의 권리 옹호》, 책세상, 2018].

13 Dorothy Thompson, "Women and Nineteenth Century Radical Politics", in Juliet Mitchell and Ann Oakley (eds), *The Rights and Wrongs of Women* (London, 1976), pp118-119.

14 Barbara Taylor, *Eve and the New Jerusalem* (London, 1983) 참조.

15 이 주제를 다룬 책은 많지만, 그 정치적·사회적 배경에 대해서는 Yvonne Kapp, *Eleanor Marx, vol 2* 참조.

16 같은 책.

17 Karl Marx and Frederick Engels, *Collected Works*, vol 4 (London, 1975), p196.

18 Frederick Engels, *The Condition of the Working Class in England* (London, 1987).

19 Karl Marx and Frederick Engels, *The Communist Manifesto*, in *Selected Works* (Moscow, 1968), pp49-50[국역: 《공산당 선언》, 다양한 판본이 있다].

20 Frederick Engels, *Condition of the Working Class*, p182.

21 Frederick Engels, *Origin of the Family, Private Property and the State*. 이에 대한 논쟁으로는 예컨대 Lise Vogel, *Marxism and the Oppression of Women* (London, 1983), pp74-92; Chris Harman, "Engels and the Origin of Human Society", *International Socialism* 65 (1994)를 참조.

22 Terrell Carver, *Frederick Engels: His Life and Thought* (Basingstoke, 1989), p159.

23 이에 관한 상세한 내용은 Francis Wheen, *Karl Marx* (London, 1999), pp170-176 참조[국역: 《마르크스 평전》, 푸른숲, 2001].

24 앤 로프스와 게리 로스는 *Men's Feminism: August Bebel and the German Socialist Movement* (New York, 2000)에서 그 역사의 일부를 말해 준다. 그들은 독일 사회민주당의 사회주의자 다수가 여성의 권리에 관한 이론과 실천에 깊이 헌신했다고 지적한다.

25 같은 책, p31.

26 같은 책, p31.

27 같은 책, p37.

28 같은 책, p70.

29 Meredith Tax, *The Rising of the Women*, pp205-240 참조.

30 같은 책, pp229-231.

31 같은 책, pp230-231에서 인용.

32 Richard Stites, *The Women's Liberation Movement in Russia* (Princeton, 1991), chs 7 and 8 (pp191-227); Cathy Porter, *Alexandra Kollontai: A Biography* (London, 1980), ch6 (pp125-147) 참조.

33 Tony Cliff, *Class Struggle*, p96.

34 Cathy Porter, *Alexandra Kollontai*, p146.

35 Paul Foot, *The Vote* (London, 2005), pp171-237; Sheila Rowbotham, *Century of Women*, pp13-14 참조.

36 이에 대해 더 알고 싶으면 Lindsey German, *Sex, Class and Socialism*, ch7 참조.

37 당시 러시아의 달력은 서유럽의 달력보다 13일 늦었다. 그래서 세계 여성의 날이 1917년 러시아에서는 2월 23일에 기념됐다.

38 Cathy Porter, *Alexandra Kollontai*, pp190-191 참조.

39 이 시기를 풍부하게 분석한 것으로는 Richard Stites, *The Women's Liberation*, pp317-422 참조.

40 같은 책, p372.

41 같은 책; "The Sexual Thermidor" pp376-391 부분을 참조.

42 Leon Trotsky, *The Revolution Betrayed* (New York, 1972), pp151-152[국역: 《배반당한 혁명》, 갈무리, 2018].

43 Helmut Gruber and Pamela Graves (eds), *Women and Socialism/Socialism and Women* (Oxford, 1998), p521.

44 같은 책, p155.

45 같은 책, p513.

46 Sara Evans, *Personal Politics*, pp116-119.

9장 결론: 그곳에 어떻게 도달할 것인가?

1 Karl Marx, *Capital* vol 1 (London, 1974), p375[국역: 《자본론》, 다양한 판본이 있다].

2 Roselle Leah K Rivera, "Business Orphans", in Judith Mirsky and Marty Rad-

lett (eds), *No Paradise Yet* (London, 2000), p194.

3 같은 책, p193.

4 Kevin Bales, "Because She Looks Like a Child", in Barbara Ehrenreich and Arlie Russell Hochschild (eds), *Global Woman* (London, 2003), p214.

5 3장의 106, 107쪽 참조.

6 Equal Opportunities Commission, "EOC calls for more support for the modern family", 6 March 2007. http://www.eoc.org.uk/default. aspx?page+20038

7 예컨대 Maud Pember Reeves, *Round About A Pound A Week*, Margaret Llewellyn Davies (ed), *Life As We Have Known It* (London, 1977) 참조.

8 "Work is the Route Claimants Must Take, says Murphy", "Child Poverty Sees Shock Increase", *Financial Times*, 28 March 2007.

9 Alex Kuczynski, *Beauty Junkies* (London, 2007). Edwina Ings-Chambers, "Unreal Beauty", *FT Magazine*, 31 March/1 April 2007에서 인용.

10 Sheila Rowbotham, "Facets of Emancipation", in Sheila Rowbotham and Stephanie Linkogle (eds), *Women Resist Globalization* (London 2001), p16.

11 Karl Marx, *The German Ideology* (London, 1965), p86[국역: 《독일 이데올로기》, 두레, 2015].

더 읽을거리

다음은 이 책을 쓸 때 도움이 됐거나 여성의 삶을 다각도로 이해하는 데 도움을 준 50편의 책이다.

비소설 25편

Lillian Rubin, *Worlds of Pain: Life in the Working-Class Family* (New York, 1977)

Sara Evans, *Personal Politics* (New York 1979)

Ivy Pinchbeck, *Women Workers and the Industrial Revolution 1750-1850* (London 1981)

Pearl Jephcott with Nancy Seear and John H Smith, *Married Women Working* (London, 1962)

Alice Clark, *Working Life of Women in the 17th Century* (New York, 1983)

Barbara Taylor, *Eve and the New Jerusalem* (London, 1983)

Meredith Tax, *The Rising of the Women* (Illinois, 2001)

Frederick Engels, *Origin of the Family, Private Property and the State* (New York, 1975))[국역: 《가족, 사유재산, 국가의 기원》, 두레, 2012]

Sheila Rowbotham, *Women, Resistance and Revolution* (London, 1982)

John R Gillis, *For Better, For Worse* (Oxford and New York 1985)

Diana Gittins, *Fair Sex* (London, 1982)

Helmut Gruber and Pamela Graves (eds), *Women and Socialism / Socialism and Women* (Oxford, 1998)

Jo Freeman, *The Politics of Women's Liberation* (New York, 1976)

Anonymous, *A Woman in Berlin* (London, 2005)

Richard Stites, *The Women's Liberation Movement in Russia* (Princeton, 1991)

Maud Pember Reeves, *Round About a Pound a Week* (London, 1994)

Barbara Ehrenreich and Deirdre English, *For Her Own Good* (New York, 1989) [국역: 《200년 동안의 거짓말》, 푸른길, 2017]

Alice H Amsden (ed), *The Economics of Women and Work* (London, 1980)

Alice Kessler Harris, *Out to Work* (Oxford, 1982)

Eleanor Leacock and Helen I Safa, *Women's Work* (New York, 1986)

Lise Vogel, *Marxism and the Oppression of Women* (London, 1983)

Elizabeth Roberts, *A Woman's Place: An Oral History of Working Class Women 1890-1940* (Oxford, 1985)

Bridget Hill, *Eighteenth Century Women: An Anthology* (London, 1987)

Eleanor Burke Leacock, *Myths of Male Dominance* (New York, 1981)

Philip S Foner, *Clara Zetkin: Selected Writings* (New York, 1984)

Joyce Marlow, *Votes for Women* (London, 2001)

소설 25편

Doris Lessing, *The Golden Notebook* (London, 1962))[국역: 《금색 공책》 또는 《황금 노트북》, 다양한 판본이 있다]

— *The Four Gated City* (London, 1969)

— *Martha Quest* (London, 1952)[국역: 《마사 퀘스트》, 민음사, 2007]

Fay Weldon, *Down Among the Women* (London, 1973)

Edna O'Brien, *The Girl with Green Eyes* (London, 1981)

Simone de Beauvoir, *She Came to Stay* (Glasgow, 1975)[국역: 《초대받은 여자》, 하서출판사, 1992]

George Bernard Shaw, *The Unsocial Socialist* (London, 1988)

Marge Piercy, *Woman on the Edge of Time* (New York, 1981)[국역: 《시간의 경계에 선 여자 1, 2》, 민음사, 2010]

Leo Tolstoy, *Anna Karenina* (Harmondsworth, 1986) [국역: 《안나 카레니나》, 다양한 판본이 있다]

Zadie Smith, *White Teeth* (London, 2001)[국역: 《하얀 이빨 1, 2》, 민음사, 2010]

Edith Wharton, *The Age of Innocence* (London, 1990)

Gustave Flaubert, *Madame Bovary* (London, 1992)[국역: 《마담 보바리》 또는 《보바리 부인》, 여러 판본이 있다]

Nell Dunn, *Poor Cow* (London, 1968)

Lewis Grassic Gibbon, *The Scots Quair* (Edinburgh, 1995)

Alexandra Kollontai, *Love of Worker Bees* (London, 1991)[일부 국역: 《붉은 사랑》, 노사과연, 2013, "삼대의 사랑", 《월요일》, 일송정, 1994]

Andrea Levy, *Small Island* (London, 2004)

Honore de Balzac, *A Harlot High and Low* (London, 1975)

Hilary Mantel, *A Place of Greater Safety* (London, 1993)[국역: 《혁명 극장 1, 2》, 교양인, 2015]

Patrick Hamilton, *Twenty Thousand Streets Under the Sky* (London, 1987)

Randa Abdel-Fattah, *Does My Head Look Big In This?* (London, 2006)

Rohinton Mistry, *A Fine Balance* (London, 1997)[국역: 《적절한 균형》, 아시아, 2009]

Gabriel Garcia Marquez, *Love in the Time of Cholera* (London, 1989)[국역: 《콜레라 시대의 사랑 1, 2》, 민음사, 2004]

Monica Ali, *Brick Lane* (London, 2004)

Alice Walker, *The Colour Purple* (London, 1986)[국역: 《컬러 퍼플》, 문학동네, 2020]

Vassily Grossman, *Life and Fate* (London, 2006)

찾아보기